Stefan Breuer
Die Gesellschaft des Verschwindens

Stefan Breuer

Die Gesellschaft des Verschwindens

Von der Selbstzerstörung der technischen Zivilisation

JUNIUS

Junius Verlag GmbH
Stresemannstraße 375
2000 Hamburg 50

Einbandgestaltung: Bartholl und Bartholl, Hamburg
Satz: DSD, Hamburg
Druck: SOAK-Druck, Hannover
Printed in Germany 1992
ISBN 3-88506-202-X
2. Auflage Februar 1993

Die Deutsche Bibliothek – CIP-Einheitsaufnahme
Breuer, Stefan:
Die Gesellschaft des Verschwindens : von der Selbstzerstörung der technischen Zivilisation / Stefan Breuer. – 1. Aufl. – Hamburg : Junius, 1992
ISBN 3-88506-202-X

Inhalt

Einleitung

»Wir ordnens. Es zerfällt.
Wir ordnens wieder und zerfallen selbst.«
Rilke, *Duineser Elegien*

Die Gegenwart, so versichert man uns seit einiger Zeit, stehe im Zeichen eines großen Verschwindens. Die Metaerzählungen, welche die Spielregeln des modernen Wissens legitimierten, lösten sich auf oder verlören an Glaubwürdigkeit; die Diskurse über die Dialektik des Geistes, die Hermeneutik des Sinns oder die Emanzipation der Gattung enthüllten sich als Fabeln, denen keine Funktion mehr zukomme (Lyotard 1986, 13f.). Die Fundamente der neuzeitlichen Metaphysik würden brüchig, das Ende des Humanismus, der Subjektivität, ja der Moderne schlechthin kündige sich an (Vattimo 1990, 52f.). Das Wissen selbst sprenge im Zuge seiner Entfaltung die vereinheitlichenden, universalisierenden, totalisierenden Ambitionen, mit denen es seit Descartes belastet sei. Relativitätstheorie und Quantenphysik bewirkten eine Grundsatzrevision, eine »Mutation im Kern der Neuzeit«, an der der Absolutheitsanspruch der alten Mathesis universalis, der universalen Wissenschaft, zerbreche. Auflösung des Ganzen, Ende der Einheit, Obsoletheit der Totalität: »Absolutheit ist nur noch eine Idee, ein archimedischer Punkt ist undenkbar, das Operieren ohne letztes Fundament wird zur Grundsituation.« (Welsch 1988, 187)

Dem Verschwinden der Totalität, heißt es weiter, korrespondiert das Erscheinen der Pluralität, dem »Koma der Moderne« (Matthieu) die Geburt der Postmoderne. Wo der wissenschaftliche Diskurs der Moderne nur den Kult einer monotheistischen Vernunft kannte, begreift sich der Postmodernismus als Anwalt des Polytheismus, als »Wahrer einer vielfältigen Wirklichkeit gegen ihre technologische Eintrübung« (Welsch 1988, 221f.); wo einst die Monokultur eines technologischen Zeitalters sich ausbreitete, blüht heute eine bunte Vielfalt von Horizonten, Lebenswelten, Wissensformen. Die Postmoderne »verwindet« die Metaphysik (Vattimo 1990, 53); sie beharrt gegenüber der homogenisierenden Gewalt des ökonomischen Diskurses auf der »Heterogenität der Satz-Regelsysteme und Diskursarten« (Lyotard 1987, 263) und zeigt sich aggressiv gegen jede Totalisierung. »Krieg dem Ganzen, zeugen wir für das Nicht-Darstellbare, aktivieren wir die Widerstreite, retten wir die Ehre des Namens.« (Lyotard 1988, 203) Auch wenn in diesem Krieg noch einige Schlachten verloren gehen sollten, glaubt die Postmoderne, die stärkeren Bataillone auf ihrer Seite zu haben. Sie will gegenüber Technik und Ökonomie das umfassendere Deutungsmuster sein und nicht nur die Entwicklungslogik des Wissens, sondern auch die der Gesellschaft für sich haben (Welsch 1988, 218, 4). Das Verschwinden des Ganzen sei nicht mehr aufzuhalten, die Freisetzung der Teile unvermeidlich. »Die Postmoderne beginnt dort, wo das Ganze aufhört.« (Ebenda, 39)

Nun gibt es wenig Gründe, die Moderne vor der Kritik zu schützen. Die meisten der gegen sie vorgetragenen Gravamina bestehen zu Recht. Es gibt aber auch keinen Grund, sich einem Feldzug anzuschließen, der auf einer so fragwürdigen Lagebeurteilung wie der soeben skizzierten beruht. Zunächst einmal ist völlig ungeklärt, um welche Art von Pluralität es sich handelt, die den Holismus der Moderne ersetzen soll: Um eine Pluralität, die aus der Gleichzeitigkeit des Ungleichzeitigen resultiert, also lediglich ein Ensemble noch nicht vermittelter Vielheit ist; um die Differenzierungsprodukte einer Einheit, die noch im Außersichsein bei sich selbst ist – Pluralität à la Hegel; oder um eine materiale, irreduzible Pluralität, an der jeder Homogenisierungsversuch scheitert? Nur diese letztere ließe sich aussichtsreich mobilisieren, aber auch nur dann, wenn sie strategische Relevanz besitzt und nicht bloß marginaler Natur ist. Lyotards Eingeständnis, das einzige unüberwindliche Hindernis für die hegemonialen Tendenzen des ökonomischen Diskurses liege in der Heterogenität der Satz-Regelsysteme, deutet jedoch genau in diese Richtung. Wer indessen der zerstörerischen Gewalt der Moderne nur Sätze entgegenzusetzen hat, hat ihr schon nichts mehr entgegenzusetzen.

Schließlich sind auch die Bundesgenossen, auf die sich der Postmodernismus glaubt stützen zu können, alles andere als vertrauenerweckend. Es mag ja sein, daß mit den Innovationen von Einstein, Heisenberg und Gödel der Totalitätsanspruch der alten Mathesis universalis unhaltbar geworden ist. Aber erstens ist das mechanische Weltbild durch die neuere Physik nicht einfach widerlegt, sondern lediglich auf den mesokosmischen Bereich eingeschränkt worden. Und zweitens kann man den Vorstoß von Wissenschaft und Technik in den mikro- und makrokosmischen Bereich kaum als evidenten Beleg für eine »Einschränkung des Monopolanspruchs der Wissenschaft« oder als Anzeichen für eine Beendigung der »Hegemonie szientifischer Orientierung« nehmen (Welsch 1988, 188, 222). Die Flexibilisierung der Wissenschaft und die Erweiterung ihres Methodenarsenals begründen ihre Expansion, nicht ihre Selbstbegrenzung.

Wie die Postmodernisten ihre eigenen Stärke überschätzen, so unterschätzen sie die des Gegners. Die Rede von den großen Erzählungen suggeriert, daß Totalität nichts weiter sei als eine »Anmaßung« (Lyotard 1988a, 213), eine falsche Darstellung der Welt, die sich jederzeit durch eine adäquatere korrigieren ließe; der Diskurs der Moderne erscheint so als das Ergebnis einer immer schon »illegitimen Erhebung eines in Wirklichkeit Partikularen zum vermeintlich Absoluten« (Welsch 1988, 5), als Übergriff, dem kritizistisch mit dem Hinweis auf die begrenzten Kompetenzen des Denkens zu begegnen ist. So ungefähr argumentierten vor Jahrzehnten schon Popper und Albert, die sich weit mehr dafür interessierten, den Dialektikern totalitäre Ambitionen nachzuweisen, als den totalisierenden Tendenzen in der Wirklichkeit nachzugehen.

Totalität ist aber keine Erfindung herrschsüchtiger Intellektueller, sondern eine Realität, die sich nicht einfach wegdekretieren läßt. Sie manifestiert sich in der Tendenz des Kapitals, »alle Elemente der Gesellschaft sich unterzuordnen, oder die ihm noch fehlenden Organe aus ihr heraus zu schaffen« (Marx 1974, 189); sie zeigt sich in der Universalisierung und Globalisierung der dem Kapitalverhältnis eigenen Produktions- und Zirkulationsformen, und nicht zuletzt in der massiven Expansion der experimentellen Wissenschaften, die immer tiefer in die Infrastrukturen der Materie intervenieren und längst keine Grenzen mehr kennen. Nicht daß dem Postmodernismus dies völlig entginge. Aber die forcierte, wie immer auch inzwischen zurückgenommene oder relativierte Behauptung einer *Post*moderne, eines Zustands also jenseits der für die Moderne typischen Totalisierung, deutet auf eine Verharmlosung, die nicht anders als leichtfertig bezeichnet werden kann. Wer für ein »Denken des Genusses« eintritt (Vattimo 1990, 192), mag dies tun; er drückt damit ohnehin nur die herrschende Orientierung aus. Er sollte aber nicht die Illusion verbreiten, es handle sich um mehr als den Genuß von Henkersmahlzeiten. Das Ende der Moderne wird nicht der Aufgang der Postmoderne sein, sondern das Ende der Welt, genauer: der bewohnbaren Welt.

So jedenfalls legt es die dialektische Denkbewegung nahe, die das Verhältnis von Erscheinen und Verschwinden ganz anders faßt als der Postmodernismus. Während der letztere das Signum der Epoche im Verschwinden der Einheit und im Erscheinen vermittlungsloser Vielfalt sieht, insistiert das dialektische Denken seit Hegel darauf, daß die unvermittelte Vielfalt verschwindet und von einer absoluten, in sich differenzierten Einheit abgelöst wird. Die Hegelsche Logik analysiert die Bewegung vom scheinenden zum erscheinenden Wesen, in deren Verlauf die dem Wesen eigenen Bestimmungen als reale und selbständige Vermittlungen in die Existenz treten; die Geschichtsphilosophie übersetzt diesen Gedanken in einen historischen Prozeß, dessen markanteste Stationen das Erscheinen des Göttlichen in Christo und die Realisierung der Vernunft im modernen Staate sind. Marx äußerte hieran berechtigte Zweifel und verschob die wahre Versöhnung auf den Sozialismus. Am Grundgedanken hielt er nichtsdestoweniger fest. Auch für ihn ist die Heterogenität der modernen Gesellschaft – die »Konkurrenz« – nichts Neues oder Eigenständiges gegenüber dem Wesen, sondern dessen Erscheinungsform. Denn das Wesen der modernen Gesellschaft – das Wertgesetz – besteht gerade darin, als Negation seiner selbst zu erscheinen, so daß der Erscheinung der Schein von Selbständigkeit zukommt. »Innerhalb des Wertverhältnisses und des darin einbegriffenen Wertausdrucks gilt das abstrakt Allgemeine nicht als Eigenschaft des Konkreten, Sinnlich-Wirklichen, sondern umgekehrt das Sinnlich-Konkrete als bloße Erscheinungs- oder bestimmte Verwirklichungsform des Abstrakt-Allgemeinen [...]. Diese *Verkehrung,* wodurch das Sinnlich-Konkrete nur als Erscheinungsform des Abstrakt-Allgemeinen, nicht das Abstrakt-Allgemeine umgekehrt als Eigenschaft des Konkreten gilt, charakterisiert den Wertausdruck.« (Marx 1867, 771)

Diese Konzeption ist festzuhalten, weil sich nur mit ihrer Hilfe Einsicht in die komplizierte Architektur der modernen Gesellschaft gewinnen läßt. Sie ist aber zugleich zu modifizieren, weil Marx, darin ganz Kind des 19. Jahrhunderts, die selbstzerstörerischen Züge der Wertvergesellschaftung unterschätzte. Gewiß, Marx sah genau, daß die kapitalistische Produktionsweise die »Springquellen allen Reichtums untergräbt: die Erde und den Arbeiter« (MEW 23, 530). Er erkannte ferner mit einer Klarheit wie niemand vor ihm, welches selbstnegatorische Potential mit dem wachsenden Widerspruch zwischen notwendiger und überflüssiger Arbeitszeit entsteht (Marx 1974, 592ff.). Indes war er felsenfest davon überzeugt, daß wenn schon nicht das Kapital, so doch die Menschheit imstande sein würde, sich wie Münchhausen am eigenen Schopf aus dem Sumpf zu ziehen. Der Speer, der die Wunde schlug – die Wissenschaft – galt ihm als *poena et remedium peccati,* als Strafe und Heilmittel zugleich.

Wenn die verwissenschaftlichte Produktion unter kapitalistischen Bedingungen den Stoffwechsel zwischen Mensch und Erde störte, so zwang sie doch zugleich »durch die Zerstörung der bloß naturwüchsig entstandnen Umstände jenes Stoffwechsels, ihn systematisch als regelndes Gesetz der gesellschaftlichen Produktion und in einer der vollen menschlichen Entwicklung adäquaten Form herzustellen«. Wenn sie die Arbeitsmittel in »Unterjochungsmittel, Exploitationsmittel und Verarmungsmittel des Arbeiters« verwandelte und die »gesellschaftliche Kombination der Arbeitsprozesse als organisierte Unterdrückung seiner individuellen Lebendigkeit, Freiheit und Selbständigkeit« betrieb (MEW 23, 528f.), so folgte sie damit nur einer geheimen Logik, die das, was sie den Individuen nahm, der Gattung in tausendfach vergrößerter Form zurückerstattete. Für Marx war die kapitalistische Modernisierung, wie für die meisten bürgerlichen Denker, ein antientropischer Prozeß, der, von partiellen Rückfällen abgesehen, mit Naturnotwendigkeit zu höheren Ordnungen führte – und zwar deshalb, weil sich hinter dem Wesen »Kapital« noch ein weit umfassenderes Wesen befand: die Menschheit. Was immer die Althusser-Schule an Gegenargumenten gebracht hat: Marx hat, soweit er Revolutionstheoretiker sein wollte, den anthropologischen Diskurs niemals verlassen.

Der anthropologische Diskurs aber macht blind. Er zwingt dazu, die Bewegung des Scheins als eine Scheinbewegung anzusehen und die mit ihr verbundenen Zerstörungen in Fortschritte umzudeuten. Erst wenn Klarheit darüber besteht, daß das Kapitalverhältnis nicht das Werkzeug oder der Wegbereiter eines sich in der Geschichte entfaltenden Absolutums – der menschlichen Gattung – ist, sondern selbst das Absolute, erst dann werden die Folgen seiner Expansion als das erkennbar, was sie sind: Momente einer beispiellosen Verheerung und Verwüstung, die zeitlich und räumlich begrenzte Ordnungsgewinne mit einer Steigerung der Unordnung in der Umgebung erkauft. Erst dann kann aber auch deutlich werden, daß dieses Absolute – die von allen Umweltbezügen abgelöste »reine Gesellschaft« – nur auf Zeit existiert, da es im gleichen Maße, in dem es sich ausdehnt, die Bedingungen seiner Existenz zerstört. Wir sind schon zu tief in diesen Prozeß verstrickt, um an seiner Grundrichtung noch etwas ändern zu können. Das Bewußtsein darüber, daß die Gesellschaft des Erscheinens in Wahrheit eine Gesellschaft des Verschwindens ist, könnte aber vielleicht dazu beitragen, das Tempo des Erscheinens (und damit auch: des Verschwindens) zu verlangsamen. Die Transformation der *Anthropologie* in *Entropologie,* wie sie Claude Lévi-Strauss schon vor langer Zeit gefordert hat, wäre dazu ein erster Schritt:

> »Die Welt hat ohne den Menschen begonnen und wird ohne ihn enden. Die Institutionen, die Sitten und Gebräuche, die ich mein Leben lang gesammelt und zu verstehen versucht habe, sind die vergänglichen Blüten einer Schöpfung, im Verhältnis zu der sie keinen Sinn besitzen; sie erlauben bestenfalls der Menschheit, ihre Rolle im Rahmen dieser Schöpfung zu spielen. Abgesehen davon, daß diese Rolle dem Menschen keinen unabhängigen Platz verschafft und daß sein überdies zum Scheitern verurteiltes Bemühen darin besteht, sich vergeblich gegen den universalen Verfall zu wehren, erscheint der Mensch selbst als Maschine – vollkommener vielleicht als die übrigen –, die an der Auflösung einer ursprünglichen Ordnung arbeitet und damit die organisierte Materie in einen Zustand der Trägheit versetzt, der eines Tages endgültig sein wird. Seitdem der Mensch

> zu atmen und sich zu erhalten begonnen hat, seit der Entdeckung des Feuers bis zur Erfindung der atomaren Vorrichtungen, hat er – außer wenn er sich fortgepflanzt hat – nichts anderes getan als Millionen von Strukturen zerstört, die niemals mehr integriert werden können [...] Statt Anthropologie sollte es *Entropologie* heißen, der Name einer Disziplin, die sich damit beschäftigt, den Prozeß der Desintegration in seinen höchsten Erscheinungsformen zu untersuchen.« (Lévi-Strauss 1970, 366f.)

Dieser Band sucht die Möglichkeit einer solchen dialektischen Entropologie auszuloten. Das geschieht in einem eher indirekten Verfahren, das den neuerdings so gern erhobenen apokalyptischen Tonfall so weit wie möglich zu temperieren bemüht ist – nicht aus einer Skepsis gegen den apokalyptischen Gedanken als solchen (für den die Kritiker in diesem Buch genügend Belege finden werden), sondern aus Abneigung gegen die wohlfeile Instrumentalisierung, die er in der Regel erfährt. Ist von der Apokalypse die Rede, so selten ohne den Verweis auf die Rettung, auf den neuen positiven Zustand, der durch allerlei Patentrezepte herbeigeführt werden soll: durch weniger Konsum und mehr Spiritualität, weniger Wachstum und mehr Kommunikation mit dem Bruder Regenwurm: vom Erhabenen zum Lächerlichen, man weiß es, ist nur ein Schritt. Die Kritische Theorie hatte gute Gründe, als sie sich weigerte, positiv zu werden und statt dessen darauf bestand, das Gemeinte nur indirekt, auf dem Wege der Kritik, zur Sprache zu bringen. Auch wenn die Kritik heute nicht mehr Wegweiser oder Geburtshelfer sein kann: als Echolot ist sie noch immer unentbehrlich.

Die Kritik ist doppelgleisig angelegt. Auf der einen Seite verteidigt sie die Idee einer Gesellschaft des Verschwindens gegenüber Konzeptionen, die sich dem Entropiegedanken verschließen und den Prozeß der Modernisierung einseitig als Zivilisierung (Elias), als Disziplinierung (Foucault) oder als funktionale Differenzierung (Luhmann) darstellen. Auf der anderen Seite greift sie Ansätze auf, die dieser Verkürzung nicht unterliegen, dafür aber z.T. mit Begründungen operieren, welche geeignet sind, die dialektische Entropologie auf ein falsches Gleis zu schieben: Adornos Logik des Zerfalls oder Virilios These vom Nihilismus der Geschwindigkeit. Hier kommt es darauf an, Akzente neu oder anders zu setzen, bestimmte Argumentationskanäle stillzulegen und andere auszubauen. In diesen Kontext gehört auch die Erinnerung an einen zu Unrecht vergessenen Autor, der als einer der ersten Technik und Entropie in Zusammenhang gebracht hat und deshalb als der »eigentliche Vater der ökologischen Bewegung« (Mohler) bezeichnet worden ist – Friedrich Georg Jünger. Das Zentrum, um das die verschiedenen Studien kreisen, erschließt sich am leichtesten über den Essay »Technik und Wissenschaft als Hierophanie«.

Die Entwicklungskurve der Zivilisation. Eine Auseinandersetzung mit Norbert Elias

Daß der historische Prozeß nicht nur aus isolierten Ereignissen und Bruchstücken besteht, sondern einen übergreifenden Sinn zur Erscheinung bringt, gehört zu den *idées directrices* des abendländischen Denkens. Wurde dieser Sinn unter der Vorherrschaft christlicher Überzeugungen lange Zeit als Heilsgeschehen bestimmt, so rückte mit der Aufklärung der Begriff der »Zivilisation« in den Vordergrund. Mit ihm wurden zwei verschiedene Vorstellungen zusammengebracht: zum einen der Gedanke einer allmählichen Sittenverfeinerung — *l'adoucissement des mœurs* im Sinne Mirabeaus des Älteren; zum andern der Gedanke eines stufenweise sich vollziehenden geistigen und materiellen Fortschritts, wie er etwa in Frankreich den Entwürfen Raynals und Condorcets, später den Theorien Saint-Simons, Comtes oder Guizots zugrundelag (Moras 1930). So sah es auch die englische Sozialphilosophie, die, nachdem sie noch im 18. Jahrhundert zwischen dem Fortschritt der Höflichkeit und Zivilisation und demjenigen der kommerziellen Künste unterschieden hatte (Ferguson 1986, 366), im 19. Jahrhundert beide Linien zusammenzog und den Fortschritt der Zivilisation nunmehr im Übergang von kriegerischen, durch Zwang integrierten Gesellschaften zu industriell-gewerblichen Aggregaten sah, die einem Zustand dauernden Friedens entgegenstrebten (Spencer 1887, II, 124ff., 180). Nichts illustriert die Überzeugungskraft dieser Vorstellung besser als die Tatsache, daß selbst ein Marx, der die »tiefe Heuchelei der bürgerlichen Zivilisation und die von ihr nicht zu trennende Barbarei« brandmarkte (MEW 9, 225), keine Schwierigkeiten hatte, vom »great civilizing influence of capital« zu sprechen und als dessen Hauptmerkmal die Umwandlung der Produktion in ein »System der allgemeinen Nützlichkeit« herauszustellen, »als dessen Träger die Wissenschaft selbst so gut erscheint wie alle physischen und geistigen Eigenschaften« (MEW 42, 323).

Im 20. Jahrhundert ist der Chor der Skeptiker, die diese Selbstbeglückwünschung der Moderne nicht mehr akzeptieren, immer lauter geworden.

Die Bedenken richten sich, wie auch in anderen Texten dieses Bandes deutlich wird, gegen die objektiven Aspekte des sogenannten Zivilisationsprozesses, insbesondere gegen die Vorstellung einer kumulativen Steigerung von Reichtum und Ordnung. Sie richten sich aber auch, worauf im folgenden vor allem der Akzent gelegt wird, auf die subjektiven Aspekte, auf die Idee des *perfectionnément de l'homme* (Condorcet). Stand die Kritische Theorie noch weitgehend allein, als sie in den vierziger und fünfziger Jahren im Verfall der Konventionen, im Absterben des zeremoniellen Moments und im Niedergang von Höflichkeit und Takt Indizien für den »Zerfallscharakter der Zivilisation« ausmachte (vgl. Adorno, GS 4, 38ff.; ders. 1956, 87), so mehren sich heute die Stimmen, die darin nicht bloß den Ausdruck einer elitären Kulturkritik sehen. So konstatiert Richard Sennett eine allgemeine Tendenz zur Zunahme von »Unzivilisiertheit«, die sich in Distanzverlust, Selbstbezogenheit und einer alle sozialen Beziehungen überwuchernden »Tyrannei der Intimität« manifestiere (Sennett 1983, 299). Neil Postman spricht vom »Verfall der civilité« und einer »allgemeinen Mißachtung der für Zusammenkünfte im öffentlichen Raum geltenden Regeln und Rituale« (Postman 1983, 151). In einem anderen vieldiskutierten Buch ist gar von einer »sterbenden Zivilisation« die Rede, in welcher das Leben immer barbarischer und kriegsähnlicher werde (Lasch 1986, 261, 47). Paul Virilio endlich meint: »Das fortschreitende Verschwinden der Höflichkeit, die selber eine gespielte Aufnahme, einen Ersatz der primitiven Gastfreundschaft darstellte, äußert sich heute in einer virilen Form von Kontakt, die man ›Offenheit‹ nennt, und mag letzten Endes zum gewohnheitsmäßigen Austausch schlechter Behandlung führen.« (Virilio 1978, 37)

Ob diese Diagnosen richtig sind, wird sich sicher nur in sorgfältigen empirischen Untersuchungen erweisen lassen. Bis dahin aber, und vielleicht als Vorbereitung dazu, mag es nützlich sein, sich mit der Exposition zu befassen, die der Zivilisationsbegriff in der bislang gründlichsten Studie zu diesem Thema erfahren hat: Norbert Elias' Buch *Über den Prozeß der Zivilisation.* Ich will im folgenden zunächst die wichtigsten Argumente dieses Buches skizzieren und dann einige Einwände vorstellen, die sich heute, ein halbes Jahrhundert nach Erscheinen der ersten Auflage, aufdrängen. Abschließend möchte ich die Frage erörtern, ob der Zivilisationsbegriff in der Fassung, die ihm Elias verliehen hat, ein Konzept ist, in dem sich die Problemlage der modernen Gesellschaft reflektieren läßt.

I

Elias' Untersuchung beginnt mit begriffsgeschichtlichen Erwägungen. Zivilisation, so der erste Befund, bedeutet im deutschen Sprachraum etwas anderes als in Westeuropa, namentlich in Frankreich und England. Während der Begriff dort als Bezeichnung für den wirtschaftlichen, gesellschaftlichen, politischen und geistigen Fortschritt insgesamt dient, hat er im Deutschen nur einen eingeschränkten Inhalt. Zivilisation ist hier ein Wert zweiten Ranges, eine Qualität, die sich lediglich auf das Äußere, die Oberfläche des Daseins bezieht. Die Bildung des Inneren dagegen, der Fortschritt auf geistigem und seelischem Gebiet, wird mit dem Begriff »Kultur« belegt. Was in anderen Ländern des Abendlands als einheitliche und kontinuierliche Bewegung erscheint, zerfällt damit in Deutschland in zwei unterschiedliche Dimensionen, die sich zuweilen zum antithetischen Gegensatz verschärfen. Der Westen, lautet ein wichtiger Glaubenssatz der deutschen Ideologie bis hin zu den »Ideen von 1914«, habe nur Zivilisation, wohingegen es die Deutschen bis zur Kultur gebracht hätten.

Daß Elias sich dafür entscheidet, die deutsche Version als Ausnahme zu behandeln und nicht weiter zu verfolgen, hängt mit seinen Vorstellungen über die in der gesellschaftlichen Entwicklung zu bewältigenden Aufgaben zusammen. Diese Vorstellungen sind deutlich von der Soziologie des 19. Jahrhunderts, insbesondere von Comte und Spencer, beeinflußt. Wie der letztere sieht Elias die gesellschaftliche Entwicklung als Teil einer allgemeinen Evolution, die neben der überorganischen noch die organische und unorganische Entwicklung umfaßt und durch das Wechselspiel von Differenzierung und Integration vorangetrieben wird. Wie der erstere identifiziert Elias die Funktionsdifferenzierung mit der wirtschaftlichen Berufsteilung, die koordinierenden und integrierenden Institutionen mit dem Staat.[1] Eine Hierarchie dieser beiden Dimensionen kennt Elias nicht. Für ihn handelt es sich um prinzipiell gleichrangige Erscheinungen, die jeweils unterschiedliche Aspekte ein und desselben Substrats darstellen – der Gesellschaft. Da er indes den Integrationsinstanzen die Fähigkeit zuspricht, die funktionsteiligen Prozesse »bis zu einem gewissen Grade [zu] steuern« (1971, 47)[2], verschiebt sich der Fokus seiner Theorie stark auf die Integrationsebene, auf die Entstehung und Entwicklung jener Institutionen, die über ein besonders hohes Steuerungspotential verfügen – die politischen Zentralorgane bzw. die Monopolorganisationen physischer Gewaltsamkeit, wie Elias mit Weber formuliert.

In dieser Vorentscheidung auf analytischer Ebene liegt die Wurzel der regulativen Idee von Elias' Zivilisationstheorie, der »Vermutung [...], daß der Aufbau des ›zivilisierten‹ Verhaltens aufs engste mit der Organisierung der abendländischen Gesellschaften in der Form von ›Staaten‹ zusammenhängt« (I, LXXVI). Je fortgeschrittener in einem bestimmten Gebiet die Staatsbildung, desto fortgeschrittener auch der Prozeß der Zivilisation; je unentwickelter andererseits die Zentralisierung, desto unentwickelter die Sitten, desto unvollendeter »jene Nivellierung und Angleichung der gesellschaftlichen Standarde [...], die für diesen ganzen Zivilisationsprozeß charakteristisch ist« (II, 433). Deutschland, das seit dem späten Mittelalter keinen Fortschritt im Ausbau seiner zentralstaatlichen Institutionen mehr erlebte, ist aus diesem Grund für die Untersuchung des Zivilisationsprozesses weniger geeignet als etwa Frankreich, in dem diese Institutionen eine kontinuierliche Verstärkung erfuhren.[3]

Den Ausbau des Zentralstaates in Frankreich unterteilt Elias in drei Etappen. Die erste Etappe fällt zusammen mit der Bildung ritterlicher Höfe zu Beginn des Hochmittelalters, welche die bis dahin in der weltlichen Herrenschicht dominierende Integration qua Kampf durch eine friedlichere und beständigere Integration ersetzen. Auf diese »ritterlich-höfische« Ordnung folgt im 16. Jahrhundert die zweite Etappe, die »höfisch-absolutistische Gesellschaft«, die wohl im sozialen Aufbau noch an die ständische Gliederung des Mittelalters anknüpft, auf politischer Ebene aber insofern eine Änderung herbeiführt, als sie die physische Gewalt in einer Monopolinstanz konzentriert. Die alte Kriegerelite wird nunmehr entmilitarisiert und in einen Hofadel verwandelt, was wiederum auf sozialer und wirtschaftlicher Ebene die Bildung längerer und komplexerer Interdependenzketten ermöglicht. Die funktionale Differenzierung beschleunigt sich und läßt neue, auf Beruf und produktiver Leistung beruhende Eliten entstehen, die ihrerseits nach Partizipation an den Entscheidungen des obersten Koordinations- und Regulierungsorgans streben.

Aus dieser Entwicklung geht – nach der Zwischenstufe einer »erweiterten höfischen Gesellschaft«, in der höfisch-aristokratische und höfisch-bürgerliche Kreise miteinander verkehren – das dritte und bisher letzte Stadium hervor: der bürgerliche Nationalstaat. In ihm erreichen die Funktionsteilung und die allgemeine Interdependenz eine bis dahin unvorstellbare Dichte. Zugleich ist die Vernetzung soweit vorangeschritten, daß die private Monopolisierung der mit der Zentralposition verbundenen Chancen nicht länger perpetuierbar ist. Das Privatmonopol einzelner, schreibt Elias, vergesellschaftet sich und wird »zu einer Funktion des interdependenten Menschengeflechts als eines Ganzen«, zu einem »öffentlichen« Monopol (II, 157). Darüber hinaus zeichnen sich bereits Ansätze zu einer vierten, endgültig letzten Phase der Gesamtentwicklung ab: »Man sieht die ersten Umrisse eines erdumfassenden Spannungssystems von Staatenbünden, von überstaatlichen Einheiten verschiedener Art, Vorspiele von

Ausscheidungs- und Vormachtkämpfen über die ganze Erde hin, Voraussetzung für die Bildung eines irdischen Gewaltmonopols, eines politischen Zentralinstituts der Erde und damit auch für deren Pazifizierung.« (II, 452)

Den hier nur knapp skizzierten Stadien der Zentralisierung ordnet Elias nun verschiedene Verhaltensmodelle oder -schemata zu, die gleichsam den subjektiven Niederschlag dieses Prozesses verkörpern. Der polyzentrischen Struktur des Mittelalters entspricht das Schema der *courtoisie,* das sich an den großen ritterlichen Feudalhöfen bildet. Seine Merkmale sind: eine gewisse Mäßigung der Affekte, eine – freilich noch sehr begrenzte – Aufwertung derjenigen, die nicht über Gewaltmittel verfügen (vor allem der Frauen), die Ausbildung höfischer Manieren, die das gesellige Verhalten bei Tisch, beim Spiel oder im Turnier regeln, die Orientierung an ritterlichen Tugenden, wie sie vor allem von der Kirche *(miles christianus*-Ideal), aber auch von der weltlichen Dichtung propagiert werden (Artusepik).[4]

Während dieses Schema den Individuen jedoch noch äußerlich bleibt und außerhalb des Interaktionszentrums »Hof« rasch seine Wirkung verliert, verdichtet sich die soziale Kontrolle mit dem Übergang zu einer monozentrischen, auf dem Gewaltmonopol beruhenden Konfiguration. Anstelle der bloß intermittierenden, nur einen kleinen Teil der ritterlichen Existenz erfassenden *courtoisie* tritt jetzt ein neues Schema der Affektregulierung, das Elias im Anschluß an die Manierenschriften von Erasmus, della Casa, La Salle u. a. als *civilité* bezeichnet. Der durch die politische, soziale und wirtschaftliche Entwicklung in seiner Herrschaftsposition erschütterte Adel versucht in dieser Phase, seinen Platz an der Spitze der gesellschaftlichen Hierarchie durch einen verstärkten Einsatz von Distinktionsstrategien zu behaupten. Ein strenger Verhaltenscode entsteht, der mehr und mehr den gesamten Habitus umfaßt. Die höfische Interaktion, vor allem das Essen und die Konversation, wird stark ritualisiert, wie Elias anschaulich an der Geschichte des Messer- und Gabelrituals demonstriert. Die Kleidung wird bewußt als Unterscheidungs- und Prestigemittel eingesetzt, ebenso die Gestik und der sprachliche Ausdruck. Fragen des guten Benehmens und des richtigen Geschmacks werden zu Fragen, die über den Platz in der Rangordnung entscheiden können, Takt, Delikatesse und Stil zu Formen, von denen das soziale Überleben abhängen kann. Selbst- und Fremdbeobachtung erreichen eine bis dahin unbekannte Intensität, die psychologische Kriegführung wird zur unentbehrlichen Waffe in der Prestigekonkurrenz.

Auch dieses neue, im Vergleich zur *courtoisie* ungleich strengere Schema der Affektmodellierung ist jedoch nach Elias in der Psychostruktur noch nicht sehr fest verankert. Die Tabus und Rituale des höfischen Lebens treten dem einzelnen wohl als klar umrissene Imperative entgegen, die ihn zu einer permanenten Überwachung seiner Affekte und Triebregungen veranlassen. Diese aber erfolgt hauptsächlich über eine bewußte Selbststeuerung, psychoanalytisch gesprochen über Ich-Leistungen (Vowinckel 1983, 196). Der Hofmann muß, wie bei Castiglione nachzulesen, seine unterschiedlichen Fähigkeiten so ausbalancieren, daß er zu einer Art vollkommenen Gesamtkunstwerks wird; er muß, wie bei Gracian, seine Leidenschaften bewußt domestizieren, jedoch nicht, um sie abzutöten, sondern um sie im geeignetsten Moment zu befriedigen (ebenda, 95). Die soziale Kontrolle vollzieht sich deshalb noch primär über die Vermittlung des Ichs, das sich den Zwängen der sozialen Umwelt anpaßt, aber keineswegs völlig ausliefert. Sie bleibt dem einzelnen äußerlich, wirkt »noch nicht als automatisch funktionierender Selbstzwang, als Gewohnheit, die bis zu gewissen Grenzen auch funktioniert, wenn der Mensch allein ist; sondern man legt sich hier zunächst immer jemandem andern gegenüber, also bewußter aus gesellschaftlichen Gründen, Triebverzicht und Zurückhaltung auf. Und die Art der Zurückhaltung, wie ihr Maß entsprechen hier der sozialen Stellung dessen oder derer, denen gegenüber er sie sich auferlegt.« (I, 186) Im Stadium der *civilité* ist die gesellschaftliche Verflechtung schon so stark, daß sie die einzelnen zur Anpassung zwingt, aber noch nicht stark genug, um die Einzelheit als solche zu negieren und in einen »Verkehrsknotenpunkt des Allgemeinen« (Horkheimer/Adorno) zu verwandeln.

Wesentlich weiter in dieser Richtung geht das Schema der *civilisation*, das in der zweiten Hälfte des 18. Jahrhunderts die *civilité* ablöst (I, 47ff.). Getragen von den Reformgruppen des Ancien régime – dem Beamtentum und den Spitzen des Bürgertums – zielt dieses Schema auf eine Universalisierung und Stabilisierung der mit der *civilité* bereits erreichten Sittenverfeinerung und Rationalität. Die Universalisierung impliziert die Ausdehnung der Vernunft auf die Gesetze und Institutionen des Landes sowie auf die Sitten der gesamten Nation. Elias spricht von einer Einschmelzung von Verhaltensweisen der funktional oberen Schichten in das der aufsteigenden unteren und rückt diesen Vorgang in die Nähe von Kolonisationsprozessen. So wie im 19. Jahrhundert die abendländischen Nationen die außereuropäische Welt unterworfen und okzidentalen Denk- und Verhaltensmustern assimiliert hätten, seien zuvor im Abendland selbst die Unter- und Mittelschichten den Standards der Oberschichten unterworfen und assimiliert worden (II, 341, 346, 350, 420f.).

Die Stabilisierung impliziert die Verfestigung der zivilisierten Verhaltensformen zu einem »Panzer«, der die ganze Persönlichkeit und jede ihrer

Äußerungen umschließt (I, 332). Dies wird durch eine bereits in der frühesten Kindheit einsetzende Konditionierung erreicht, die darauf hinarbeitet, daß sich im einzelnen »gleichsam als eine Relaisstation der gesellschaftlichen Standarde, eine automatische Selbstüberwachung der Triebe im Sinne der jeweiligen gesellschaftsüblichen Schemata und Modelle, eine ›Vernunft‹, ein differenziertes und stabileres ›Über-Ich‹ herausbildet, und daß ein Teil der zurückgehaltenen Triebregungen und Neigungen ihm überhaupt nicht mehr unmittelbar zum Bewußtsein kommt.« (II, 329) In diesem Sinne erfüllt das Über-Ich in der bürgerlichen Gesellschaft die Steuerungsfunktionen, die in der höfischen Gesellschaft noch dem Ich vorbehalten waren.

Elias übersieht nicht die Unterschiede zwischen diesen beiden Formen der Steuerung. Im Rahmen seiner Konstruktion eines kontinuierlich verlaufenden Zivilisationsprozesses interpretiert er ihre Abfolge jedoch primär als eine Steigerung der sozialen und psychischen Integration durch Tieferlegung der Kontrollmechanismen. Jene Zwänge, die im Schema der *courtoisie* und der *civilité* vielfach nur als äußere Schranke, als Fremdzwang wirkten, werden jetzt verinnerlicht, mit der Perspektive, daß dadurch der Fremdzwang zunehmend entbehrlich wird und irgendwann einmal ganz verschwinden kann (1983, 123f.). Wie diese, freilich erst nach Vollendung der Pazifizierung auf Weltebene denkbare, neue Form der Selbststeuerung beschaffen sein könnte, verrät Elias nicht. Daß die Entwicklung in diese Richtung geht, erscheint ihm aber als ebenso ausgemacht wie die Tendenz zur Überwindung des bürgerlichen Nationalstaates (1987, 224f.). Sind einmal die zwischenstaatlichen Spannungen beseitigt, so die an Kants Vision vom »Ewigen Frieden« erinnernde Schlußpassage des Zivilisationsbuches, kann sich die Regelung der sozialen Beziehungen auf das rein sachlich Notwendige beschränken, können sich die Spannungen und Widersprüche auch in den Menschen selbst mildern. Dann erst braucht es nicht mehr die Ausnahme, sondern »kann es die Regel sein, daß der einzelne Mensch jenes optimale Gleichgewicht seiner Seele findet, das wir so oft mit großen Worten, wie ›Glück‹ und ›Freiheit‹ beschwören: ein dauerhaftes Gleichgewicht oder gar den Einklang zwischen seinen gesellschaftlichen Aufgaben, zwischen den gesamten Anforderungen seiner sozialen Existenz auf der einen Seite und seinen persönlichen Neigungen und Bedürfnissen auf der anderen.« (II, 454. Hervorh. i.O. gestr.)

Die große Linie ist damit klar. Zivilisation ist für Elias ein Prozeß, in dessen Verlauf sich immer strengere Schemata der Selbstkontrolle herausbilden und sowohl immer weitere Bevölkerungskreise ergreifen als auch psychostrukturell immer tiefer gelagert werden. Dieser Prozeß ist die subjektive Seite eines gesamtgesellschaftlichen Differenzierungs- und Integrationsvorgangs, der zu einer immer perfekteren Kontrolle der Gesellschaft über die Naturbedingungen ihres Überlebens wie über die Bedingungen des sozialen Zusammenlebens führt.[5] Elias verschweigt nicht den Preis, den die Individuen dafür zahlen müssen: die permanente Konditionierung, die Verdrängung und Anästhesierung von Triebregungen, den Aufbau von inneren Ängsten, die Wahrscheinlichkeit der neurotischen Erkrankung. Insgesamt sieht er aber diese Kosten mehr als aufgewogen durch die Distanzierungs- und Steuerungsgewinne, die sowohl dem einzelnen als auch der Gesellschaft in diesem Prozeß zuwachsen. Etwas vereinfacht läßt sich dieser Prozeß in dem folgenden Schema darstellen:

Soziogenese	Ritterlich-höfische Gesellschaft	Höfisch-absolutistische Gesellschaft	Bürgerlich-industrielle Gesellschaft	›Weltgesellschaft‹
Steuerungszentrum	Feudalhof	Absolutistischer Staat	Nationalstaat	Weltstaat
Verhaltenscode	courtoisie	civilité	civilisation	Weltzivilisation
Psychogenese	Es/Ich (undifferenziert)	Ich-Dominanz	Über-Ich-Dominanz	Gleichgewicht von Ich, Es, Über-Ich

II

Auch der voreingenommene Betrachter wird zugestehen, daß Elias' Rekonstruktion des Zivilisationsprozesses große Stärken hat. Der figurationssoziologische Ansatz trägt politischen, ökonomischen und psychologischen Faktoren gleichermaßen Rechnung und gelangt damit zu einem breit angelegten Panorama der zivilisatorischen Entwicklung. Die konstitutive Rolle der Höfe in der ritterlich-feudalen und absolutistischen Gesellschaft wird einleuchtend begründet, die Bildung von Gewalt- und Abgabenmonopolen schlüssig nachgezeichnet. Lediglich die Rolle der Religion wird zu wenig beachtet, was möglicherweise bei vergleichenden Untersuchungen ein Nachteil sein könnte. Zu den Glanzstücken des Buches gehört die Herausarbeitung des Parallelismus von Soziogenese und Psychogenese, mit der gleichsam eine Brücke zwischen der Herrschaftssoziologie Webers, der Differenzierungstheorie in der Tradition Durkheims und Spencers und der Freudschen Psychoanalyse geschlagen wird.

Dennoch drängen sich bei einer genaueren Betrachtung drei Einwände auf, die zwar aus unterschiedlichen theoretischen Zusammenhängen stammen, gleichwohl aber miteinander kompatibel sind.[6]

1. Der erste Einwand ergibt sich aus der dialektischen Theorie und richtet sich gegen den soziogenetischen Strang der Zivilisationstheorie. Elias, so erscheint es aus dieser Sicht, hat nur eine unzureichende Vorstellung von den Integrationsproblemen, die mit einem bestimmten Grad der Funktionsdifferenzierung auftreten. Seine These, daß die Entwicklung zur modernen Gesellschaft von einer immer »strafferen Regulierung und Überwachung des gesamten gesellschaftlichen Verkehrs von stabilen Zentralen« aus begleitet sei (II, 227), übersieht, daß ein durch kapitalistische Warenproduktion bestimmtes System nicht direkt durch die Vorgaben eines planenden Zentrums, sondern nur indirekt durch die Vermittlung des Marktes gesteuert wird. Was ihre Arbeiten gesellschaftlich gelten, erfahren die – individuellen oder korporativen – Produzenten immer nur *post festum,* in der Bestätigung ihrer Produkte als Wertgrößen, die erst nach Abschluß der Produktion, im Austausch, möglich ist. Hier jedoch gilt, »daß die unabhängig voneinander betriebenen, aber als naturwüchsige Glieder der gesellschaftlichen Teilung der Arbeit allseitig voneinander abhängigen Privatarbeiten fortwährend auf ihr gesellschaftlich proportionelles Maß reduziert werden, weil sich in den zufälligen und stets schwankenden Austauschverhältnissen ihrer Produkte die zu deren Produktion gesellschaftlich notwendige Arbeitszeit als regelndes Naturgesetz gewaltsam durchsetzt, wie etwa das Gesetz der Schwere, wenn einem das Haus über dem Kopf zusammenpurzelt.« (Marx, MEW 23, 89)

Unter diesen Umständen ist es eine sehr verkürzte Betrachtungsweise, wenn man, wie Elias, Unberechenbarkeit und Willkür primär in der physischen Gewaltsamkeit lokalisiert und aus der unbestreitbaren Tatsache ihrer Kasernierung im modernen Staat auf eine Zunahme der gesamtgesellschaftlichen Stabilität und Kalkulierbarkeit schließt. Auch und gerade nach der Bildung von Gewaltmonopolen auf dem Territorium einzelner »Staatsgesellschaften« bleibt mit dem nationalen Binnenmarkt und dem Weltmarkt eine Dimension des Zufalls und der Anarchie, die sich individuellen Handlungskalkülen grundsätzlich entzieht. Und obschon dies keineswegs bedeutet, daß es die bürgerlich-industrielle Gesellschaft nicht zu Einheit und Integration zu bringen vermag, heißt es doch immerhin, daß sich diese Einheit und Integration »nur a posteriori als innre, stumme, im Barometerwechsel der Marktpreise wahrnehmbare, die regellose Willkür der Warenproduzenten überwältigende Naturnotwendigkeit« durchsetzt (Marx, MEW 23, 377). Elias hat recht, wenn er darauf hinweist, daß die

Kasernierung der politischen Gewalt einen wichtigen Schritt zur Überwindung des Naturzustands darstellt. Er vergißt jedoch hinzuzufügen, daß sich dieser Naturzustand unter bürgerlichen Produktionsbedingungen in anderer Form wiederherstellt, gewährleistet doch die Konkurrenz die Existenz der Individuen nur auf die Weise, »wie auch im Tierreich das bellum omnium contra omnes die Existenzbedingungen aller Arten mehr oder minder erhält.« (Ebenda, 377)

Diese Überlegung zwingt dazu, einen der Eckpfeiler von Elias' Konstruktion zu problematisieren: die Idee eines Kontinuums der Vergesellschaftung, das sich von der ritterlich-höfischen über die höfisch-absolutistische bis hin zur bürgerlich-industriellen Gesellschaft erstreckt. Wohl läßt sich die Entwicklung von den feudalen Minnehöfen zu den Residenzen des Barockzeitalters unter dem Blickwinkel einer Verdichtung und Intensivierung höfischen Lebens begreifen, und kann die Ausbildung einer »guten Gesellschaft« verfolgt werden, deren Ausläufer bis in die bürgerlichen Salons des 19. Jahrhunderts reichen. Diese Art der sozialen Verknüpfung, die im wesentlichen auf Interaktion, d. h. auf Kommunikation unter Anwesenden beruht, muß indes strikt von dem Vergesellschaftungsmodus getrennt werden, der für eine entfaltete Marktgesellschaft typisch ist. Vergesellschaftung über den Markt ist eine paradoxe Form von Vergesellschaftung. Sie erzeugt auf der einen Seite, wie Elias richtig gesehen hat, ein hochkomplexes System von Interdependenzen, in dem die Individuen so stark vernetzt sind wie niemals zuvor in der Geschichte. Auf der anderen Seite aber treibt sie durch die Forcierung der Konkurrenz und durch die Universalisierung der bürgerlichen Rechtsprinzipien den Vereinzelungsprozeß in einer historisch ebenfalls beispiellosen Weise voran. Der Markt, das kann man nicht nachdrücklich genug hervorheben, aggregiert nicht nur, er disaggregiert auch. Er schafft nicht nur neue Verflechtungen, sondern negiert immer auch die Verflechtungen, die er selbst erzeugt hat.

Das läßt sich bereits am Schicksal der kleinsten sozialen Einheit zeigen, in der Elias mit Recht das Konditionierungsinstrument der bürgerlichen Gesellschaft par excellence sieht: der Kleinfamilie. Selbst ein Produkt des modernen Differenzierungsprozesses, in dessen Verlauf die produktive Lohnarbeit vorrangig den männlichen Erwachsenen, die nichtproduktive Subsistenzarbeit einschließlich der Kindererziehung dagegen den Frauen zugewiesen wurde, befindet sich dieser Familientypus heute durch die rechtliche und zunehmend auch faktische Gleichstellung der Frauen in einer fortschreitenden Erosion. Die Individuen werden aus den bis dahin gültigen, quasiständischen Vorgaben des Geschlechts herausgelöst und gezwungen, sich selbst zum Zentrum ihres eigenen Lebens zu machen. Die für die Moderne typische Temporalisierung erfaßt auch die Ehe und unterwirft sie den Rhythmen der »seriellen Monogamie« (Shorter). Die Familie wird zur »Verhandlungsfamilie auf Zeit« (Beck), deren Mitglieder einen ständigen Kampf um den Ausgleich zwischen beruflichen und emotionalen Interessen ausfechten müssen. Die Fragmentierung und Atomisierung ergreift damit unwiderruflich auch jenen Bereich, der noch dem frühen, puritanischen Bürgertum als ein so sicheres Fundament gegolten hatte, daß es von ihm her die gesamte Gesellschaft erneuern zu können geglaubt hatte.

> »In dem zu Ende gedachten Marktmodell der Moderne wird die familien- und ehe*lose* Gesellschaft unterstellt. Jeder muß selbständig, frei für die Erfordernisse des Marktes sein, um seine ökonomische Existenz zu sichern. Das Marktsubjekt ist in letzter Konsequenz das alleinstehende, nicht partnerschafts-, ehe- oder familien›behinderte‹ Individuum. Entsprechend ist die durchgesetzte Marktgesellschaft auch eine *kinderlose* Gesellschaft – es sei denn, die Kinder wachsen bei mobilen, alleinerziehenden Vätern und Müttern auf.« (Beck 1986, 191)

Man muß nur einen Blick auf die Geburtenrate in der Bundesrepublik werfen, um sich vom Realitätsgehalt dieser Überlegungen zu überzeugen.

Ähnliche Dekompositionserscheinungen zeigen sich auch an komplexeren sozialen Aggregaten, die einmal die Struktur der bürgerlichen Industriegesellschaft prägten. Insbesondere der Klassenbegriff, der sich noch im 19. Jahrhundert bürgerlichen und sozialistischen Theoretikern gleichermaßen aufdrängte, hat in den fortgeschrittenen kapitalistischen Ländern seine Bedeutung für die Bildung kollektiver Identitäten fast völlig verloren. »Der unermeßliche Druck der Herrschaft«, so hat Adorno dies bereits vor mehr als vierzig Jahren formuliert, »hat die Massen so dissoziiert, daß noch die negative Einheit des Unterdrücktseins zerrissen wird, die im neunzehnten Jahrhundert sie zur Klasse macht.« (Adorno, GS 8,377) Nicht daß der Gegenstand des Begriffs – die objektive Bündelung von Ungleichverteilungen – damit verschwunden wäre: Soziale Ungleichheiten haben nicht ab-, sondern zugenommen. Aber die Auflösung klassenspezifischer Lebensformen durch die Erhöhung des gesamtgesellschaftlichen Konsumniveaus, der Rückgang des Beschäftigtenanteils im industriellen Sektor, der – in den USA besonders drastische – Bedeutungsverlust der Gewerkschaften, die allgemeine Schrumpfung der »Erwerbsarbeitsgesellschaft« (Beck) in den hochindustrialisierten Ländern, die Bewältigung der Massenarbeitslosigkeit in Form von Unterbeschäftigung und lebensphasenspezifischer Verteilung der knapper gewordenen Lohnarbeit – dies alles hat zu einer Erosion der im Klassenbegriff immer mitgedachten kollektiven Identität geführt, durch welche die Individuen in zunehmendem Maße auf sich selbst zurückgeworfen werden. Soziale Klassen, urteilt Luhmann zutreffend, sind heute Schichten, *»die darauf verzichten müssen, Interaktion zu regulieren«* (Luhmann 1985c, 131; zur Diskussion über den Klassenbegriff vgl. auch Ritsert 1987).

Vielleicht muß man noch einen Schritt weitergehen und von einer Erosion der für die soziale Identitätsbildung konstitutiven Sphäre der Öffentlichkeit schlechthin sprechen. Für Elias steht eine derartige Möglichkeit ganz außer Betracht, obwohl der Verfall der aus dem 19. Jahrhundert überkommenen Formen von Öffentlichkeit zu den Kardinalthemen der Weimarer Republik gehörte (Schmitt 1979a): Der die Bildung von Gewaltmonopolen begleitende Prozeß der sozialen Verflechtung macht es der Zivilisationstheorie zufolge an einem bestimmten Punkt der Entwicklung unausweichlich, die *privaten* Verfügungschancen über die politischen und wirtschaftlichen Apparate aufzuheben und die Privatmononopole in *öffentliche* Monopole umzuwandeln (II, 148ff., 438ff.).

Aus heutiger Sicht ist die Moderne jedoch nicht nur durch eine Erweiterung des Öffentlichen auf Kosten des Privaten gekennzeichnet, sondern ebenso durch eine Privatisierung des Öffentlichen, durch die wesentliche Merkmale von Öffentlichkeit zerstört werden. Dies gilt, worauf schon Habermas hingewiesen hat, für den Aufstieg der Verbände und der Massenmedien, die die kritische Publizität durch eine manipulativ erzeugte verdrängen (Habermas 1968). Es gilt aber auch in dem umfassenderen Sinne einer Überlagerung und Modifizierung spezifisch öffentlicher Denk- und Verhaltensmodelle durch die private Vorstellungswelt, wie sie Richard Sennett in seinem Buch über das Verschwinden des *Public Man* (1983) darstellt. Die moderne Gesellschaft erscheint danach nicht als eine zivilisierte, durch Selbstdistanz und rationale Interessenverfolgung bestimmte Vereinigung von Menschen, sondern im Gegenteil als ein Ensemble »destruktiver Gemeinschaften«, in denen manche sogar eine Wiederkehr der Stammesverbände zu entdecken glauben.[7] In der »intimen Gesellschaft« der Gegenwart, so Sennett, haben die Menschen die Fähigkeit verloren, öffentlich, d.h. unter Absehung von ihrer je besonderen Person, zu handeln. Die soziale Interaktion schrumpft zu einem bloßen Medium des Selbstausdrucks und der Selbstvergewisserung, die Aktivität zu einer nicht endenden Suche nach narzißtischen Gratifikationen, die sich nicht zuletzt im Streben nach Identifikation mit grandiosen »Kollektivpersönlichkeiten« realisiert (Sennett 1983, 251ff.). Auch wenn Sennetts Ursachenforschung mit dem Hinweis auf Erscheinungen wie Säkularismus und Symbolismus etwas blaß ausfällt und in ihren historischen Partien nicht durchweg zu überzeugen vermag, sollte die Erfahrung mit den Massenbewegungen dieses Jahrhunderts Anlaß genug sein, seine Hypothesen nicht auf die leichte Schulter zu nehmen.[8]

Die Entwicklung der modernen Gesellschaft, dies kann als Resümee des »dialektischen« Einwands gegen die Zivilisationstheorie festgehalten werden, läßt sich nicht einfach unter dem Gesichtspunkt einer ständigen Ausdehnung der sozialen Verflechtung begreifen, die Konkurrenz nicht bloß als Medium, das die Bildung immer umfassenderer und höherstufiger Aggregate vorantreibt. Vielmehr ist auch das Gegenteil zu beobachten. Soziale Verknüpfungen, die mit der bürgerlichen Gesellschaft entstanden sind, werden dekomponiert, Solidaritätsbeziehungen ausgedünnt oder ganz gesprengt. Marktvergesellschaftung bedeutet Steigerung der Interdependenz *und* Atomisierung des Sozialen, Vernetzung *und* Negation aller Bindungen – asoziale Sozialität. Sie forciert die Differenzierung und zerstört doch zugleich durch die universale Vergleichbarkeit aller Arbeiten im Tauschwert die Bedingungen der Möglichkeit von Differenz. Sie erzwingt eine immer dichter werdende Integration der Gesellschaft und verhindert doch, daß daraus ein gesellschaftliches Subjekt entsteht. Die Integration vollzieht sich hinter dem Rücken der handelnden Individuen und macht sich in einer Form geltend, die unmittelbar betrachtet als das Gegenteil aller Integration erscheint. Durch ihre einseitige Fixierung auf Synthese, die Regressionen zwar nicht ausschließt, aber eher als zufalls-, denn als systemgeneriert versteht (1987, 184), verstellt sich die Zivilisationstheorie die Einsicht in den Umstand, daß die Logik der Vergesellschaftung *auch* eine »Logik des Zerfalls« (Adorno) ist. Sie fällt damit noch hinter den Reflexionsstand der älteren Soziologie von Comte bis Durkheim zurück, der bei allem Vertrauen in die Integrationskraft des Staates oder die solidaritätsstiftenden Wirkungen der Arbeitsteilung die negative Seite der funktionalen Differenzierung nie ganz aus dem Blickfeld geriet. Bedenkt man, daß *Über den Prozeß der Zivilisation* in unmittelbarer Zeitgenossenschaft mit der größten Krise der modernen Weltwirtschaftsordnung entstand, kann man sich über diesen Reflexionsverlust nicht genug wundern.

2. Diese Kritik wird durch den zweiten Einwand erhärtet, der sich aus dem Gang der psychoanalytischen Theoriebildung ableiten läßt. Die Integration Freudscher Begriffe, insbesondere des Strukturmodells des psychischen Apparats, gehört zweifellos zu den starken Seiten der Zivilisationstheorie, ermöglicht sie es doch Elias, auf psychogenetischer Ebene die Unterschiede zwischen bürgerlichen und vorbürgerlichen Formen weitaus genauer zu erfassen, als es ihm auf soziogenetischer Ebene gelingt. So arbeitet Elias präzise den Wechsel in der Konditionierungsinstanz heraus – den Übergang von der öffentlich-höfischen zur privat-familialen Form der Affektmodellierung. So erkennt er richtig den Wechsel in der Konditionierungsmethode – die Umwandlung von Fremdzwang in Selbstzwang

via Verinnerlichung und Identifikation. Und so vermag er schließlich auch deutlich zu machen, zu welch neuartigem Ergebnis diese Veränderungen führen – zu einem Sozialcharakter, der durch eine bisher nicht dagewesene Differenzierung zwischen Ich- und Über-Ich-Funktionen auf der einen und Triebfunktionen auf der anderen Seite gekennzeichnet ist (vgl. II, 390f.; 1987, 85).

Diese Einsichten führen Elias jedoch nicht zu einer Revision seiner These vom zivilisatorischen Kontinuum. Im Gegenteil. Wie der bürgerliche Nationalstaat ihm nur als Steigerungsform der mit dem Absolutismus bereits erreichten Zentralisierung gilt, so erscheint ihm auch das bürgerliche Schema der Affektregulierung letztlich nur als Fortführung und Verdichtung des höfischen Schemas, was nicht nur in expliziten Formulierungen, sondern weit mehr noch stilistisch in der häufigen Verwendung des Komparativs seinen Ausdruck findet: So etwa, wenn Elias vom »Übergang zu einem ›rationaleren‹ Verhalten und Denken, ebenso wie [dem] zu einer stärkeren Selbstkontrolle« spricht, wenn er den »Zwang zu einer differenzierteren Selbstdisziplinierung, zu einer festeren Über-Ich-Bildung« heraushebt, die Ausbildung einer »stabilere[n], zum guten Teil automatisch arbeitende[n] Selbstkontrollapparatur« vermerkt oder die Durchsetzung eines »affektneutraleren« Gesamtverhaltens behauptet (II, 394, 351, 320, 373f.). Gewiß: der bürgerliche Sozialcharakter ist anders als der aristokratische. Aber für Elias ist er dies vor allem im Sinne eines *Mehr* an Kontroll- und Steuerungskapazitäten, welche im aristokratischen Charakter *in nuce* bereits angelegt waren. Und er besitzt dieses Mehr hauptsächlich deshalb, weil die bürgerliche, familial vermittelte Erziehung einen erfolgreichen Weg gefunden hat, um die soziale Kontrolle in das Individuum hineinzuverlagern: die Verinnerlichung.

Aus psychoanalytischer Sicht kann man diese Auffassung nur als sehr selektiv bezeichnen (Lasch 1985, 712ff.). Daß die Verinnerlichung ein bedeutendes Mittel der zivilisatorischen bzw. kulturellen Entwicklung ist, die Voraussetzung dafür, daß aus Kulturgegnern Kulturträger werden (Freud IX, 145), ist zwar ein Grundmotiv Freuds, der in seinen Arbeiten häufig die disziplinierenden und sozialisierenden Funktionen des Über-Ichs hervorgehoben hat: Das Über-Ich ist die Basis der Religion, der Moral und des sozialen Empfindens, es ist der »Träger der Tradition, all der zeitbeständigen Wertungen, die sich auf diesem Wege über Generationen fortgepflanzt haben« (Freud I, 505), es tritt dem Individuum als ein kategorischer Imperativ entgegen und bewirkt dadurch jene Umwandlung, durch die es erst moralisch und sozial wird (Freud III, 315; IX, 145). Im Gegensatz zu Elias sieht Freud in diesem Mechanismus jedoch nicht erst eine Errungenschaft der Neuzeit; darüber hinaus macht er klar, daß es sich um eine höchst ambivalente Einrichtung handelt. Das Über-Ich ist nämlich nicht nur, wie Elias meint, ein »Abdruck der Gesellschaft im Innern« (I, 173), es ist gleichzeitig »der Erbe des Ödipuskomplexes und somit Ausdruck der mächtigsten Regungen und wichtigsten Libidoschicksale des Es. Durch seine Aufrichtung hat sich das Ich des Ödipuskomplexes bemächtigt *und gleichzeitig* sich selbst dem Es unterworfen. Während das Ich wesentlich Repräsentant der Außenwelt, der Realität ist, tritt ihm das Über-Ich als Anwalt der Innenwelt, des Es gegenüber.« (Freud III, 303; Hervorhebung von mir, S. B.)

Diese Aussage bedarf einer kurzen Erläuterung. Freud teilt mit Elias die Auffassung, daß das Über-Ich im einzelnen die gesellschaftliche Allgemeinheit vertritt und damit als Conditio sine qua non der Zivilisation bzw. der Kultur fungiert. Während Elias jedoch dazu neigt, die Aufrichtung dieses Über-Ichs eher behavioristisch als Ergebnis von Konditionierungsvorgängen zu sehen, eine *triebtheoretische* Begründung jedenfalls nicht gibt[9], kreisen Freuds Bemühungen gerade um diese letztere. Das Soziale, so sein Gedanke, kann nur dann im Individuum seinen Niederschlag finden, wenn es sich mit bestimmten Triebregungen legiert und in der Triebökonomie selbst einen Stützpunkt findet. Dies geschieht nach Freud primär in der ödipalen Phase. Das Kind muß auf dieser Stufe seiner Entwicklung auf die intensiven Liebes- und Feindseligkeitswünsche gegenüber seinen Eltern vezichten, und es löst diese Aufgabe durch Identifizierung, durch Neuschöpfung des aufgegebenen Objekts in seinem Innern (Freud I, 502). Teile der libidinösen Energien fließen dem »Ich-Ideal« zu, dessen Definition bei Freud allerdings starken Schwankungen unterliegt (vgl. Chasseguet-Smirgel 1981, 215ff.); Teile der aggressiven Energien, namentlich die Kastrations- und Todeswünsche gegen den ödipalen Rivalen, fließen wiederum dem Gewissen und dem Schuldgefühl zu, den wichtigsten Komponenten des Über-Ichs (Freud III, 304). Die sozialisierende Leistung des Über-Ichs ruht somit triebökonomisch gesehen auf einem asozialen, ja antisozialen Fundament: der Aggression, die gleichsam nur von außen nach innen umgelenkt wird.

Diese Zusammenzwingung zweier entgegengesetzter Tendenzen führt nach Freud zu einer äußerst labilen Konstellation. Schon in *Das Ich und das Es* notiert er, daß je mehr ein Mensch seine Aggression nach außen einschränke, er desto aggressiver und strenger in seinem Über-Ich werde. Das Über-Ich werde »hypermoralisch« und wende sich mit der gleichen Grausamkeit gegen das Ich wie in anderen Konflikten das Es (Freud III, 320f.). Was hier noch rein individualpsychologisch als Neigung zur Zwangsneurose oder zur Melancholie diagnostiziert wird, wird später zu einer These über die Pathologie der kulturellen Gemeinschaften erweitert. Der Preis für den Kulturfortschritt, heißt es in *Das Unbehagen in der Kultur,* liege in der »Glückseinbuße durch die Erhöhung des Schuldgefühls« (Freud IX, 260). Bereits in der Familie sei das Zusammenleben nur möglich durch den Verzicht auf die ödipalen Bedürfnisse und durch die Einsetzung des Gewissens. Jede Erweiterung der sozialen Verbände setze diesen Konflikt fort und habe eine weitere Steigerung des Schuldgefühls zur Folge. Der Kulturprozeß gehorcht einer unheilvollen Mechanik. Je mehr im Laufe der Vergesellschaftung die unmittelbare Aggression *zwischen* den Individuen abgebaut wird, desto mehr baut sie sich *in* den Individuen auf. Je geringer die Macht der Triebe und Affekte im sozialen Verkehr, desto größer die »gesellschaftliche Produktion von Unbewußtheit« (Erdheim) und der Druck des Verdrängten auf das Ich (vgl. Freud IX, 258f.). Daß der Mensch jemals jenes »optimale Gleichgewicht seiner Seele« finden könnte, wie Elias dies für den vollendeten Zivilisationsprozeß in Aussicht stellt, muß nach Freud als eine naive Utopie angesehen werden.

Es ist bekannt, daß Freud trotz dieser düsteren Perspektive dem Ich noch genügend Kraft zutraute, um – notfalls mit Unterstützung der Psychoanalyse – der Wiederkehr des Verdrängten standzuhalten. Und es ist auch bekannt, worauf sich dieses Vertrauen gründete: auf die Annahme, daß das Über-Ich der Erbe des Ödipuskomplexes sei und »erst nach der Erledigung desselben« eingesetzt werde (Freud 1964, 85), in einem Stadium mithin, in dem die psychosexuelle Entwicklung und die Ich-Reifung bereits ein gewisses Niveau erreicht haben. Der Einbruch des Sozialen, so kann man zugespitzt formulieren, erfolgt im Freudschen Modell auf einer Stufe, auf der das Ich bereits eine solche Stärke erreicht hat, daß es seine unterschiedlichen Phantasien, Wünsche und Objektbeziehungen zu einem kohärenten Funktionssystem zu integrieren vermag (vgl. Jacobson 1978, 136ff.).

Dieses Modell ist durch den Fortschritt der psychoanalytischen Erkenntnis nach Freud sowohl auf individual- wie auf sozialpsychologischer Ebene relativiert worden. Auf individualpsychologischer Ebene erhellten die wie immer auch unterschiedlichen und zum Teil gegensätzlichen Forschungen der Englischen Schule, der genetischen oder strukturalistischen Schule und der Narzißmus-Theorie die grundlegende Bedeutung, die der *präödipalen* Entwicklung im Rahmen des Sozialisationsvorgangs zukommt. Melanie Klein, Ernest Jones u.a. entdeckten die archaischen Vorstufen des Über-Ichs, die weniger durch Introjektionen der äußeren Realität als vielmehr durch Einverleibungen vor allem der destruktiv-sadistischen Projektionen des Kleinkindes bestimmt sind (vgl. Klein 1928/1985; 1973, 21, 157ff.; Jones 1978). René Spitz, Margaret S. Mahler u.a. arbeiteten die konstitutive Funktion der Mutter-Kind-Dyade bzw. Symbiose sowie des Loslösungs- und Individuationsvorgangs heraus und dokumentierten die vielfältigen pathogenen Wirkungen, die ein psychotoxisches oder unzureichendes Verhalten der Mutter auf die Psyche des heranwachsenden Kindes haben kann (vgl. Spitz 1967; Mahler 1972, 1978). Autoren wie Kohut und Kernberg endlich erklärten die zunehmende Zahl von Charakterstörungen mit einer mangelhaften Ablösung der narzißtischen Energien von archaischen Objekten wie dem Größen-Selbst und den idealisierten Eltern-Imagines (Kohut 1976; Kernberg 1978). Freuds Vorstellungen erwiesen sich vor diesem Hintergrund nicht als falsch, wohl aber als zu stark auf die väterliche Intervention in der ödipalen Phase fixiert.

Noch weiter relativiert wurden diese Vorstellungen durch die psychoanalytisch orientierte Sozialpsychologie, die mit plausiblen Argumenten auf den Klassencharakter und die Historizität der von Freud beschriebenen ödipalen Konfiguration hinwies. Klassencharakter: denn diese Konfiguration, die durch die Intensität der Mutter-Kind-Symbiose sowie durch die Sprengung derselben durch den verbietenden und Distanz zum Lustprinzip erzwingenden Vater bestimmt ist, spiegelt eindeutig die Zwänge der bürgerlichen Kleinfamilie mit ihrer scharfen Rollentrennung. Historizität: denn dieser Familientypus kann angesichts veränderter Arbeitsbedingungen und Geschlechtsrollenzuweisungen als kulturell nicht mehr so bestimmend wie noch zu Freuds Zeiten angesehen werden.

Dafür sind viele Ursachen verantwortlich, die hier nur angedeutet werden können: die »Entwertung all der Eigenschaften, die einmal die Vaterkultur getragen haben« (Mitscherlich), in erster Linie der individuellen Arbeitserfahrung und des familialen Besitzes von Produktionsmitteln; die Entstehung eines nivellierten Gesamtarbeiters (Marx), in dem die Proletarisierung Massenschicksal ist; die Ausdifferenzierung und Entkoppelung vormals in der Familie zusammengefaßter Lebenslagen; die Polizierung der Familie durch bürokratische Regelung und Verrechtlichung; schließlich die Sozialisierung der Elternfunktion durch Massenmedien, Peergroups und Therapeuten. Das Stadium der »individualistischen Vergesellschaftung« (Adorno), in dem sich Sozialisation über die Identifikation mit einer zugleich bedrohlichen und idealisierten *Person* vollzog, scheint vorüber zu sein. »Die unterdrückende Trieborganisation scheint *kollektiv,* und das Ich durch ein ganzes System extrafamilialer Einrichtungen und deren Vertreter vorzeitig sozialisiert zu sein.« (Marcuse 1967, 98; vgl. Mitscherlich 1968, 185ff., 310ff.; Lasch 1986, 179ff.)

Daß Marcuse hier von *vorzeitiger* Sozialisierung spricht, meint nicht mehr und nicht weniger, als daß der Zugriff des Ganzen auf das Individuum zu einem Zeitpunkt erfolgt, in dem der psychosexuelle Reifungsprozeß noch nicht zur Herausbildung eines stabilen und kohärenten Ichs geführt hat. Zahlreiche Diagnosen stimmen darin überein, daß unter den gegenwärtigen Bedingungen des abwesenden Vaters ein großer Teil der psychischen Energien an präödipale Objekte gebunden bleibt, so daß für den Aufbau und die Besetzung reifer Ich- und Über-Ich-Strukturen nur ein vermindertes Quantum zur Verfügung steht. Die Folge ist, daß die frühkindliche Entwicklung gar nicht mehr bis zum entscheidenden ödipalen Konflikt gelangt, was wiederum zugleich bedeutet, daß die präödipalen, archaischen Anteile des Über-Ichs gegenüber den ödipalen ein Übergewicht erlangen. »So haben wir heute das folgende Problem: die hemmende, kontrollierende und leitende Funktion des Überichs, die heute weitgehend mit der des Ichs zusammenfällt, ist durch die Schwäche der Eltern, die nachgiebige Erziehung und das gesellschaftliche Klima abgeschwächt. Die sexuellen und aggressiven Triebe halten sich immer weniger an Regeln. Aber wir haben immer noch das strengere Überich aus der frühen Kindheit, das in der Tiefe des Individuums fortlebt. Daraus resultieren Unruhe, Unbehagen, depressive Verstimmungen und Sucht nach Ersatzbefriedigungen.«[10]

Auch für die Psyche gilt damit, was wir bereits für die soziogenetische Ebene festgestellt haben: daß Vergesellschaftung unter Marktbedingungen ein höchst paradoxer Vorgang ist. Verglichen mit Freuds Zeiten ist das Netz des Sozialen engmaschiger und stärker geworden und hat längst auch den privaten Schonraum der Familie erfaßt, in dem Elias noch eine Enklave des gesellschaftlich nicht Geformten sah (I, 226f., 247, 259). Diese Expansion des Sozialen aber geht keineswegs einher mit einer kontinuierlich zunehmenden »Individualisierung« oder gar »Massenindividualisierung« (1987, 273, 242), sondern macht Individuierung zu einer immer schwerer zu bewältigenden Aufgabe. Durch den Fortfall jener Faktoren, die in der bürgerlichen Familie eine sukzessive Einschränkung und Frustrierung der archaischen Wünsche und Phantasien durchsetzten, wird die Macht des Unbewußten gestärkt – und damit die Macht einer Instanz, die, im Gegensatz zu den Annahmen eines C. G. Jung, keine höhere Kollektivität verkörpert, sondern deren Negation: die aus der gesellschaftlichen Kommunikation ausgeschlossene *private* Symbolwelt der von ihren präödipalen Objekten beherrschten Individuen (vgl. Lorenzer 1970, 92, 97). Zivilisation, die einmal aus der Domestizierung des Archaischen entsprang, schlägt damit in ihr Gegenteil um: in die Wiedererzeugung des Archaischen »in der Zivilisation durch die Zivilisation selbst« (Adorno 1971, 42). Es spricht gegen die Zivilisationstheorie von Elias, daß sie noch nicht einmal die Möglichkeit einer derartigen Entwicklung erörtert.[11]

3. Der letzte hier zu diskutierende Einwand stammt aus der Systemtheorie und besagt, daß Elias dem Unterschied zwischen Interaktions-, Organisations- und Gesellschaftssystemen nicht genügend Rechnung trägt. *Interaktionssysteme* sind, nach der Definition Luhmanns, dadurch bestimmt, daß Anwesende sich wechselseitig wahrnehmen und auf dieser Grundlage miteinander kommunizieren. Wegen dieser Bindung an die konkrete Präsenz von Personen können sie weder in ihren internen noch in ihren externen Beziehungen sonderlich hohe Komplexität erreichen, eine Beschränkung, die noch dadurch verstärkt wird, daß die Erfordernisse der thematischen Konzentration und der linearen Sequenz der Beiträge sehr zeitraubend sind. *Organisationssysteme* ermöglichen dagegen eine höhere sachliche und zeitliche Generalisierung, weil sie auf Mitgliedschaftsregeln aufbauen. Auf der Basis solcher Regeln ist es möglich, hochgradig künstliche Verhaltensweisen dauerhaft zu reproduzieren, die sich durch ein hohes Maß an Motivgeneralisierung und Verhaltensspezifikation auszeichnen. Der Begriff des *Gesellschaftssystems* schließlich zielt auf die umfassendste Form von Kommunikation: auf das Sozialsystem par excellence, das als Bedingung aller anderen sozialen Systeme fungiert (damit auch aller Interaktions- und Organisationssysteme). Es ist nicht einfach die Summe aller Organisationen und Interaktionen, sondern ein System höherer Ordnung. Es schließt neben Interaktionen auch interaktionsfreie Handlungen wie z. B. schriftliche Kommunikation ein, grenzt das Soziale vom Nichtsozialen ab und ermöglicht die Ausdifferenzierung von Subsystemen, die auf bestimmte, nur ihnen zurechenbare Funktionen spezialisiert sind (Luhmann 1974, 143; 1982, 11f.).

Mit dieser Unterscheidung verbindet Luhmann eine evolutionäre Perspektive. Obwohl keine Gesellschaft jemals ganz in Interaktionen aufgeht, gilt doch für archaische Gesellschaften, in denen die Funktionsdifferenzierung nur wenig entwickelt ist, daß sie interaktionsnah gebildet werden (Luhmann 1985, 576). Auch in den vormodernen Hochkulturen spielen Interaktionssysteme noch eine führende Rolle, wenngleich wichtige Funktionen bereits durch Organisationen erledigt werden: das Prinzip der Stratifikation, nach dem diese Gesellschaften gegliedert sind, hat zur Folge, daß die Gesellschaft als Ganze durch das Kontaktnetz der Oberschicht repräsentiert und symbolisiert wird. Oberschichteninteraktion kann deshalb als Integrationmodus stratifizierter Gesellschaften angesehen werden (Luhmann 1980, 84).

In der modernen Gesellschaft dagegen, die auf voll durchgeführter funktionaler Differenzierung beruht, kommt dem Interaktionssystem keine integrative Aufgabe mehr zu. Wohl bleibt Interaktion eine Basisbedingung von Gesellschaft, die sich ja schließlich durch soziales Handeln konstituiert. Doch ist die Gesellschaft mit der Delegation grundlegender Funktionen an Subsysteme, mit der Entstehung ausgedehnter Organisationssysteme und nicht zuletzt mit der Erweiterung zur Weltgesellschaft so komplex und überpersönlich geworden, daß sie sich durch Interaktion nicht mehr repräsentieren, geschweige denn bewältigen läßt.

> »Die Gesellschaft ist, obwohl weitgehend aus Interaktionen bestehend, für Interaktion unzugänglich geworden. Keine Interaktion, wie immer hochgestellt die beteiligten Personen sein mögen, kann in Anspruch nehmen, repräsentativ zu sein für Gesellschaft. Es gibt infolgedessen keine ›gute Gesellschaft‹ mehr. Die in der Interaktion zugänglichen Erfahrungsräume vermitteln nicht mehr das gesellschaftlich notwendige Wissen, sie führen wohlmöglich systematisch in die Irre. Auch die Interaktionsfelder, die sich unter irgendwelchen Gesichtspunkten zusammenfügen und aggregieren lassen, lenken die Aufmerksamkeit äußerstenfalls auf Funktionssysteme, vielleicht auch auf regionale Abgrenzungen (Nationen), nicht aber auf das umfassende System gesellschaftlicher Kommunikation.« (Luhmann 1985, 585)

Im gleichen Maße, wie die Interaktion an gesamtgesellschaftlicher Relevanz verliert, schiebt sich die Organisation in den Vordergrund. Dieselben Prozesse, die zur Auseinanderziehung der Systemebenen von Gesellschaft und Interaktion führen – die Ausdifferenzierung und durchgehende Monetarisierung der Gesellschaft, die Verrechtlichung der Erhaltungs- und Fortsetzungsbedingungen täglicher Lebensführung, die wachsende Bedeutung von Schulerziehung und Berufswahl für die individuelle Biographie (Luhmann 1981, 360f.) – begünstigen nach Luhmann eine massenhaft-spontane »Autokatalyse« von Organisationen und eine entsprechende Verallgemeinerung der diesem Systemtypus eigenen Besonderheiten: der Engführung von Kommunikation auf Entscheidungen und Verknüpfungen von Entscheidungen; der Bindung an Weisungsketten, Ämterhierarchien und Kontrollmechanismen; der Unterwerfung unter programmierte Ziele und Strategien; der Entlastung von moralischen Erwägungen und gesamtgesellschaftlichen Reflexionen.

Allerdings bedeutet diese unbestreitbare Expansion von Organisationen und organisationsspezifischen Verhaltensmustern nicht, daß sich die Gesellschaft in ein einheitliches Organisationssystem verwandelt. Die Gesellschaft konstituiert sich heute als Weltgesellschaft und übersteigt schon allein dadurch den Horizont des Organisierbaren. Auch innerhalb der einzelnen Funktionsbereiche ist die Komplexität so sehr angewachsen, daß die Aufgaben der Wirtschaft oder der Erziehung durch eine einzige Organisation nicht bewältigt werden könnten. Selbst wenn es z. B. gelänge, Produktionsorganisationen durch eine weltweite Planung zu integrieren, könnten gleichwohl Produktions- und Konsumentscheidungen nicht zu einer einzigen Organisation zusammengeschlossen werden (Luhmann 1982, 15). Organisierte Sozialsysteme mögen der Rahmen sein, in dem sich ein großer, wenn nicht der größte Teil des sozialen Alltagshandelns vollzieht. Zu einer Megaorganisation, in der die Unterscheidung von Gesellschaftssystem und Organisationssystem hinfällig würde, fügen sie sich nicht.

Im Lichte dieser Unterscheidungen liegt der Grundmangel der Zivilisationstheorie in der Totalisierung von Verhaltensformen, die für Interaktionssysteme typisch sind. Diese Totalisierung ist historisch gesehen nicht völlig falsch. Sie kann sich darauf berufen, daß unter den Bedingungen stratifikatorischer Differenzierung in der Tat ein spezifisches Interaktionssystem – der Hof – Integrationsaufgaben erfüllte und insofern von gesamtgesellschaftlicher Relevanz war. Elias beschränkt die Gültigkeit der Zivilisationstheorie jedoch ausdrücklich nicht auf diese Phase, sondern faßt auch die der funktionalen Differenzierung und den organisierten Sozialsystemen gemäßen neuen Verhaltensmuster als Manifestation des Zivilisierungsprozesses auf, obgleich er sehr wohl einräumt, daß das Schema der nichthöfischen, mittelständischen Zivilisationslinie von dem der höfischen verschieden ist, und obgleich er erkennt, daß die »guten Gesellschaften«, die nach der höfischen kommen, »nicht mehr im entferntesten die gleiche formgebende Kraft« haben (II, 416; 1975, 144f., 172ff.). Der Prozeß der Zivilisation, lautet eine mehrfach wiederholte Kernthese, vollzieht sich »ohne Bruch«, »in einer immer intensiveren Ausbreitungsbewegung«, die mit der Bildung eines höfischen Sozialcharakters beginnt und – vorerst – mit einem von diesem abgeleiteten Nationalcharakter endet (I, 43f.).

Die Behauptung aber, daß die »höfisch-aristokratische Menschenmodellierung [...] in dieser oder jener Form in die berufsbürgerliche ein [mündet] und [...] in ihr aufgehoben weitergetragen [wird]« (II, 418), wird der im Begriff der Aufhebung liegenden Dialektik nicht gerecht. Gewiß gibt es eine Aufhebung im Sinne des Bewahrens und Fortführens, die sich in der Übernahme bestimmter Mechanismen der Selbstkontrolle (Langsicht, Affektbeherrschung) oder in Erscheinungen wie der Demokratisierung der Literalität (Goody/Watt) zeigt. Aufhebung aber meint auch stets – und in diesem Falle mehr als alles andere – Negation, Außer-Geltung-Setzen, Beenden. So hat die Demokratisierung der Literalität, wie Goody und Watt (1981) gezeigt haben, durchaus nicht nur zu einer kollektiven Aneignung des kulturellen Erbes geführt, sondern auch dessen Verbindlichkeit aufgelöst und dessen Homogenität zerstört.[12] Und so resultiert denn auch die Aufhebung des Privilegs nicht in der Verallgemeinerung der in der Oberschicht geltenden Codes, sondern allenfalls in deren Musealisierung.

Luhmann zufolge ist diese Entwicklung unausweichlich, denn erstens verliert die Oberschichteninteraktion mit zunehmender Ausdifferenzierung von Subsystemen ihren Repräsentationscharakter – das Ganze läßt sich durch keinen Teil mehr darstellen, sondern ist nur noch in den Teilen selbst präsent. Und zweitens geht durch die Radikalisierung der Funktionsdifferenzierung die Conditio sine qua non höfischer Interaktion verloren: die Verfügung über ein ausreichendes Quantum nichtfunktionsbezogener Zeit, alteuropäisch ausgedrückt: Muße.

Nur eine Schicht, die ihr gesamtes Dasein »müßig« verbrachte, d.h. nicht primär in den Aufgaben der Produktion und Reproduktion des unmittelbaren Lebens aufging, konnte jene gesteigerte Fähigkeit zur Wahrnehmung des eigenen und des fremden Selbst ausbilden, von der das Leben bei Hofe abhing. Nur eine Schicht, die auf Repräsentation des Ganzen spezialisiert war, konnte sich auf die Stilisierung der Umgangsformen, auf die Produktion und Interpretation jener Zeichen konzentrieren, in denen sich Rang und Ehre, Achtung oder Mißachtung dokumentierten. Wenn Zivilisation darin besteht, daß man dem Umweg vor der Abkürzung, der indirekten Aktion vor der direkten den Vorzug gibt, so setzt sie eine Ordnung voraus, die wenigstens über ein Gut im Überfluß verfügt: Zeit.

Organisierte Sozialsysteme indes, wie sie in der berufsbürgerlichen Gesellschaft dominieren, beruhen auf der systematischen Verknappung von Zeit. In ihnen geht es, wie man nicht nachdrücklich genug hervorheben kann, um Zeitgewinn und um die damit verbundenen Konkurrenzvorteile gegenüber anderen Organisationen: daher die Verkürzung und Kanalisierung der Kommunikation, die *simultane* Erledigung von Aufgaben durch Arbeitsteilung, die Entlastung der Operationen von der zeitraubenden Notwendigkeit, für jeden Einzelfall natürlich gewachsene Motive oder moralischen Konsens zu beschaffen.[13] Es ist klar, daß nur eine derartige Ökonomisierung der Zeit die Organisationen in die Lage versetzt, die Fülle der ins Unendliche gestiegenen Anforderungen zu bewältigen. Ebenso klar ist aber, daß die Temporalisierung von Komplexität nur im Gegenzug gegen die für die traditionellen Oberschichten typischen Formen der Zeitverwendung durchgesetzt werden kann – und damit auch im Gegenzug gegen die *civilisation*. Wo die Knappheit der Zeit und die »Vordringlichkeit des Befristeten« (Luhmann) regiert, wird Achtungskommunikation alten Stils zum Luxus, der nur noch außerhalb der organisierten Sozialsysteme (und hier oft noch nicht einmal gegen Geld) zu haben ist. Gepflegte Geselligkeit und galante Konversation, Zivilisierung der Gesten und der Sprache, Takt und Respekt, alle diese Formen erweisen sich heute als Oberschichtenphänomene, die »nach der Auflösung der stratifizierten Gesellschaftsordnung jedenfalls nicht als Kultiviertheitserwartung fortgesetzt werden.«[14]

Nicht daß sie völlig verschwänden. Distinktionsstrategien spielen auch heute noch eine wichtige Rolle im gesellschaftlichen Leben, vom ehemaligen Adel über die Bildungseliten bis hinab zur Unterwelt (Girtler 1989). Aber der allgegenwärtige Zeitdruck erzwingt doch eine so unübersehbare Reduktion und Minimierung aller Schnörkel und Floskeln, eine solche Raffung aller umständlichen Vermittlungen, daß sich der inter- und intraorganisatorische Kommunikationsstil mehr und mehr jener zeitgenössischen Architektur angleicht, die das Ornament zum Verbrechen erklärte (A. Loos). Zeitökonomie und Zivilisation schließen einander aus. Wer diesen Gegensatz verleugnet und auch für die Gegenwart noch am Zivilisationsbegriff festhalten will, muß daraus alle Inhalte tilgen, die einmal mit Zivilisiertheit verbunden waren.

Exkurs über Informalisierung: Die hier skizzierten Argumente sind natürlich Elias und seinen Anhängern nicht gänzlich entgangen. Besonders Cas Wouters hat sich ihnen gestellt und einen Trend zur Informalisierung diagnostiziert, den er auf Veränderungen in der Machtbalance zwischen den sozialen Klassen, den Generationen und den Geschlechtern zurückführt (Wouters 1979; 1986). Elias hat dann diese Diagnose aufgegriffen und alle Versuche abgewiesen, daraus eine Falsifizierung der Zivilisationstheorie ablesen zu wollen. Die Informalisierung, so seine These, sei im Gegenteil ein Beleg für die Intensivierung des Zivilisationsprozesses, weil sie mit einer »Zunahme des gesellschaftlichen Drucks zur Selbstregulierung« einhergehe (Elias 1989, 60). Dem ist zweierlei entgegenzuhalten. Elias und Wouters haben sicher recht, wenn sie in der Informalisierung nicht einfach einen Rückfall in Chaos und Regellosigkeit sehen wollen. Selbstverständlich ist die moderne Gesellschaft, bei aller Lockerung von Konventionen und Standards, durch ein sehr hohes Maß an Regulierung gekennzeichnet. Nur: Diese Regulierung ist ein Effekt der organisierten Sozialsysteme, die strukturell in keinerlei Beziehungen zu den Interaktionssystemen der höfischen Gesellschaft stehen. Der in ihnen endemische Rationalisierungszwang dürfte weit mehr als alle Veränderungen in den Machtbalancen zwischen verschiedenen sozialen Gruppen dazu beigetragen haben, daß die überkommenen Interaktionsrituale nach und nach über Bord geworfen wurden. Zweitens aber kann die Informalisierung auch deswegen keine Intensivierung des Zivilisationsprozesses sein, weil die partielle Entstrukturierung der äußeren Beziehungen mitnichten durch Strukturgewinne im Innern der Subjekte kompensiert wird. Die »vorzeitige« Sozialisation, so haben wir im vorigen Abschnitt gesehen, führt gerade nicht auf eine »höhere Ebene des Bewußtseins und wahrscheinlich auch eine höhere Ebene der Selbststeuerung« (Wouters 1979, 294), sondern zu einer Schwächung des Ichs und einer Entstrukturierung des Über-Ichs. Weit davon entfernt, über die von den Zivilisationstheoretikern unterstellte Souveränität zu verfügen, die es ihm erlaubte, rigide Kontrollen in bestimmten Bereichen zu lockern, scheint das Subjekt eher zum Zerfall zu tendieren: zur Spaltung in ein uneigentliches Selbst, das sich den externen Funktionsimperativen der organisierten Sozialsysteme anpaßt, und in ein eigentliches Selbst, das sich in den Intermundien dieser Systeme entfaltet und überall dort, wo es auf keine Schranken mehr stößt, den Impulsen seiner jeweiligen emotionalen Befindlichkeit folgt (Gerhards 1988, 237f.). Wie dünn dabei manchmal die Linie ist, die die psychische von der physischen Inkontinenz trennt, weiß jeder, der die öffentlichen Verkehrsmittel in Großstädten benutzt.

III

Damit keine Mißverständnisse entstehen: Ich bezweifle nicht, daß es eine höfische Zivilisation im Abendland gab und daß Norbert Elias ihr Theoretiker ist. Ich bezweifle auch nicht, daß diese höfische Zivilisation in einigen Ländern wie Frankreich auf die aufsteigenden bürgerlichen Schichten abgefärbt und deren nationalen Habitus geprägt hat, wiewohl man hinzufügen sollte, daß dies historisch gesehen eher die Ausnahme als die Regel war. Das Bürgertum ist eine sehr abendländische Erscheinung, und selbst innerhalb des Abendlandes gibt es zahlreiche Fälle, in denen es sich dem Einfluß des Hofes entzog. Der Hoffnung des Liberalismus, die Bürger möchten sich die Manieren der guten Gesellschaft aneignen, während die »historischen Klassen« im Verdienen tüchtiger werden sollten, hielt schon Karl Kraus entgegen, daß »aller Wahrscheinlichkeit nach schließlich die historischen Klassen ohne irdische Güter und mit schlechten Manieren, die vordringenden Schichten aber mit zweifachem Besitzstand die Gesellschaft repräsentieren werden.« (Kraus 1916, 7) Schließlich ist auch unbestritten, daß es in der Neuzeit eine weitausgreifende Affektmodellierung gegeben hat, in die immer weitere Schichten einbezogen wurden.

Die Crux der Zivilisationstheorie besteht jedoch darin, daß sie eine »evolutionär wirkende Kontinuität des Zivilisationsbegriffs« behauptet und die Geschichte der höfischen Affektmodellierung zur »Vorgeschichte der Modernisierung«, gar zur »Vorgeschichte des modernen Sozialcharakters« erklärt (Kuzmics 1989, 82, 89f.). Eine derart notwendige Beziehung, wie sie hier unterstellt wird, existiert nicht. Es gibt sie historisch nicht, weil die Geschichte zahlreiche höfische Gesellschaften kennt, die sich nicht zu berufsbürgerlichen Gesellschaften entwickelt, sondern statt dessen in Kriegergesellschaften zurückverwandelt haben – Japan nach der Heian-Ära ist hierfür vielleicht das beste Beispiel. Der eigentliche Durchbruch zur berufsbürgerlichen Gesellschaft erfolgte dagegen in Ländern, in denen nach Elias' eigener Einsicht der Hof nur eine geringe oder gar keine Rolle spielte – in England und den USA (1975, 104, 147f.). Es gibt eine solche notwendige Beziehung aber auch nicht im logisch-strukturellen Sinne, weil zwischen der Affektmodellierung, wie sie für Interaktionssysteme typisch ist, und derjenigen, wie sie Organisationssysteme fordern, eine Kluft besteht. Mit Robert Muchembled ist davon auszugehen, daß die für die höfische Welt typische Verfeinerung der Sitten vor allem die Funktion einer Abgrenzung und Distanzierung der Oberschichtenkommunikation von anderen Kommunikationsformen hatte. Sie entwickelte Muster, die sich nur um den Preis des Lächerlichen, Parvenuhaften von anderen Schichten kopieren ließen – schon deshalb, weil keine dieser Schichten über den erforderlichen Abstand zur Welt des Geldes und des »Berufs« verfügte. Der Zwang zur Langsicht, die Schemata der Verhaltensregulierung und -kontrolle, die für diese Schichten maßgeblich sind, resultieren aus den Zwängen dieser Welt, nicht aus den Vorgaben der Oberschichtenkommunikation. Zivilisierung ist keine Bewegung von oben nach unten, die immer noch andauert, sondern eine Bewegung, die die Kluft zwischen oben und unten zu zementieren trachtet:

> »Im Gegensatz zu bestimmten Lehrmeinungen ist der Prozeß der Zivilisierung der Sitten in seinen vielfältigen Formen kein Mechanismus zur Nivellierung der Unterschiede. Er bringt im Gegenteil verschiedenartige Wesen hervor, die auf verschiedenen Stufen der soziokulturellen Hierarchie angesiedelt sind. Diese Menschen – das gilt selbst noch für das Ende des Ancien régime – sind durchaus nicht aus einem Stück gemacht, sondern fügen sich in Gesellschaftsschichten ein, die unterschiedliche Verhaltensstränge und gegensätzliche ökonomische Entwicklungen beerben. Mit anderen Worten, nichts wäre verfehlter, als die Entwicklung der Mentalitäten vom ausgehenden Mittelalter bis zur Revolution als eine Art unbestimmten Gesamtfortschritt darzustellen, dem sich die einzelnen Gruppen dann mehr oder weniger vollkommen anpaßten.« (Muchembled 1990, 184)

Kein Gesamtfortschritt also, eher eine Reihe von Schüben, deren Rhythmus durch die Ausdifferenzierung neuer, eigengesetzlicher Funktionssysteme und Organisationen bestimmt wird. Jeder dieser Schübe ist, psychogenetisch gesehen, mit einer Schwächung, wenn nicht sogar mit einem Abbau der bis dahin dominierenden Instanzen verbunden. Das bürgerliche Ich ist, als psychische Instanz, schwächer als das höfische, weil es nicht nur mit dem Es und der Außenwelt, sondern auch mit einem Über-Ich zu rechnen hat, das vom Individuum eine Staatsförmigkeit seiner Gesinnungen, nicht bloß seiner äußeren Handlungen verlangt (Vowinckel 1983, 150). Das nachbürgerliche Ich ist noch schwächer, weil es nicht mehr auf dem Weg einer Identifikation mit dem Aggressor – dem ödipalen Über-Ich – Stärke gewinnen kann, vielmehr schutzlos und unvermittelt der Gewalt präödipaler, archaischer Konfigurationen ausgeliefert ist, die den Anspruch auf Grandiosität und Omnipotenz erheben. Mit jedem neuen Schub in der Entwicklung der Sozialkontrolle erhält somit das Ich neue und stets mächtigere Gegner, die seine Souveränität fortwährend einschränken – und damit seine Fähigkeit zu dem, was Elias mit Recht als Wesensmerkmale des zivilisierten Habitus herausstellt: Selbstdistanz, Selbstkontrolle, Takt, »taking the role of the other«, das Spiel mit dem Schein und nicht zuletzt auch die Technik der Simulation, die dem protestantischen Kleinbürger als Unaufrichtigkeit erscheinen mag, in Wirklichkeit aber die Fähigkeit bedeutet, die anderen mit der Last des eigenen Selbst zu verschonen (Sennett 1983, 299).

So untergräbt die Dialektik der Vergesellschaftung die Voraussetzungen der Zivilisation. Sie verallgemeinert keineswegs die Formen, die in der höfischen Zivilisation auf einen kleinen Kreis von Privilegierten beschränkt waren, sondern beseitigt mit dem Privileg auch diese Formen. Sie führt nicht zu einer Anverwandlung der bisher Ausgeschlossenen an die Ausschließenden, sondern umgekehrt zum Vordringen des aus der Zivilisation Ausgeschlossenen. Seit dem 18. Jahrhundert ist die vorherrschende Tendenz in der Politik wie in der Kunst eine nicht abreißende Kette von Demaskierungen, Entlarvungen und Enthüllungen, in der eine Konvention und Tradition nach der anderen demontiert wird und immer neue Schichten des Verdrängten ans Licht gezogen werden. Und wenn es eine Zeitlang so schien, als könnte mit der Ausweitung des öffentlichen Erziehungswesens ein Gegengewicht geschaffen werden, so ist dieses mittlerweile so stark segmentiert und mit anderen Aufgaben überfrachtet, daß selbst der amerikanische Präsident sich alarmiert zeigt.

Die sprachlichen Ausdrucksformen der Unterschichten, insbesondere die Koppelung von Sexualität und Gewalt, sind längst gesellschaftsfähig geworden und machen, wie ein Blick in den *Anti-Ödipus* von Deleuze/Guattari zeigt, selbst vor dem wissenschaftlichen Diskurs nicht mehr halt. Die Distanzierung vom Körper, die diesen zum Medium der Demonstration festgefügter Konventionen machte, ist einer aufdringlichen Thematisierung desselben gewichen, bei der der Körper zwar mit Signalen überladen und – wie in der Punk-Bewegung – in extremer Weise stilisiert wird, jedoch nichts repräsentiert und nichts mehr mitzuteilen hat (Bette 1987; Georgieff 1987). Und wer gezwungen ist, sich am Straßenverkehr zu beteiligen, wird rasch feststellen müssen, daß auch die Survival-Mentalität der Unterschichten sich allgemeiner Anerkennung erfreut. Elias pflegt in seinen letzten Arbeiten häufig auf die sinkenden Unfallziffern zu verweisen, um seine These vom gestiegenen Selbstzwang zu erläutern (1978, 22). Doch fünf Minuten auf der Autobahn sollten eigentlich genügen, um sich davon zu überzeugen, daß hier nicht die Zivilisation herrscht, sondern das Gesetz des Dschungels. Nicht daß dort *jeder* Mensch jedem Menschen ein Wolf wäre; das hatte schon Hobbes mit seinem bekannten Diktum nicht gemeint. Es gibt auch heute unendlich viele Beispiele von Zuvorkommenheit und Hilfsbereitschaft. Aber eine Welt, in der man bei jedem Streit um eine Parklücke, bei jeder Beschwerde über zu lauten Partylärm damit rechnen muß, erschossen, erstochen oder zusammengeschlagen zu werden, ist von der Zivilisation noch immer genau so weit entfernt wie der von Hobbes beschriebene Kriegszustand, »which is worst of all, continual fear, and danger of violent death; and the life of man, solitary, poor, nasty, brutish, and short.«[15]

Wenn diese Überlegungen richtig sind, empfiehlt es sich, den Leitbegriff der Zivilisationstheorie zu revidieren. Anstatt in ihm nach dem Vorbild der französischen Aufklärung zwei nur zufällig-historisch verbundene Komplexe zusammenzuzwingen – die höfischen Interaktionsregeln und die Rationalitätsstrukturen organisierter Sozialsysteme –, sollte man ihn wieder enger fassen und seiner geschichtsphilosophischen Konnotationen entkleiden. Vielleicht hatte Kant doch recht, als er vorschlug, den Zivilisationsbegriff auf »Manieren, Artigkeit und eine gewisse Klugheit« zu beschränken, vermittels welcher der Mensch »gesellschaftsfähig« werde – womit er natürlich die »gute Gesellschaft« meinte (Kant 1968, XII, 707). Eine solche Eingrenzung hätte jedenfalls den Vorzug, daß sie uns deutlicher als Elias die Vergänglichkeit der Bedingungen vor Augen führte, an die Zivilisation nun einmal gebunden ist, und sie könnte es vielleicht ermöglichen, die Theorie der Zivilisierung durch die längst überfällige Theorie der Entzivilisierung zu ergänzen: »Ewig kann sich ohne Ritter keine Ritterlichkeit, ohne Hof keine Höflichkeit, ohne Salon kein Charme, ohne materiellen Rückhalt keine Rücksicht halten, auch als bloße Spiel-Form nicht. Leider nicht. – Und ebenso schrumpft in einer Welt, die uns um Muße und die anderen Bedingungen des Privaten betrügt, die Subtilität unseres seelischen Privatlebens.« (Anders 1986, 13)

Produktive Disziplin. Foucaults Theorie der Disziplinargesellschaft

Suchte man nach einem Gegenbild zu Elias' Panoramagemälde der modernen Zivilisation, so wäre dazu kaum etwas geeigneter als das Konzept der Disziplinargesellschaft, das Michel Foucault in den siebziger Jahren entwickelt hat. Gewiß ist der Gegensatz nicht absolut. Beide Autoren interessieren sich für Prozesse der Normierung und Regulierung, beide sehen eine enge Beziehung zwischen Individuierung und Subjektivierung einerseits, sich verdichtenden Machtverhältnissen andererseits. Foucault bezieht diese Entwicklungen jedoch nicht wie Elias auf ein Zentrum, und er sieht sie auch nicht aus der Perspektive eines zunehmenden Souveränitätsgewinns der (Welt-)Gesellschaft und des einzelnen. Die moderne Gesellschaft gilt ihm als polyzentrisches Geflecht von Disziplinarapparaten und die Individuierung als Manifestation der Macht. Anstelle der Vision einer friedlichen Kooperation steht bei ihm die eines »verallgemeinerten Krieges«[16], anstelle der Aufhebung willkürlicher Macht deren Verfestigung zu »Herrschaftszuständen«. »Die Menschheit«, so Foucaults nietzscheanisches Credo, »schreitet nicht langsam von Kampf zu Kampf bis zu einer universellen Gegenseitigkeit fort, worin die Regeln sich für immer dem Krieg substituieren; sie verankert alle ihre Gewaltsamkeiten in Regelsystemen und bewegt sich so von Herrschaft zu Herrschaft.« (1974, 95)

Die Literaturflut, die diese Theorie ausgelöst hat, ist schon längst nicht mehr zu überblicken. Vieles davon ist Einführung oder Paraphrase und wird so schnell vergessen werden, wie es geschrieben wurde.[17] Doch hat Foucault inzwischen auch ernstzunehmende Gesprächspartner gefunden, die so schwerwiegende Einwände gegen seinen Entwurf formuliert haben, daß sich dessen einfache Fortschreibung oder Kanonisierung verbietet. Ich werde zunächst Foucaults Grundgedanken knapp skizzieren, danach die wichtigsten Gegenargumente präsentieren und anschließend erörtern, inwieweit die Theorie der Disziplinargesellschaft noch zu halten ist.

I

Im Unterschied zur Analyse des Zivilisationsprozesses spricht die Genealogie der Disziplin religiösen Faktoren ein erhebliches Gewicht zu. Schon der vorchristliche, vor allem aber der christliche Orient habe einen spezifischen, *pastoralen* Machttypus entworfen, dessen Pole die Herde und der dieselbe zusammenhaltende Hirt oder Schäfer seien. Diese Pastoralmacht habe sich dann vom 2. Jahrhundert an ununterbrochen verfeinert und sich mit der politischen Macht assoziiert, wodurch zwei verschiedene Machttechniken miteinander verbunden worden seien: das kirchliche Geständnis- und Beichtritual und die Formulierung und Vollstreckung des Gesetzes (1982, 17ff.). Aus dieser Kombination, die zum erstenmal im Inquisitionsprozeß praktische Gestalt angenommen habe, sei jene doppelte Bedeutung von »Subjektivierung« entsprungen, die seither das Abendland bestimmt habe: Subjektivierung im Sinne einer Unterwerfung unter Kontrolle und Abhängigkeit und Subjektivierung im Sinne einer Bindung an die eigene Identität qua Bewußtsein und Selbsterkenntnis (1987, 247f.).

Foucault widmet dieser Vorlaufphase der Disziplinargesellschaft indes nur geringe Aufmerksamkeit. Weitaus intensiver befaßt er sich dagegen mit dem eigentlichen Formierungsstadium, das er auf das 17. und 18. Jahrhundert datiert. Zwar dominiert zu diesem Zeitpunkt mit der absoluten Monarchie noch eine Form der Macht, »die wesentlich an der Abschöpfung und am Tode orientiert war« (1977, 110) – eine Form, die sich verfassungsrechtlich in der Souveränität und der ihr korrespondierenden Gesetzgebungskompetenz manifestiert, und die strafrechtlich in den Riten und Marterzeremonien der »Abschreckungsmacht« erscheint. Zur gleichen Zeit aber bereitet sich gesamtgesellschaftlich ein Umbruch vor, in dessen Verlauf auch die Macht eine tiefgreifende Transformation erfährt. Am Beispiel der bäuerlichen Delinquenz zeigt Foucault, daß das klassische Zeitalter der Schauplatz neuer Formen der Gesetzwidrigkeit ist, die sich nicht mehr primär gegen die Rechte des Adels oder des Königs richten, sondern gegen Güter; ein Wandel, mit dem die Bevölkerung auf neue Formen der Kapitalakkumulation, der Produktionsverhältnisse, der Aneignungsstrukturen reagiert. Mit dem Anwachsen kapitalistischer Produktionsapparate und dem demographischen Wachstumsschub des 18. Jahrhunderts verbreitern und vervielfachen sich die Konfliktlinien und lassen dadurch die klassische, auf der Veranstaltung exemplarischer Straffeste beruhende Souveränitäts- und Abschreckungsmacht zunehmend unwirksam werden (1976, 110, 280).

Eben diese Umbruchphase, in der die Gesellschaft gleichsam aus dem engen Rahmen herauswächst, in den sie durch die Institutionen der Monarchie gebannt war, ist die Zeit, in der neue Verfahren und Mechanismen der Macht auf den Plan treten; Verfahren, »die nicht mit dem Recht, sondern mit der Technik arbeiten, nicht mit dem Gesetz, sondern mit der Normalisierung, nicht mit der Strafe, sondern mit der Kontrolle, und die sich auf Ebenen und in Formen vollziehen, die über den Staat und seine Apparate hinausgehen.« (1977, 110f.) Welche Verfahren sind hier gemeint?

Um zunächst beim Beispiel der Strafjustiz zu bleiben: Noch unter dem Ancien régime beginnen sich Forderungen der Aufklärer nach Humanisierung des Strafrechts und Ökonomisierung der Strafgewalt in einer Reihe von Reformen geltend zu machen, die die Ersetzung der alten »Ökonomie der Verausgabung und des Exzesses« durch eine »Ökonomie der Kontinuität und der Dauer« ermöglichen. Während die absolutistische Souveränitäts-Macht mit ihrer Sprunghaftigkeit und Regellosigkeit sowie der Weitmaschigkeit ihres Kontrollnetzes den Gesetzwidrigkeiten der Untertanen weiten Raum ließ, bemühen sich die Justizaufklärer darum, durch Milderung der Strafen, sorgfältigere Kodifizierung und Rationalisierung der Gewaltausübung die Basis für einen neuen gesamtgesellschaftlichen Konsens hinsichtlich der Strafgewalt zu schaffen, um eine wirksamere Verteidigung gegen einen Gegner zu ermöglichen, »der jetzt raffinierter, aber auch verbreiteter im gesellschaftlichen Körper ist«. Indem sie die Willkür des Souveräns anprangert, bereitet die Aufklärung zugleich den Boden für ein neues, perfekteres System der sozialen Kontrolle. Richter und Ankläger, Verteidiger und Angeklagte werden in ein diskursives Gefüge eingeschlossen, dessen Sinn nicht in der schreckenerregenden Wiederherstellung der Souveränität, sondern in der Wiederinkraftsetzung des Strafgesetzbuches bestehen soll (1976, 113, 141).

Dieser Prozeß der Diskursivierung, für den Foucault eine exakte Definition schuldig bleibt, meint im wesentlichen folgendes: Auf der einen Seite haben wir es mit einer Kodifizierung und Rationalisierung zu tun, die den Untertanen zweifellos neue Sicherheiten bringt. Die Macht wird an Regeln gebunden, das Individuum als Rechtssubjekt anerkannt, die Strafe in ein Mittel verwandelt, das die Rechtssubjektivität wiederherstellen soll. Auf der anderen Seite aber wird gerade dadurch eine äußerste Verfeinerung und Vervollkommnung der Unterwerfung ermöglicht. Der Kodifizierung entspricht eine zunehmende Individualisierung der Strafen und eine Objektivierung von Verbrechen und Verbrecher. Das Rechtssubjekt wird Gegenstand einer klassifizierenden und vergegenständlichenden Betrachtungsweise, die den einzelnen in ein komplexes Tableau justiziabler Eigenschaften und Tatbestände einordnet. Er wird geprüft, beurteilt, registriert, so daß jede seiner Eigenschaften mittels einer Reihe von Codes und deren Korrelierung dokumentierbar wird. Durch die vielfältigen Praktiken der

Überwachung und Kontrolle, der Einstufung und der Zuordnung bildet sich, was Foucault als die andere, »dunkle« Seite des Rechtssubjekts bezeichnet: das »Disziplinarindividuum«, das von den neuen Machttechniken fabriziert wird (1976, 396).

Die Diskursivierung/Unterwerfung beschränkt sich nicht auf die Strafjustiz. Foucault spürt sie auf in der neuen Einstellung der Gesellschaft gegenüber dem Wahnsinn, welcher ausgegrenzt, interniert und in eine Form der Geisteskrankheit verwandelt wird, mit der die Gesellschaft nur noch über das abstrakte Medium der Psychiatrie kommuniziert. Er entdeckt sie in der explosionsartigen Vermehrung der Diskurse über Sexualität, die zur Bildung eines gigantischen Registers der Lüste und Perversionen führt. Er lokalisiert sie im ärztlichen Blick und in der wissenschaftlichen Kontrolle der Krankheiten und Infektionen, in der administrativen Kontrolle der Heilmittel, der Todesfälle und Geburten, der Verstellungen und Abwesenheiten, schließlich in der militärischen Kontrolle der Deserteure, der fiskalischen Kontrolle der Waren, der ökonomischen Planung der Produktionsabläufe. In allen Bereichen des gesellschaftlichen Lebens ist das klassische Zeitalter der Schauplatz einer unerhörten Verdichtung der Diskurse und Identifikationsmechanismen, die allesamt nur das eine Ziel haben: die Herstellung des durchschaubaren und damit kontrollierbaren Individuums. »Die ›Aufklärung‹, welche die Freiheiten entdeckt hat«, schreibt Foucault, »hat auch die Disziplinen erfunden.« (1976, 285)

Diese neue Form der Disziplinarmacht darf nach Foucault indes nicht zu eng aufgefaßt werden. Sie darf, erstens, nicht allein auf die Implementierung eines bestimmten Diskurstyps reduziert werden, denn sie hat auch nicht-diskursive Wurzeln: Etwa die Mechanismen, die in den Klöstern und Kasernen, Manufakturen und Spitälern, Kollegs und Internaten entwickelt wurden. Sie darf, zweitens, nicht als Effekt eines Zentrums, einer gesellschaftlichen Zentralinstanz oder einer herrschenden Klasse, begriffen werden, da hiermit ihr pluraler, multipler Charakter verfehlt würde: die Disziplinargesellschaft ist nicht das Ergebnis einer, sondern zahlreicher Projektionen – der Projektion militärischer Methoden auf die Industrie; der maschinenförmigen Funktionsweise auf die lebendige Arbeit; der Gefängnisdisziplin auf die Gesellschaft (1976, 284). Und sie darf, drittens, auch nicht als bloßes Verhältnis der Repression verstanden werden, wie dies in der Logik des bürgerlichen Legalismus oder der marxistischen Auffassung liegt. Die Disziplinarmacht, sagt Foucault, setzt zwar Unterwerfung voraus, sie parzelliert die Individuen, klassifiziert sie und fügt sie in eine hierarchische Ordnung ein, die durch präzise Befehlssysteme strukturiert ist. Sie erschöpft sich jedoch nicht darin, sondern produziert ihrerseits Individuen, die der von ihr geschaffenen Ordnung gemäß sind. »Man muß aufhören, die Wirkungen der Macht immer negativ zu beschreiben, als ob sie nur ›ausschließen‹, ›unterdrücken‹, ›verdrängen‹, ›zensieren‹, ›abstrahieren‹, ›maskieren‹, ›verschleiern‹ würde. In Wirklichkeit ist die Macht produktiv; und sie produziert Wirkliches. Sie produziert Gegenstandsbereiche und Wahrheitsrituale: das Individuum und seine Erkenntnis sind Ergebnisse dieser Produktion.« (1976, 250)

In äußerster Verdichtung erscheint diese produktive Dimension der Macht in der modernen Form des Gefängnisses, wie sie seit 1830 unter dem Einfluß von Benthams »Panopticon« (1787) Gestalt gewinnt. Als eine Institution, deren Aufgabe sich keineswegs darauf beschränkt, den Freiheitsentzug zu organisieren, vielmehr von Anfang an darin besteht, »Transformationen an den Individuen vorzunehmen« (1976, 317), verkörpert das Gefängnis gleichsam die Elementarform der Disziplinargesellschaft, ähnlich wie für Marx die Ware als Elementarform der bürgerlichen Gesellschaft fungiert. Das Gefängnis ist zugleich Kaserne und Schule, Werkstatt und Spital; es unterdrückt die gesellschaftlich unerwünschten Eigenschaften und modelliert die erwünschten. Sein Produkt sind Individuen, »die nach den allgemeinen Normen einer industriellen Gesellschaft mechanisiert sind« (1976, 310). Als ein vollkommener Disziplinarapparat erfaßt das Gefängnis sämtliche Aspekte des Individuums: seine physische Erscheinung wie seine moralische Einstellung, seine Arbeitsneigung wie sein Alltagsverhalten; und alle diese Manifestationen werden nicht nur kontrolliert und reglementiert, sondern von Grund auf reformiert, bis sie den geltenden Standards entsprechen. Das »Kerker-System«, das Foucault zufolge um 1840, dem Eröffnungsjahr der Jugendstrafanstalt von Mettray, vollständig ausgebildet ist, enthält in gebündelter und konzentrierter Form all jene Mechanismen der Normalisierung und Disziplinierung, die seither zu Strukturmerkmalen der Disziplinargesellschaft geworden sind.

Deren Formierung erschöpft sich damit letztlich in einer Bewegung der Ausdehnung und Erweiterung: vom »Kerker-System« der Gefängnisse und geschlossenen Anstalten zu dem, was Foucault den »Kerker-Archipel« bzw. das »große Kerker-Kontinuum« nennt (1976, 382f.). Vermittelt über zahlreiche Stützpunkte – die Waisenhäuser, die Asyle für »gefallene Mädchen«, die Lehrlingsheime und ähnliche Einrichtungen wie Wohlfahrtsgesellschaften, Sittlichkeitsvereine, Arbeitersiedlungen und Wohnheime – breitet sich das panoptische Schema über die gesamte Gesellschaft aus und überzieht alle sozialen Bereiche mit dem großen Kerker-Netz, dessen primäre Funktion in einer alles umfassenden Normierung besteht. Dies sicher nicht ohne Widerstand. Wo Macht ist, sagt Foucault, ist auch Widerstand, und er fügt hinzu: Wenn es Machtbeziehungen gibt, so überhaupt nur deshalb, weil es Freiheit gibt (1977, 116; 1985, 20). Aber dieser Widerstand ist keine Mauer, kein Block, der der Disziplinierung Grenzen setzt; er ist selbst eine Manifestation von Macht, eine Art Antikörper, der die Disziplinarmacht attackiert und zu Mutationen und Metamorphosen nötigt. Um die Widerstände zu überwinden, geht die Disziplin von dem starren, statischen Tableau des klassischen Zeitalters zu neuen, flexibleren Formen der Regulierung über, deren Hauptziel in einer Steigerung der Funktionen liegt. Und dieses Ziel wird zunehmend nicht nur mittels der rigiden Anpassung der Individuen an die Norm erreicht, sondern ebensosehr durch Anpassung der Norm an die individuellen Bedingungen durch die Verfahren der modernen Humanwissenschaften:

> »In den Humanwissenschaften erst erreicht die Dynamik der Transformationen von Rationalitätsstrukturen, Machtmechanismen und Beziehungen ihre Vollendung: Diese verläuft von der Teilung der Welt zur Herstellung der Welt; diese wiederum vom Traum einer mechanischen Imitation der Welt (durch Gesetze) zu dem einer Erzeugung von Organismen, von der Naturbeherrschung zur Beschlagnahme des Lebens. Dies ist zugleich die Verschiebung von der Objektivierung der Welt auf die Individuierung der Menschen. Der Akzent der Individuierung selbst wird dabei von der objektivierenden Kontrolle der Einzelnen zur subjektivierenden Selbststeuerung und zur Manipulation von Gruppen verlagert. Der Veränderung der Gegenstandsbereiche entspricht die der Machttechniken, die Entwicklung von der Gewaltrationalität zur Testwissenschaft.« (Dauk 1989, 131)

Disziplin heute: das ist für Foucault nicht mehr die einseitige Subsumtion der Gesellschaft oder eines Teils derselben unter ein vorab feststehendes Schema, sondern weit eher der Zirkel von Manipulation und rückwirkendem Bedürfnis, wie ihn Horkheimer und Adorno in der *Dialektik der Aufklärung* entfalten. Foucault hat von der Dialektik, insbesondere von Hegel, nicht viel gehalten (Künzel 1985). Seine These indes, daß in der Geschichte der Disziplinierung ein Wechsel von subsumtionslogischen Praktiken zu netzförmigen und zirkulären Strukturen zu beobachten ist, vollzieht in etwas roheren Begriffen den Übergang von der Transzendentalität zur Totalität, wie ihn Hegel gegenüber Kant, wenn auch unter ganz anderen Voraussetzungen, vollzogen hat. Wie wir sehen werden, rühren die Schwächen der Theorie der Disziplinargesellschaft zu einem nicht geringen Teil aus der Weigerung Foucaults, daraus die nötigen kategorialen Konsequenzen zu ziehen.

II

Bevor ich auf die Einwände zu sprechen komme, die dieses Konzept hervorgerufen hat, empfiehlt es sich, noch für einen Augenblick bei den Beziehungen zu verweilen, die sich zu ähnlich gelagerten Bestrebungen in der modernen Soziologie ergeben. Foucaults Analyse erinnert an manchen Stellen an Max Weber, der in der Disziplin eine Schlüsselkategorie der modernen Gesellschaft gesehen hatte – der bürokratischen Amtsdisziplin, der Parteidisziplin, der Disziplin des Massenheeres, der Arbeitsdisziplin und nicht zuletzt der religiösen Disziplin der methodischen Lebensführung. Sie weist, etwa in der Behandlung der Manufaktur, Berührungspunkte zu Marx auf, ferner zu Elias, zu Oestreichs Theorie der Sozialdisziplinierung und nicht zuletzt zum kritischen Marxismus von Lukács bis Adorno, dessen Zentralthema die Beziehung zwischen Warenform, Rationalisierung und Disziplinierung war.[18]

Foucault bezieht sich indes auf keines dieser Vorbilder positiv – teils schlicht aus Unkenntnis, wie er selbstkritisch mit Bezug auf die Kritische Theorie gesteht (1983), teils in bewußter Abgrenzung von einer Diskurstradition, die ihm allzusehr von der Obsession einer »globalen Geschichte« geschlagen zu sein scheint, d. h. dem Unterfangen, den Gesamtzusammenhang einer Epoche oder einer Gesellschaft aus einer zentralen Struktur abzuleiten. Nach seiner Überzeugung ist die Annahme, daß sich innerhalb einer Gesellschaft ein System homogener Beziehungen feststellen läßt, ein Netz von Kausalitäten, das eine Zurückführung der verschiedenen Elemente auf ein verborgenes Zentrum gestatte, pure Ideologie, eine Illusion, in der sich der »transzendentale Narzißmus« des abendländischen Denkens spiegelt: der Glaube an die Stifterfunktion eines souveränen Subjekts und an die Garantie, »daß alles, was ihm entgangen ist, ihm wiedergegeben werden kann« (1973, 23). So stark ist Foucaults antithetische Fixierung auf diesen Subjektivismus, daß er die Möglichkeit einer nichtsubjektivistischen, um eine Theorie der gesellschaftlichen Synthesis zentrierten »globalen Geschichte«, wie sie in den oben erwähnten Arbeiten durchaus angelegt ist, an keiner Stelle in Erwägung zieht.

Die dadurch entstandene Lücke sucht Foucault mit dem Begriff der Macht zu füllen. Macht, im Nietzscheschen Sinne eines lebensphilosophisch-ontologisch verstandenen Willens zur Macht, avanciert für ihn zum Universalschlüssel für alle gesellschaftlichen und geistigen Phänomene. Auf ihr beruhen die Beziehungen zwischen den Geschlechtern ebenso wie die zwischen den Generationen, die Beziehungen innerhalb einer Institution wie die zwischen Institutionen im ganzen, die Beziehungen zwischen Individuen wie die zwischen Gruppen und Klassen. Das Individuum selbst ist, wie gezeigt, ein Produkt der Macht, »eine Form der Individuation der Disziplin« (1982, 3). Das gleiche gilt für die modernen, um das Individuum zentrierten Diskurse der Humanwissenschaften, wie für den wissenschaftlichen Diskurs schlechthin. Man müsse, so verkündet Foucault, einer Denktradition entsagen, derzufolge es Wissen nur dort geben könne, wo die Machtverhältnisse suspendiert seien. »Eher ist wohl anzunehmen, daß die Macht Wissen hervorbringt (und nicht bloß fördert, anwendet, ausnutzt); daß Macht und Wissen einander unmittelbar einschließen; daß es keine Machtbeziehungen gibt, ohne daß sich ein entsprechendes Wissensfeld konstituiert, und kein Wissen, das nicht gleichzeitig Machtbeziehungen voraussetzt und konstituiert.« (1976, 39) Wie in der idealistischen Philosophie und ihren spätromantischen Wurmfortsätzen die ganze Welt als Geist oder Wille gedacht wird, so enthüllt sich auch bei Foucault das Sein als Manifestation eines einzigen Prinzips, das in unterschiedlichen Aggregatzuständen auftritt: in reiner, bewegter Form als »immerwährende Schlacht«, als Strom von Kräften und Gegenkräften; und in erstarrter, blockierter Form, in der sich die Macht zur Herrschaft verfestigt hat (ebenda, 38; 1985, 11). Man fühlt sich an die Metaphysik Heraklits erinnert – freilich an eine Version, in der der Logos nicht länger Harmonie stiftet, sondern selbst zu einer Funktion des Kampfes geworden ist.

Mit dieser Fundierung in einer Metaphysik der Macht hat Foucault sein Konzept der Disziplinargesellschaft angreifbar gemacht. Die Kritik richtet sich vor allem gegen den Reduktionismus, der dieses Konzept durchzieht. Die Machttheorie, lautet ein erster Einwand, löse die eigensinnige Entwicklungslogik rechtlicher und moralischer Normen in die blind-zufällige Evolution von Gewaltverhältnissen auf und übergehe damit »die unverkennbaren Gewinne an Liberalität und Rechtssicherheit«, die doch nicht zuletzt auf straf- und strafprozeßrechtlichem Gebiet evident seien.[19] Sie reduziere, so der zweite Einwand, die komplexen Vorgänge der Sozialisation und Individuation in behavioristischer Manier auf eine Folge von unentwegten Konditionierungen und setze Individualität zu einer »durch Außenreize produzierte[n], mit beliebig manipulierbaren Vorstellungsinhalten belegte[n] Innenwelt« herab; damit werde der Gewinn an Freiheit und Ausdrucksmöglichkeit verspielt, den die »Etablierung und Verinnerlichung der subjektiven Natur« gebracht habe (Honneth 1985, 210; Habermas 1985, 337, 342; Turner 1987, 233, 238). Ein dritter Einwand zielt auf die machttheoretische Auflösung der Geltungsproblematik. Foucault, so Honneth, stelle sich nicht der Frage, wie denn die bloß unter dem Gesichtspunkt sozialer Machtgewinnung entwickelten Diskurse in ganz anderen Handlungskontexten, etwa dem der technischen Beherrschung von Naturprozessen, von Erfolg gekrönt sein könnten.[20] Daß die vollständige Leugnung universalistischer Geltungsansprüche im Ergebnis auf ein »relativistisches Selbstdementi« auch der Machttheorie hinauslaufe, hat Habermas in einer scharfsinnigen Argumentation dargelegt (Habermas 1985, 327; Fink-Eitel 1980, 67f.; Bambach 1984; Taylor 1984). Weder für die Eigenart normativer noch für diejenige kognitiver Mechanismen, so läßt sich die Kritik resümieren, hat die Machttheorie einen angemessenen Raum. Sie ist deshalb ungeeignet, die Komplexität moderner Gesellschaften zu erfassen.

Diese Einwände sind schlagend. Um von den zuletzt genannten kognitiven Mechanismen zuerst zu sprechen, so ist Foucault zwar zuzugeben, daß eine ganze Reihe von Diskursen in der frühen Neuzeit mit politischen Vorzeichen ins Dasein tritt und somit durchaus einer machttheoretischen Interpretation entgegenkommt. Es gibt in der Tat eine politische Anatomie und eine politische Technologie, wie ja auch bekanntlich die Ökonomie sich zunächst als politische Ökonomie begreift und offen die enge Verzahnung von Herrschaftsinteressen und Wirtschaftsordnung einbekennt. Alle diese Diskursformationen verweisen, wie unschwer zu sehen ist, auf die Intensivierung der politischen Rationalisierung, welche durch die Entstehung eines europäischen Staaten- und Weltsystems seit dem 16. Jahrhundert ausgelöst wurde und namentlich in einigen kontinentaleuropäischen Ländern zu einer weitreichenden Militarisierung und Bürokratisierung führte, aus der der *well-ordered police state* des 17. und 18. Jahrhunderts mit seiner Politik der Sozialdisziplinierung hervorging (Raeff 1983; Rassem 1983; Schulze 1987).

Soweit Foucault diese durch die Konkurrenz der frühmodernen Staaten vermittelte politische Rationalisierung und deren Ausgreifen auf die unterschiedlichsten Lebensbereiche beschreibt, ist ihm nicht zu widersprechen. Die Machttheorie zielt indes darüber hinaus und setzt sich dadurch der Kritik aus. Wenn es nämlich einen herausragenden Zug in der Entwicklung seit dem 19. Jahrhundert gibt, dann den, daß sowohl die Gesellschaft als auch die Wissenschaft immer weniger durch ihr politisches Vorzeichen bestimmt sind und sich statt dessen in Formen abstrakt und anonym gewordener Verhältnisse realisieren, die sich mit dem Begriff der Macht nur mehr um den Preis einer Contradictio in adiecto bezeichnen lassen. Die unterschiedslose Subsumtion der politisch strukturierten Gesellschaft des Ancien régime und der modernen kapitalistischen Gesellschaft unter einen Begriff der Macht, der von Foucault selbst als »Fortsetzung des Krieges mit anderen Mitteln«, als eine Form »kriegerischer Herrschaft« und als »verallgemeinerter Krieg« (1978, 71, 40; 1976, 38, 217) definiert wird, verdeckt die grundlegende Tatsache, daß die heutige Welt, wie Marx es ausgedrückt hat, eine Welt der *sachlichen* Abhängigkeitsverhältnisse im

Gegensatz zu den *persönlichen* ist, eine Welt, in der die Individuen »von *Abstraktionen* beherrscht werden, während sie früher voneinander abhingen« (Marx 1974, 81f.).

Dieser Satz gilt für den Funktionszusammenhang der kapitalistischen Gesellschaft, der sich nach Marx bekanntlich so sehr anonymisiert, daß selbst der Kapitalist im Zuge der Entwicklung zum Aktienkapital als überflüssige Person aus dem Produktionsprozeß verschwindet. Er gilt in noch eminenterem Sinne für Wissenschaft und Technik, die mit Willenskategorien nicht mehr begriffen werden können. Wissenschaft und Technik gehorchen keinem einzigen der Kriterien, die Foucault für die Macht anführt. Sie sind weder relational noch intentional, noch partikular-interessengebunden, noch militärisch-kriegerisch, obwohl ihnen diese Dimensionen sekundär durchaus zukommen können. Ihre Kriterien sind ausnahmslose Geltung (solange keine Falsifizierung vorliegt), absolute Notwendigkeit, durchgehende rationale Gesetzmäßigkeit und Autonomie im Sinne der Kontrolle über ihre Voraussetzungen.

Wissenschaft und Technik sind keine Funktion der Macht, sie ersetzen vielmehr das Gefüge wechselnder Willensverhältnisse durch ein System, das selbstreferentiell und »autopoietisch« (Luhmann) prozediert, d. h. nur solche Elemente verwendet, die innerhalb des Systems selbst konstituiert werden. Ein solches Verständnis schließt nicht aus, die Autopoiesis von Wissenschaft und Technik ihrerseits als gesellschaftlich produziert und durch die herrschende gesellschaftliche Struktur vermittelt zu begreifen; wohl aber, sie wie Foucault auf ein bloßes Machtspiel zu reduzieren.

Als in gleicher Weise inadäquat erweist sich die Machttheorie im Hinblick auf normative Mechanismen. Zwar fehlt der Begriff der Norm durchaus nicht in Foucaults Arbeiten, wie dies ja auch bei Untersuchungen, die mit dem Strafsystem zu tun haben, kaum zu vermeiden ist. Wie Canguilhem jedoch, auf dessen Vorarbeiten er sich explizit beruft, versteht Foucault diesen Begriff ausschließlich im Sinne der modernen Industrienormen, als ein Richtmaß, das dazu dient, »einem Daseienden, Gegebenen eine Forderung aufzuzwingen, von der aus sich Vielfalt und Disparatheit dieses Gegebenen als ein nicht bloß fremdes, sondern feindliches Unbestimmtes darstellen.« (Canguilhem 1977, 163) Die Macht der Norm kommt nach diesem Verständnis vor allem in der Disziplin zum Ausdruck, in den verschiedenen Techniken der Normierung und Normalisierung, die die Individuen einem System zwanghaft fixierter Verhaltensschemata unterwerfen und dadurch Stabilität und Homogenität des Herrschaftsgefüges sichern. »Disziplinarische Normalisierung«, sagt Foucault, »ist der Entwurf eines optimalen Modells, die Operation der Disziplin besteht darin, die Leute an dieses Modell anzupassen.« (1982, 8)

Es ist unstrittig, daß dieses Konzept eine Vielzahl von Praktiken einfängt, die in den herkömmlichen Ideen- und Rechtsgeschichten notorisch unterbelichtet bleiben; der Stellenwert, der ihnen in einer nichtreduktionistischen Theorie der Rationalisierung zukommt, wird noch zu erörtern sein. Nicht weniger evident ist indes, daß es nur einen Ausschnitt aus jenem breiten Spektrum von Formierungs- und Kontrollmechanismen erfaßt, wie es lange vor Foucault eindrucksvoll von Kant skizziert worden ist. In seiner Vorlesung über Pädagogik (1803), die Foucault bei seiner Arbeit an der Übersetzung der *Anthropologie in pragmatischer Hinsicht* sicher nicht entgangen sein wird[21], schränkt Kant die Disziplin auf die Rolle eines bloß negativen Fundaments ein: Fundament, weil die Disziplin oder Zucht die Tierheit in die Menschheit umwandle und verhüte, daß die Individuen durch ihre animalischen Antriebe von ihrer menschlichen Bestimmung abgelenkt würden; nur negativ, weil die Disziplin bloß Fehler verhindere, ohne selbst eigene positive Ziele geben zu können. Neben dieser »bloß physischen« Erziehung durch Disziplinierung kennt Kant die praktische Erziehung, die sich ihm als ein Bündel komplexer, neben dem äußeren Verhalten zunehmend auch das Innere erfassender Strategien darstellt: als *Kultivierung,* die die nötigen Fertigkeiten und Geschicklichkeiten vermittelt; als *Zivilisierung,* die die für den gesellschaftlichen Verkehr unentbehrlichen Formen der Affektmodellierung und Triebkontrolle bereitstellt; und als *Moralisierung,* die auf die Unterwerfung der je subjektiven Zwecke und Motive unter gesellschaftliche, d. h. universalistische Prinzipien zielt. »Der Mensch soll nicht bloß zu allerlei Zwecken geschickt sein, sondern auch die Gesinnung bekommen, daß er nur lauter gute Zwecke erwähle. Gute Zwecke sind diejenigen, die notwendigerweise von jedermann gebilligt werden; und die auch zu gleicher Zeit jedermanns Zwecke sein können.« (Kant 1968, XII, 707)

Gewiß läßt sich heute an Kants Pädagogik nicht mehr umstandslos anschließen: einmal, weil die Ethik, auf der sie beruht, die Sozialisation in eine abstrakte Gesellschaft zum Telos hat (Adorno, GS 6, 211ff.), dann aber auch, weil der Disziplinbegriff mit seiner Beschränkung auf rein negative Funktionen zu eng ist und Kants eigenen Darlegungen nicht entspricht. Wenn es nicht nur eine Disziplin des Körpers und der Affekte, sondern auch eine *Disziplin der reinen Vernunft* gibt, so sind zumindest die Grenzen zwischen Disziplinierung und Kultivierung (im Sinne einer Ausbildung kognitiver Fähigkeiten) weit durchlässiger, als Kant wahrhaben will.[22] Gegenüber Foucaults extensivem Verständnis von Disziplin indes, das auch noch interaktionsbezogene und normative Mechanismen umfaßt, ist Kants Modell vorzuziehen, weil es die verschiedenen Dimensionen des modernen Formierungsprozesses klarer differenziert: die nichtdiskursiven Praktiken für die Schaffung gehorsamer und gelehriger Körper; die Formung eines methodisch-disziplinierten wissenschaftlichen Verstandes durch Schulung/Unterweisung, welche freilich auf den nichtdiskursiven Praktiken des Drills und der Bestrafung aufbaut und sich nicht selten darin erschöpft, wie ein Blick in die Geschichte der »Schwarzen Pädagogik« lehrt (Rutschky 1977; Stone 1979, 115ff.; de Mause 1980, 66ff.); die mit dem Begriff der Zivilisierung umschriebene Sublimierung von Interaktionsanforderungen, die für das Leben bei Hofe oder in der guten Gesellschaft erforderlich war; und schließlich jene singuläre, untrennbar mit dem okzidentalen Bürgertum verbundene Strategie der Moralisierung, die das Prinzip des »affektiven Individualismus« (Stone) mit der Implantation eines »vorhergehenden Gewissens« verkoppelte (Kittsteiner 1984). Erst diese letztere Strategie vollendet die Überwindung des Naturzustands, weil allein sie in jene inneren Reservate vorzudringen vermag, die sowohl der Disziplinierung als auch der Kultivierung und Zivilisierung als bloß äußerlichen Konditionierungsweisen unzugänglich bleiben. Kant hat daher in der Moralisierung das höchste und zugleich am schwersten erreichbare Ziel der Erziehung gesehen:

> »Wir sind im hohen Grade durch Kunst und Wissenschaft *kultiviert.* Wir sind *zivilisiert,* bis zum Überlästigen, zu allerlei gesellschaftlicher Artigkeit und Anständigkeit. Aber, uns für schon *moralisiert* zu halten, daran fehlt noch sehr viel. Denn die Idee der Moralität gehört noch zur Kultur; der Gebrauch dieser Idee aber, welcher nur auf das Sittenähnliche in der Ehrliebe und der äußeren Anständigkeit hinausläuft, macht bloß die Zivilisierung aus. So lange aber Staaten alle ihre Kräfte auf ihre eiteln und gewaltsamen Erweiterungsabsichten verwenden, und so die langsame Bemühung der inneren Bildung der Denkungsart ihrer Bürger unaufhörlich hemmen, ihnen selbst auch alle Unterstützung in dieser Absicht entziehen, ist nichts von dieser Art zu erwarten; weil dazu eine lange innere Bearbeitung des gemeinen Wesens zur Bildung seiner Bürger erfordert wird.« (Kant 1968, XI, 44f.)

Der Vorzug dieses differenzierten Modells gegenüber Foucaults pauschalisierender Rede von Normierung/Normalisierung besteht darin, daß es eine ganze Reihe von Forschungen zu integrieren vermag, von denen Foucault nur am Rande oder gar nicht Notiz nimmt, obwohl sie sein Thema unmittelbar berühren. Auf dem Gebiet der Disziplinierung ist hier etwa an die verschiedenen religös-ethisch motivierten Formen der *Selbst*disziplin zu denken, wie sie in der frühen Neuzeit vom Neostoizismus oder vom Puritanismus propagiert wurden (Treiber/Steinert 1980, 90, 104ff.; Leites 1988); auf dem Gebiet der Kultivierung an die Bedeutung der Alphabetisierung und Literarisierung, die seit dem 16. Jahrhundert einem stets wachsenden Teil der Bevölkerung Zugang zu einem der wichtigsten Machtmittel verschafften, gleichzeitig aber auch die Basis staatlicher Herrschaft erweiterten (Schenda 1981; Spittler 1980); auf dem Gebiet der Zivilisierung natürlich an die Arbeiten von Norbert Elias über die Verhaltensänderungen in den weltlichen Oberschichten des Abendlands, die zum Vorbild für zahlreiche weitere Untersuchungen geworden sind (Gleichmann 1979, 1984; Krumrey 1984; Schröter 1985).

Der Prozeß der Moralisierung endlich ist zu wissenschaftlicher Prominenz hauptsächlich im Zusammenhang mit den Diskussionen über die protestantische Ethik gelangt, doch war er damit mitnichten zu Ende: So hat z. B. Wolfgang Dreßen die Überlegenheit der französischen Revolutionsarmeen gegenüber dem Heer friderizianischer Prägung mit der größeren taktischen Beweglichkeit erklärt, welche das Erziehungsprinzip der moralischen Selbstregulierung gegenüber einer bloß mechanischen Disziplin gewährt (Dreßen 1982, 266f.). Ein anderes Beispiel ist der auffällige Rückgang der Verbrechensrate in der Zeit zwischen ca. 1840 und 1930, der von manchen Autoren mit dem Hinweis auf jene eigentümliche Intensivierung des Moralbewußtseins erklärt wird, welche sich an so unterschiedlichen Phänomenen wie der aus der evangelikalen Erweckungsbewegung hervorgegangenen Stadtmissionierung, den philanthropisch inspirierten Reformen des Sozial- und Erziehungswesens und der Ausbreitung des Temperenzlertums ablesen lasse.[23] Ob diese Hypothese stimmt oder nicht – sie steht immerhin in Widerspruch zu der von Durkheim anhand der konträr verlaufenden Selbstmordkurve entwickelten Anomiethese –, ist eine Frage, die nur empirisch entschieden werden kann. Daß sie überhaupt aufgestellt und mit plausiblen Argumenten untermauert werden kann, ist allerdings ein Indiz für die Notwendigkeit, den kategorialen Rahmen nicht dadurch von vornherein einzuschränken, daß man Moralisierung auf eine Variante der Disziplinierung reduziert.[24]

Die Bilanz, die nach dieser ersten kritischen Runde gezogen werden muß, sieht nicht günstig aus. Die Machttheorie, die das Konzept der Disziplinargesellschaft tragen soll, vermag diese Aufgabe nicht zu erfüllen. Sie ist reduktionistisch und simplifizierend, sie produziert Pseudoevidenzen und führt dazu, die Bewegung des Gedankens vorschnell zu beenden. Sie präsentiert sich als objektive Genealogie und ist doch in Wahrheit reiner Subjektivismus, der alles, was ist, auf Wille und Handlung zurückführt. Sie verspricht eine neue, nichttotalisierende Geschichte und totalisiert doch selbst, nur sehr viel schlechter als etwa Marx oder Hegel, indem sie alle Differenzen in den allgemeinen Nebel der »Macht« auflöst. Auf dieser Grundlage ist das Projekt einer Theorie der Disziplinargesellschaft undurchführbar.

III

Muß man dieses Projekt damit verabschieden? Der Tenor der Kritik weist in diese Richtung. Habermas, der sich gleichwohl von Foucaults Analysen der kapillarischen Wirkungen der Disziplin fasziniert zeigt, ist vom »Primat der Lebenswelt« gegenüber den vermachteten und disziplinär organisierten Subsystemen der modernen Gesellschaft zu tief überzeugt, als daß er sich mit der Diagnose eines »Kerker-Kontinuums« anfreunden könnte. Eine derartige Charakterisierung erscheint ihm als unhaltbar, weil sie die Zweideutigkeit des Modernisierungsprozesses, das Nebeneinander von pathologischen und emanzipatorischen Zügen, unterschlage. Ähnlich sieht es Honneth: Das von Foucault entworfene »Zwangsmodell gesellschaftlicher Ordnung«, das im Ergebnis auf verblüffende Weise mit Adornos Vision der verwalteten Welt übereinstimme, sei unbrauchbar, weil in ihm die »normativen und kulturellen Orientierungen der vergesellschafteten Subjekte« keinen Anteil an der sozialen Integration hätten.[25]

Dennoch ist es gerade dieser Zug, der das Modell der Disziplinargesellschaft so aktuell macht. Wie realitätsnah Foucaults Untersuchungen trotz ihrer theoretischen Schwächen sind, zeigt sich nirgends deutlicher als in dem Umstand, daß etwa Habermas in seinen empirisch gerichteten Gegenwartsdiagnosen dem Konzept der Disziplinargesellschaft erheblich näher kommt, als es die theoretisch-programmatische Distanzierung gestattet. Nicht anders als Foucault konstatiert auch er eine »Ausdehnung und Verdichtung des monetär-bürokratischen Komplexes«, die zu einer Entmächtigung des kommunikativen Handelns führe; nicht anders als der Theoretiker der Macht-Wissen-Komplexe registriert auch er das »*hypertrophe* Wachstum der mediengesteuerten Subsysteme, welches ein Übergreifen administrativer und monetärer Steuerungsmechanismen auf die Lebenswelt zur Folge hat« (Habermas 1981, II, 516, 460, 489). Gewiß – Habermas geht nicht so weit, auch im Individuum ein bloßes Korrelat von Machttechniken zu sehen. Daß die gesellschaftliche Ordnung der Moderne aber auf weite Strecken von nichtnormativen Praktiken regiert wird, räumt auch er ein: »Indem sich die Subsysteme Wirtschaft und Staat über die Medien Geld und Macht aus einem in den Horizont der Lebenswelt eingelassenen Institutionensystem ausdifferenzieren, entstehen *formal organisierte Handlungsbereiche,* die nicht mehr über den Mechanismus der Verständigung integriert werden, die sich von lebensweltlichen Kontexten abstoßen und zu einer Art normfreier Sozialität gerinnen.« (Ebenda, 455) Als deskriptiver Begriff ist das Konzept der Disziplinargesellschaft also offenbar doch nicht völlig unbrauchbar; und es gewinnt noch an Überzeugungskraft, wenn man sieht, wie blaß und leer der von Habermas als Konterkategorie eingeführte Begriff der Lebenswelt letztlich bleibt.

Tatsächlich ist das Konzept zugleich zu negieren und festzuhalten. Es ist zu negieren, soweit es sich zur Totalität aufspreizt und sich als Aussage über das Ganze der modernen Gesellschaft präsentiert, wie dies in der Redeweise vom »Kerker-Gewebe der Gesellschaft« oder vom »verallgemeinerte[n] Kerkersystem, das in die Tiefe des Gesellschaftskörpers hineinwirkt« (1976, 392, 390), geschieht. Die Gesellschaft ist kein Gefängnis und die Vernunft nicht die Folter. Festzuhalten aber ist das Konzept, insofern es das Faktum registriert, daß die Disziplin den übrigen von Kant herausgearbeiteten Formierungsmechanismen eindeutig den Rang abgelaufen hat. So entpuppt sich beispielsweise ein erheblicher Teil der von Elias unter dem Titel »Zivilisierung« beschriebenen Konditionierungsvorgänge (etwa des Sexualverhaltens oder der Reinlichkeitsdressur) bei näherem Hinsehen als eine Variante der Disziplinierung, wohingegen die typischen Manifestationen von Zivilisation (im Sinne z. B. des Raffinements der Konversation, der Steigerung der Distinktionsfähigkeit oder einfach des schonenden und taktvollen Umgangs miteinander) ihren sozialen Träger – die höfische Aristokratie und das noch halb aristokratische Bürgertum des 18. und 19. Jahrhunderts – nicht überlebt haben. Daß höfische Interaktionsformen ohne wesentlichen Kontinuitätsbruch von der industriellen Gesellschaft übernommen und zu konstitutiven Merkmalen bestimmter Nationalcharaktere erhoben worden seien – diese seine Zentralthese belegt Elias nicht, und sie leuchtet auch nicht ein vor dem Hintergrund einer Konfiguration, die nicht mehr wie die höfische Gesellschaft von einer Ökonomie der Verschwendung geprägt ist, sondern von einer »Ökonomie der Zeit« (Marx), die die Zivilisationskurve des Essens auf das Niveau von *fast food* und die der Erotik auf dasjenige von *quickies* herabgedrückt hat. Wie weiter oben gezeigt, gewinnen denn auch seit einiger Zeit Theorien an Plausibilität, die die Epoche in geradem Gegensatz zu Elias im Zeichen einer säkularen Entzivilisierung sehen.

Ein ähnlicher Wandel zeichnet sich auf dem Gebiet der Moralisierung ab. Nicht daß moralische Codierungen an Prominenz verlören oder keinen Einfluß auf Interaktionen und Entscheidungen mehr ausübten. Ganz im Gegenteil. Der moralische Protest beispielweise, um nur eine der vielfältigen Erscheinungsformen des Moralischen herauszugreifen, verfügt heute über ein so ausgedehntes Themenreservoir und ein so breites Rekrutierungsfeld, daß seine Regenerationsfähigkeit auf längere Zeit gesichert ist. Es gibt immer wieder eine neue Diktatur, auf die sich plötzlich die Aufmerksamkeit richtet, immer wieder eine neue Dummheit irgendwelcher Exekutiven, an der sich die Flamme der Empörung entzünden kann. Im

Zeitalter des Satellitenfunks wächst die Zahl der Ungerechtigkeiten mit den im Einsatz befindlichen Nachrichtenjägern und führt dem Dauerprotest immer neue Motive zu.

Von der Moralisierung indes, wie sie Kant vor Augen hatte und wie sie auch der bürgerlichen Pädagogik des 19. Jahrhunderts vorschwebte, müssen diese Erscheinungsformen strikt getrennt werden. Die bürgerlich-protestantische Moralisierung zielte auf Formung des Ungeformten, auf Domestizierung jenes in den unauslotbaren Tiefen der Seele noch fortwirkenden Naturzustandes, der auf staatlich-juridischer Ebene mit dem Abschluß des Gesellschaftsvertrages überwunden worden war. Ihr Erziehungsmodell war jener von Riesman treffend beschriebene innengeleitete Charakter, der sich an die Signale eines frühzeitig internalisierten, seelischen Kreiselkompasses gebunden fühlte und dergestalt individuelle Autonomie mit gesellschaftlicher, prinzipiengesteuerter Orientierung verband.

Durch die Dialektik der bürgerlichen Gesellschaft wird diesem Typus die Grundlage entzogen. Schon Freud registrierte, daß nur eine Minderheit über ein steuerndes und lenkendes Gewissen verfügte, während die Mehrzahl davon nur ein bescheidenes Maß mitbekommen habe (Freud I, 500); ähnlicher Ansicht waren Max Weber, für den das »stahlharte Gehäuse« des Kapitalismus längst ohne die Verinnerlichung einer spezifischen Berufsethik funktionierte, oder Georg Simmel, für den die Moderne eine Individualisierung wie noch zu Rembrandts oder Shakespeares Zeiten ausschloß. Die heutigen Individuen, meinte Simmel, seien »nichts als die Oszillationen in einer heraklitischen Welt, zu deren Totalität sie die Zugehörigkeit nur um den Preis gewinnen, jegliche Substanz und Lebenseinheit dem bloßen Jetzt des absoluten Werdens preiszugeben.« (Simmel 1919, 138) Nicht anders sahen es später so gegensätzliche Autoren wie Adorno, von dessen Auffassung noch ausführlicher die Rede sein wird, und Arnold Gehlen, für den die Moderne einerseits durch »Schnittpunktexistenzen«, andererseits durch eine ungemeine Ausdehnung der Willkür bestimmt war. Gerade weil die Individuen in einer von Automatismen und Schematismen geprägten Welt nichts Wirkliches mehr verändern könnten, so Gehlens These, stürzten sie sich in einen ungehemmten Subjektivismus, eine »Moralhypertrophie«, die ebenso exaltiert wie folgenlos sei.[26] Daß eine derart zum Mittel des persönlichen Ausdrucks gewordene Moral noch als »Schrittmacher der sozialen Evolution« (Habermas) fungieren könnte, erscheint unwahrscheinlich, was freilich politische und soziale Folgen des expressiven Moralismus keineswegs ausschließt. Im Hinblick auf die Gesamtgesellschaft jedenfalls dürfte die Vermutung Luhmanns realistischer sein, daß »die Dominanz funktionaler Differenzierung, wenn und soweit sie sich als Formprinzip der Gesellschaft durchsetzt, die Moral evolutionär abhängt und ideologisch wie motivational disprivilegiert«.[27] Das Ende der Moral ist damit nicht erreicht. Wohl aber jene Moralisierung, von der noch Kant träumte.

Um so ungehemmter breitet sich die andere Erfindung der Aufklärung aus, die »dunkle Kehrseite« der Moralisierung und Zivilisierung – die Disziplin. Zu den klassischen totalen Institutionen – Kloster und Kaserne – sind seit dem 19. Jahrhundert zahllose andere hinzugekommen: Institutionen der aufbewahrenden Fürsorge wie Blinden- und Altersheime, Waisenhäuser und Armenasyle; Institutionen der isolierenden Fürsorge wie Krankenhäuser und Psychiatrien; der Einschließung und Absonderung wie Zuchthäuser, Gefangenen-, Konzentrations- und Arbeitslager. Durch die Vermehrung und Expansion dieser Disziplinaranlagen verwandelt sich die Gesellschaft jedoch nicht in ein Kerker-Kontinuum. Wie Goffman zu Recht bemerkt, sind totale Institutionen weder mit der Arbeit-Lohn-Struktur noch mit der familialen Gliederung, noch, wie man hinzufügen kann, mit der auf Konkurrenz gegründeten Organisation des politischen Systems vereinbar (Goffman 1972, 22ff.).

Unverkennbar ist jedoch, daß disziplinäre Mechanismen auch in den offenen, durch freie Mitgliedschaft gekennzeichneten Institutionen eine dominierende Rolle spielen: Disziplinär organisiert, sogar mit einem eigenen Disziplinarrecht ausgestattet, ist der gesamte Staatsapparat mit seinem stehenden und seinem sitzenden Heer. Disziplinär organisiert sind die privaten gewerblichen Betriebe, wovon schon ein einziger Blick in eine Fabrikhalle oder ein Großraumbüro zeugt (Treiber/Steinert 1980; Fritz 1982) – ganz zu schweigen von den rasch expandierenden mikroelektronischen Personalinformationssystemen, die Zugang, Leistung und Kommunikation innerhalb der Betriebe einer lückenlosen Kontrolle unterwerfen und, indem sie das Auge des Meisters durch das zwingende Wissen des Computers ersetzen, eine neue Stufe in der Evolution der Disziplin ankündigen: die Automatisierung der Disziplin (Ortmann 1984, 107ff.; Poster 1984, 115). Der organisierte Massensport, vom Volkslauf bis zum Werksfußball, ist eine einzige Disziplinaranlage (Rigauer 1982; Eichberg 1986, 185ff.); und ohne Disziplin geht im modernen Massentourismus nichts. Auch in der politischen Demokratie dominieren bürokratische Apparate und hierarchisch strukturierte Entscheidungsprozesse. Selbst die Opposition gegen diese Apparate und die von ihnen erzwungene Disziplin kommt nicht umhin, ihre Anhänger zu reglementieren und dabei ihr charismatisches Kapital aufzuzehren. Kein Zweifel: In einer Gesellschaft, die den weitaus größten Teil ihrer Funktionen über *Organisationen* abwickelt, ist Disziplin – die pauschale Anerkennung und automatische Befolgung der

Mitgliedschaftsregeln – zur Conditio sine qua non geworden. Mit seiner berühmten Metapher vom »stahlharten Gehäuse« hat Max Weber diese Entwicklung vor mehr als achtzig Jahren antizipiert.

Daß dies so kommen konnte, hat freilich nichts mit Machtverhältnissen oder »strategischen Spielen« (Foucault) zu tun, sondern ist eine Folge von Systemprozessen, die sich jeder interaktionistischen Deutung entziehen. Die moderne Gesellschaft ist das Ergebnis einer weltgeschichtlich einzigartigen Desintegration, in deren Verlauf sich der in den vormodernen Kulturen politisch oder religiös eingekapselte Modus der funktionalen Differenzierung verselbständigte und zur Evolution neuer, höchst unwahrscheinlicher und riskanter Synthesen trieb. An die Stelle der autarken Lokalgesellschaften des Mittelalters trat ein interdependentes Verflechtungssystem, das den gesellschaftlichen Stoffwechsel mit der Natur von der Vermittlung durch die Zirkulation von Waren abhängig machte; an die Stelle der direkten, familial, politisch-herrschaftlich und religiös begründeten Bindungen eine indirekte Synthese, in der die einzelnen ihre Verklammerung in das übergreifende Verflechtungsnetz erst auf dem Markt erfuhren.

Die Auswirkungen dieses Strukturwandels hat Marx auf immer noch überzeugende Weise dargestellt. Er hat gezeigt, wie die Verdichtung von funktionaler Differenzierung und Marktvergesellschaftung dazu führte, daß sich das Wertgesetz als Prinzip der Systemintegration durchsetzte, wie dieses Wertgesetz die Homogenisierung der Einzelarbeiten durch Messung am Tauschwert, d. h. durch Relationierung der in Zeitquanta ausgedrückten abstrakten Arbeit, bewerkstelligte; wie diese Homogenisierung mit zunehmender Ausdehnung der Lohnarbeit und fortschreitender Vergesellschaftung der Produktion mehr und mehr in den Produktionsprozeß selbst verlagert wurde, indem die Funktionen der lebendigen und der toten Arbeit (der Maschinerie) nach einheitlichen Zeitmaßstäben koordiniert bzw., um einen Ausdruck Sohn-Rethels aufzugreifen, »kommensuriert« wurden; und wie dadurch die abstrakte Zeit aus einem nur ideell gesetzten Maßstab zum beherrschenden Organisationsprinzip der Ökonomie wird. Damit ist nicht gesagt, daß die zeitökonomische Durchdringung sich in sämtlichen Produktionszweigen linear und simultan durchsetzt. Wie die kritische Modifizierung der Thesen Sohn-Rethels durch die neueren Forschungen des Instituts für Sozialforschung gezeigt hat, vollzieht sich die zeitökonomische Rationalisierung in heterogenen Verlaufsformen, die durch die variierenden Marktverhältnisse und durch branchenspezifische Besonderheiten geprägt sind.[28] Der säkulare Trend bleibt davon jedoch unberührt. Kapitalisierung bedeutet Objektivierung und Erweiterung der zirkulationsbegründeten Formen von Wissen, Kommunikation und Organisation; andererseits Formalisierung und Entwertung aller »naturwüchsig«-spontanen Kompetenzen, Denk- und Erfahrungsmuster. »Ökonomie der Zeit, darein löst sich schließlich alle Ökonomie auf.« (Marx 1974, 89)

Hier, wenn irgendwo, ist die strukturelle Voraussetzung der von Foucault beschriebenen Verallgemeinerung der Disziplin zu suchen. Natürlich beginnt die Geschichte der Disziplin nicht erst mit der bürgerlichen Gesellschaft und der für sie typischen »Herauslösung« der Ökonomie; und natürlich spielen außerökonomische, insonderheit politische Mechanismen, wie die Konzentration der Verwaltungs- und Kriegsbetriebsmittel im absolutistischen Staat, eine nicht wegzudenkende Rolle für den Übergang von der bloßen »Virtuosen-« zur »Sozialdisziplinierung« (Treiber/Steinert 1980, 89; Dreyfus/Rabinow 1987, 165; Bauer/Matis 1988, 315ff.). Während aber diese frühen Formen der Disziplinierung des subjektiven Antriebs und der Gewalt nicht entbehren können – die Menschen, schreibt Friedrich II. von Preußen, »bewegen sich, wenn man sie antreibt, und stehen still, wenn man nur einen Augenblick aufhört, sie vorwärts zu drängen« (Hubatsch 1973, 234) –, kommt es zu einer Objektivierung und damit zu einer dauerhaften Verallgemeinerung der Disziplin erst mit der Totalisierung der abstrakten Arbeit und dem damit verbundenen Aufstieg der abstrakt-linearen Zeit zur »Systemzeit«.[29]

Zeitökonomische Imperative führen zu einer Umstrukturierung des konstanten und einer tiefgreifenden Veränderung des variablen Kapitals, welche vor allem die Zurichtung der motorischen und sensomotorischen Bewegungsabläufe und die Zurückdrängung des »Körper-Wissens« betrifft (Böhle 1989). Zeitsparende Mechanismen sedimentieren sich im Aufbau der modernen Großorganisationen und stellen auch hier das Verhalten unter das Diktat der Zeitdisziplin. Selbst scheinbar so eigenständige Strukturen wie die Prinzipien der vertikalen Kommunikation, der Rollentrennung und der Entscheidung nach universalistischen Kriterien lassen sich nach Luhmann unter dem Gesichtspunkt interpretieren, daß sie langwierige interne und externe Kommunikationsprozesse abkürzen sollen (Luhmann 1983, 150). Es dürfte nicht schwerfallen, auch im sogenannten Freizeitbereich Formen zu identifizieren, die der ubiquitären Temporalisierung Rechnung tragen und ihr adäquate Rezeptions- und Verhaltensstile etablieren (Film, Autokultur). Daß die »Disziplinarzeit« auf die pädagogische Praxis übergreift und hier zu grundlegenden Umwälzungen führt, indem sie z. B. die Ausbildungs- von der Berufszeit löst, hat Foucault gesehen, allerdings sogleich in den Rahmen der Machttheorie gepreßt: »Die Macht tritt der Zeit sehr nahe und sichert sich ihre Kontrolle und ihre Ausnutzung.« (1976, 206) In Wirklichkeit verhält es sich genau umgekehrt: Die Zeit wird nicht zu einer Funktion der Macht, sondern die zur

Systemzeit gewordene Zeit produziert asymmetrische Handlungs- und Befehlsketten und generiert damit Machtrelationen, die das Verhalten der einzelnen determinieren.

IV

Axel Honneth hat gegenüber einer früheren Fassung dieser Studie den Einwand erhoben, sie stelle zu einseitig die Aspekte der Herrschaftssicherung und Verdinglichung heraus und verfehle damit die bei Foucault doch auch angelegte Einsicht, daß »jene Vorgänge eines organisierten Ausbaus der Sozialkontrolle stets in einem lebensweltlichen Horizont von praktischen Konflikten um die Legitimität sozialer Machtansprüche verwirklicht sind.« (Honneth 1989, 238) Diese Kritik ist nun ihrerseits von Einseitigkeiten nicht frei, geht sie doch stillschweigend darüber hinweg, daß ich von institutionalisierter Sozialkontrolle allein im Hinblick auf organisierte Sozialsysteme gesprochen und weder die Möglichkeit von Widerstand noch von moralischen Orientierungen bestritten habe. Gleichwohl trifft sie einen Punkt, der in meinen Ausführungen in der Tat zu kurz kam. Auch organisierte Sozialsysteme lassen sich heute zunehmend weniger nur aus der Perspektive des »Kontroll-Paradigmas« fassen, also jenes Interpretationsrasters, das vor allem die Reglementierung des Erlebens und Handelns von Personen durch Organisationen betont und Subjektivität auf eine bloße Ausführungsinstanz des Sozialsystems reduziert (Schimank 1986, 73). Dieses Paradigma ist zwar nicht falsch, muß jedoch durch eine andere Sichtweise ergänzt werden, derzufolge Subjektivität nicht bloß auf den Nachvollzug immer schon konstituierter sozialer Ordnungen beschränkt ist, sondern diese, wenn schon nicht konstituiert, so doch *mit*konstituiert. Daß für Foucault erst beide Perspektiven zusammen ein vollständiges Bild ergeben, wurde am Ende des ersten Abschnittes gezeigt; Foucault selbst hat es noch einmal in der Einleitung zum zweiten Band seiner *Histoire de la sexualité* unterstrichen, in der er darauf verweist, »daß jede ›Moral‹ im weiten Sinn die beiden angegebenen Aspekte enthält: den der Verhaltenscodes und den der Subjektivierungsformen« (1986, 41). Honneth hat also recht, auf eine angemessene Behandlung der letzteren zu dringen. Im Gegensatz zu der weiteren, von ihm vorgeschlagenen Interpretation, die hierin eine Stärkung der handlungs- gegenüber den systemtheoretischen Komponenten von Foucaults Analysen sieht, möchte ich allerdings die These vertreten, daß die Berücksichtigung der Subjektivität in organisierten Sozialsystemen nur zu einer Flexibilisierung, nicht aber zu einer Sprengung des Begriffs der Disziplinargesellschaft führt.

Daß das Kontroll-Paradigma unter den Bedingungen rasch anwachsender Komplexität nicht mehr den gleichen Erklärungswert beanspruchen kann wie zu Beginn des Jahrhunderts, als Weber seine Bürokratietheorie und Taylor seine Methoden der wissenschaftlichen Arbeitsgestaltung und Betriebsführung entwickelte, wird heute durch zahlreiche Untersuchungen bestätigt, die einen Wandel der Institutionen zu weniger hierarchischen, mehr informalen und kollegialen Strukturen dokumentieren. Dies gilt etwa für die Organisationssoziologie, die seit längerem das Zurücktreten der verfahrensorientiert-unpersönlichen Strukturen hinter dienstleistungsorientiert-persönlichen Formen registriert und Human-Relations-Gesichtspunkte in den Vordergrund stellt (Schluchter 1972, 140ff.; Hage 1980). Es gilt aber auch für die Industriesoziologie, die in wichtigen Bereichen eine Abkehr von den bislang dominierenden tayloristischen Formen der Zeitökonomie festgestellt hat (Kern/Schumann 1984; Bergmann u.a. 1986; Manske 1987; Malsch 1987; Wuntsch 1988, 331ff.; Brandt 1990, 358ff.). Zwar hat sich die Ankündigung einer »Neoindustrialisierung«, die eine Zurückdrängung der Heteronomie von Industriearbeit ermöglichen und die »Voraussetzungen für kompetentes, selbstbewußtes Verhalten im Arbeitsprozeß« schaffen sollte (Kern/Schumann 1984, 327; kritisch hierzu: Schmiede/v. Greiff 1985), als überzogen erwiesen, doch gilt dies ebenso für die Annahme einer stetigen Steigerung der *direkten* sozialen Kontrolle durch Dequalifizierung der Arbeitskraft einerseits, Zentralisierung des Produktionswissens beim Management andererseits.

Neuere empirische Untersuchungen legen den Schluß nahe, daß die tayloristischen und fordistischen Strategien der zeitökonomischen Arbeitszerlegung nur für bestimmte Sektoren der Massenproduktion galten, während sie etwa bei kleinen Stückzahlen in der komplexen Maschinenfertigung stets an den hohen Kosten scheiterten, die für den Aufbau leistungsfähiger Arbeitsvorbereitungsabteilungen nötig gewesen wären (Manske 1987, 170). Sie zeigen zugleich, daß der Taylorismus als Mittel zur zentralistischen Kontrolle der Arbeitsausführung und damit der Arbeiter überall dort seine Grenze findet, wo die Besonderheiten von Materialien und Produkten sowie die Marktlage ein hohes Maß an betrieblicher Flexibilität und Reaktionsfähigkeit erfordern. Die von Sohn-Rethel (1972) und Braverman (1977) ganz auf der Linie von Marx und Weber beschriebene langfristige Tendenz einer fortschreitenden Einschränkung bzw. Eliminierung der Dispositionsspielräume wie auch der kognitiven Kompetenz der Arbeitskräfte hätte von hier aus gesehen mit Gegentendenzen zu rechnen, die anstelle der reinen Subsumtionslogik stärker auf indirekte, systemische Kontrollen setzen (Baethge/Oberbeck 1986, 22; Manske 1987, 175). Diese substituieren die eindimensionalen, auf Fremdbeobachtung und punktueller Disziplinierung beruhenden tayloristischen Mechanismen durch neue Strategien, die die Selbstbeobachtung und aktive Beteiligung des Personals akzentuieren (Malsch 1987). Ob sich damit, wie etwa Malsch glaubt, die Chance einer kommunikativen Rationalisierung eröffnet, mag dahingestellt bleiben. Fest steht jedoch, daß das Kontroll-Paradigma diesen Entwicklungen nur unzureichend Rechnung trägt. »Subjektivität«, so folgert Uwe Schimank, »ist in formalen Organisationen nicht nur eine möglichst weitgehend sozialem und technischem Reglement zu unterwerfende, weil für die organisatorische Ordnung gefährliche Störgröße; sondern Subjektivität ist eine wesentliche Konstitutionsbedingung organisatorischer Ordnung gerade auch in hochtechnisierten Produktionsorganisationen.« (1986, 86)

Diese Überlegungen machen eine Differenzierung der im vorigen Abschnitt skizzierten Argumentation erforderlich, stellen sie jedoch nicht grundsätzlich in Frage. Auch wenn die Bedienung der zunehmend komplexer und störanfälliger werdenden Produktionsanlagen heute eine flexiblere Funktionsvermischung und eine erhöhte technisch-wissenschaftliche Kompetenz des Personals verlangt (Wuntsch 1988, 28, 201), und auch wenn die Belegschaften ein ganz neuartiges »Drohpotential der Datenmanipulation und der Wissenszurückhaltung« erwerben (Malsch 1987, 79), folgt daraus doch nicht, daß die systemische Integration an ihre Grenze stößt und eine neue Perspektive eröffnet, die es ermöglicht, die organisierten Sozialsysteme »als fragile Gebilde zu durchschauen, die in ihrer Existenz vom moralischen Konsens aller Beteiligten abhängig bleiben« (Honneth 1985, 334). Bei der Subjektivität, die in organisierten und technisierten Systemen operiert, handelt es sich zwar um selbstdeterminierte und insofern zweifellos auch zu moralischen Orientierungen befähigte personale Systeme, doch ist gerade diese Kompetenz nicht gemeint, wenn von einem Beitrag zu den Konstitutionsbedingungen die Rede ist. Gefragt sind nicht die moralischen und expressiven, sondern die kognitiven und technischen Kompetenzen, mithin jene Fähigkeiten zu formaler Rationalität, diskursiver Symbolisierung und streng linearer Wahrnehmung, wie sie nur das im kantischen Sinne disziplinierte und kultivierte Individuum besitzt.

Gewiß geht das Individuum darin nicht auf. Es verfügt, auch und gerade im Rahmen informatisierter Produktionstechnologien, über die Fähigkeit, die durch die jeweilige Technik gesetzten Grenzen sinnhaften Operierens zu überschreiten, es akkumuliert ein Erfahrungswissen, das durch formalisiertes und standardisiertes Planungswissen nie vollständig ersetzt werden kann. Dennoch handelt es sich um eine Erfahrung höchst spezifischer Art: Nicht die spontane, »naturwüchsige« Erfahrung der konkreten Arbeit, die eine Wechselbeziehung zwischen dem Arbeitenden, dem Werkzeug und dem je besonderen Material unterstellt, steht im Mittelpunkt, sondern die domestizierte, disziplinierte Erfahrung innerhalb eines vorstrukturierten technischen »Ereignishorizonts«, in dem sich die Aktivität des Subjekts weitgehend auf die Selektion und Deutung der Zeichen beschränkt, die von den Informationssystemen in Überfülle geboten werden (Hartmann 1990, 42). Erfahrung in diesem Kontext ist immer wissenschaftliche Erfahrung, Produktion immer Objektivation von Wissenschaft. Die Veränderung besteht allenfalls darin, daß sich nunmehr nicht bloß die Wissenschaftler und Ingenieure, sondern Teile der Arbeiterschaft selbst in wissenschaftlicher Weise auf die Erfahrung bzw. die Produktion beziehen und damit gleichsam von der passiven auf die aktive Seite des Abstraktifizierungsprozesses rücken.

Foucault hat dies so nicht gesehen und — bedingt durch die Unzulänglichkeiten seiner Machttheorie — auch nicht sehen können. Er hat aber immerhin etwas davon geahnt, wenn er von der »Ersetzung eines juridischen und negativen Rasters durch ein technisches und strategisches« spricht (1978, 105), wenn er auf neue Machtmechanismen verweist, die nicht mehr mit dem Recht, sondern mit der Technik arbeiten, wenn er betont, daß die Macht nicht mehr nur »von oben«, sondern auch »von unten«, d. h. von den Subjekten selbst kommt (1977, 110, 115). Wenn die direkte Kontrolle à la Taylor überflüssig wird, so nicht, weil das System durch zunehmend autonomere, ihre Qualifikation und ihre Intelligenz wiedergewinnende Subjekte in die Defensive gedrängt würde. Sondern genau umgekehrt: weil das System, flexibler und gleichsam dialektischer geworden, mit den Beiträgen der Subjekte selbst rechnen kann, die, vom wissenschaftlichen Code geprägt, die permanente Optimierung des Systems zu ihre eigenen Sache gemacht haben.[30]

Diese Flexibilisierung könnte endlich auch der Grund für eine Entwicklung sein, die Foucault unbeachtet gelassen hat, auf die ich jedoch zum Schluß wenigstens hinweisen möchte, weil eine Theorie der Disziplinargesellschaft sie nicht ignorieren kann: die partielle Entdisziplinierung, von der die fortgeschrittenen Industriegesellschaften seit einiger Zeit heimgesucht werden. Die allgemeine Erhöhung des Qualifikationsniveaus im Gefolge der »Bildungsrevolution« (Parsons) hat zu einer Entwertung der unteren Bildungsabschlüsse geführt, die die Haupt- und Sonderschulabsolventen in eine ähnliche Lage geraten läßt wie Analphabeten. Die Hauptschule, so hat Ulrich Beck es formuliert (1986, 246), verwandelt sich mehr und mehr in einen »Aufbewahrungsort für arbeitslose Jugendliche«, dessen Funktionsbestimmung sich in Richtung Beschäftigungstherapie verschiebt. Die Folge ist nicht nur eine anomische Reaktion der betroffenen Jugendlichen, die sich etwa am Phänomen des ansteigenden Vandalismus ablesen läßt, sondern eine tiefgreifende Entwertung der Autorität der Schule und eine Erosion der von ihr vermittelten Disziplin – vor allem in Großstädten mit anhaltend hoher Jugendarbeitslosigkeit und hohem Anteil von Angehörigen diskriminierter Minderheiten. Während sich die Pädagogik an Gymnasien eher mit Problemen wie Ehrgeiz, Schulangst, übertriebener Anpassung und Kontaktschwierigkeiten konfrontiert sieht, werden an Hauptschulen in zunehmendem Maße Verhaltensauffälligkeiten wie Unkonzentriertheit, Ungenauigkeit, Interessenmangel, verbale Aggression und Ungehorsam gegen den Lehrer registriert (Bach 1987, 58f.). Auch an den Grundschulen mehren sich inzwischen die Unterrichtsstörungen in Form von Übermotorik, diffuser Aggression, ungerichtetem Agieren und didaktisch-methodischer Unansprechbarkeit, so daß das Bildungsangebot bei einem wachsenden Teil der Schüler ins Leere stößt (Ziehe 1983; Cloer 1982; ders. 1987; Winkel 1988). Wenn die Zeichen nicht trügen, so scheint es sowohl der sekundären als offenbar bereits der primären Sozialisation in Teilen der Gesellschaft zusehends weniger zu gelingen, jene innere Disziplin zu vermitteln, die nicht bloß für das Fortkommen, sondern schon für das pure Überleben in einer Disziplinargesellschaft unerläßlich ist.

Welches immer die Ursachen sein mögen – Wohnverhältnisse, Arbeitslosigkeit, damit zusammenhängende defizitäre familiale Kommunikation, nicht zuletzt auch eine durch Fernsehkonsum veränderte Organisationsform der Sinne –, fest steht, daß man heute nicht mehr schlichtweg von einer Verallgemeinerung der Disziplin, sondern allenfalls von einer partiellen Erweiterung sprechen kann, bei der ganze Sektoren der Gesellschaft als disziplinäre Brachen ausgespart bleiben. Je weiter aber sich diese Brachen ausdehnen, desto dringlicher wird die Frage, ob die von Foucault beschriebene Modernisierung und Humanisierung der Disziplin, ihre Abkehr von einer bloßen »Gewaltrationalität« (Dauk 1989, 131), nicht der Anfang eines Prozesses sein könnte, in dessen Verlauf die Disziplinargesellschaft ihre eigenen Voraussetzungen zerstört. Allein mit den von Foucault bereitgestellten Kategorien wird diese Frage nicht zu beantworten sein.

Adorno/Luhmann: Die moderne Gesellschaft zwischen Selbstreferenz und Selbstdestruktion

Die Theorien der Zivilisierung und der Disziplinierung, das wurde in der Auseinandersetzung mit Elias und Foucault deutlich, erfassen wichtige Aspekte der modernen Gesellschaft. Für eine Gesamtdiagnose indes ist ihr Instrumentarium zu grob, ihr begrifflicher Zuschnitt zu eng. Es ist deshalb an der Zeit, den Fokus zu erweitern und jene beiden Theorien in den Blick zu nehmen, von denen wir uns in der Kritik an Elias und Foucault vielfach leiten ließen: die Kritische Theorie und die Systemtheorie.

Über deren methodische und erkenntnistheoretische Differenzen ist viel geschrieben worden: über die unterschiedliche Auffassung von Handeln und Kommunikation, von Wahrheit und Rationalität. Nur selten aber, und dann gewöhnlich am Rande, hat die Debatte das eigentliche Thema berührt, das zwischen beiden Theorien zur Verhandlung steht: die moderne Gesellschaft und ihre Entwicklungstendenzen. Dabei ist kein Feld von so zentraler Bedeutung wie dieses, stimmen doch beide Theorien darin überein, daß die Zukunft der Soziologie wesentlich davon abhängt, ob es ihr gelingt, einen Begriff ihres Gegenstandes – der Gesellschaft – zu entwickeln.

Es ist hier nicht der Ort, über die Gründe dieser eigentümlichen Berührungsangst zu sprechen. Vordringlicher ist es, sie zu durchbrechen, indem man den Gegenstand selbst in den Mittelpunkt der Erörterungen rückt. Dies soll im folgenden in drei Schritten geschehen. Im *ersten Abschnitt* werde ich die Aussagen beider Theorien über den Aufbau der modernen Gesellschaft vergleichen, die sich im einen Fall um den Begriff der Totalität, im anderen Fall um den des Systems zentrieren. Im *zweiten Abschnitt* sollen die wichtigsten Thesen über die Entwicklungstendenzen der modernen Gesellschaft herausgestellt werden, wobei ich mich vorrangig auf die Frage Differenzierung oder Entdifferenzierung konzentrieren werde. Der *letzte Abschnitt* behandelt die Möglichkeit wechselseitiger Lernprozesse beider Theorien im Horizont einer sich anbahnenden Konvergenz von Kritik und Affirmation. Der Vergleich wird sich auf Adorno und Luhmann als die beiden Autoren beschränken, bei denen die Kritische Theorie und die Systemtheorie in ihrer »Vollstufe« entwickelt sind.

I

1. Jeder Anfang ist eine Vorentscheidung. Nach der Systemtheorie ist mit Differenz zu beginnen, nach dialektischer Auffassung mit Einheit. Folgte man der ersten Position, so wäre man in diesem Fall schnell fertig. Man würde zeigen, daß für Luhmann Gesellschaft Kommunikation ist und in dieser Eigenschaft sowohl das Ganze verkörpert als auch das Wahre einschließt: die Gesamtheit der Kommunikationen als Selektion aus der Gesamtheit der Kommunikationsmöglichkeiten, und darunter: die Gesamtheit aller anschlußfähigen – in Luhmanns Terminologie: »wahren« – Kommunikationen (1990, 533, 618f., 175).[31] Auf der anderen Seite tauchte dann sogleich die Formel vom Ganzen als dem Unwahren sowie Adornos »Generalverdacht gegen Kommunikation« auf (Mörchen 1981, 231). »Alles, was heutzutage Kommunikation heißt, ausnahmslos, ist nur der Lärm, der die Stummheit der Gebannten übertönt.« (GS 6, 341) Der Dialog wäre zu Ende, ehe er überhaupt eingesetzt hätte.

Wir müssen also nach Art der Dialektik beginnen, mit Einheit statt mit Differenz. Das ist weniger gewaltsam, als es nach dem ersten Vorgeplänkel den Anschein haben könnte, bestimmen doch Adorno wie Luhmann die moderne Gesellschaft ganz konventionell, unter Rückgriff auf den von Herbert Spencer in die Soziologie eingeführten Begriff der funktionalen Differenzierung. Die moderne Gesellschaft ist nach Luhmann kein Organismus und kein Subjekt, sondern »dasjenige Sozialsystem, das die letzterreichbare Form funktionaler Differenzierung institutionalisiert« (1971, 15). »Modern society, then, has to be described as a functionally differentiated system. This is its main characteristic, the principle which generates its structures.« (1984, 64)

Nicht anders sieht es Adorno. Gesellschaft, so verkündet er, sei »ein Funktions- und kein Substanzbegriff« (GS 8, 349), Soziologie die »Wissenschaft von den gesellschaftlichen Funktionen« (Adorno 1956, 23). Während sich archaische Gesellschaften nicht zuletzt durch ihre nur geringe Arbeitsteilung auszeichneten, habe sich die moderne Gesellschaft zu einem gigantischen Interdependenzzusammenhang entfaltet: »Mit Gesellschaft im prägnanten Sinn meint man eine Art Gefüge zwischen Menschen, in dem alles und alle von allen abhängen; in dem das Ganze sich erhält nur durch die Einheit der von sämtlichen Mitgliedern erfüllten

Funktionen, und in dem jedem Einzelnen grundsätzlich eine solche Funktion zufällt, während zugleich jeder Einzelne durch seine Zugehörigkeit zu dem totalen Gefüge in weitem Maße bestimmt wird.« (Ebenda, 22, vgl. GS 8, 10)

Für Adorno ist mit dieser Bestimmung allerdings erst ein Aspekt der modernen Gesellschaft getroffen. Der zweite für ihn wichtige Aspekt ist, daß Gesellschaft ebensosehr eine Relations-, ja eine »Vermittlungskategorie« sei (Adorno 1973, 36, 39). Was damit gemeint ist, läßt sich durch eine Kontrastierung mit der funktionalistischen Theorie der Systemdifferenzierung verdeutlichen. Diese Theorie, die im übrigen, wie das Beispiel Althusser zeigt, auch in den Marxismus Eingang gefunden hat, geht davon aus, daß die moderne Gesellschaft durch die Ausdifferenzierung relativ autonomer Subsysteme, Ebenen oder Instanzen gekennzeichnet ist, welche innerhalb des Gesamtsystems nebeneinander existieren. Parsons unterscheidet dabei bekanntlich das politische, ökonomische, sozialkulturelle und gemeinschaftliche System; Luhmann unterscheidet Teilsysteme für Politik, Wirtschaft, Recht, Erziehung, Religion und Wissenschaft; Althusser die politische, ökonomische und ideologische Ebene. Diese Differenzierung schließt nicht aus, daß zwischen den Subsystemen Beziehungen bestehen: bei Parsons und Luhmann gibt es das Konzept der Interpenetration, bei Althusser sogar das Prinzip der Determinierung in letzter Instanz durch die Ökonomie. Typisch aber ist, daß in all diesen Konzeptionen (von deren Unterschieden hier abgesehen werden kann) die Beziehung äußerlicher Natur ist, eine bloße Wechselwirkung zwischen ansonsten getrennten und nach eigengesetzlichen Regeln prozessierenden Sphären.

Adorno bestreitet keineswegs die Existenz solcher autonomer Sphären. Die übliche Formel, mit der er Bereiche wie Kunst oder Wissenschaft charakterisiert, lautet, sie seien autonom und *fait social* zugleich (GS 7, 16; GS 8, 283). Damit ist jedoch auch gesagt, daß die Theorie es bei der bloßen Feststellung der Autonomie nicht belassen kann. Gerade als autonome sind die Teilsysteme vermittelt durch die konstitutive Struktur der Gesellschaft, ihre objektive »Wesensgleichheit« (Adorno 1973, 25), die in den Teilsystemen erscheint und sie ipso facto als Schein, als Reflexionsbestimmung durchschaubar macht. Was Adorno für die Kunst notiert, gilt mutatis mutandis auch für die übrigen Bereiche des gesellschaftlichen Ganzen:

> »Die Frage nach der Vermittlung von Geist und Gesellschaft reicht weit über die Musik hinaus, wo man sie allzu leicht auf die nach dem Verhältnis von Produktion und Rezeption einengt. Gelten dürfte, daß jene Vermittlung nicht äußerlich, in einem dritten Medium zwischen Sache und Gesellschaft stattfinde, sondern innerhalb der Sache. Und zwar nach ihrer objektiven und subjektiven Seite. Die gesellschaftliche Totalität hat in der

> Gestalt des Problems und der Einheit der künstlerischen Lösungen sich sedimentiert, ist darin verschwunden. Weil in ihr Gesellschaft sich verkapselt hat, folgt sie, indem sie autonom sich entfaltet, auch der gesellschaftlichen Dynamik, ohne auf sie hinzublicken, ohne direkt mit ihr zu kommunizieren.« (GS 14, 409)

In der Bestimmung dieser Wesensgesetzlichkeit, die in den Teilsystemen erscheint und diese dadurch als vermittelte konstituiert, knüpft Adorno an die klassische dialektische Theorie an, die die moderne Gesellschaft als bürgerliche verstand. Wie Marx, der den Schlüssel zu diesem System in der politischen Ökonomie suchte, geht auch Adorno vom »Primat der Ökonomie« aus (GS 4, 125) und lokalisiert hier den tragenden Lebensprozeß der Gesellschaft. Damit ist vor allem die grundlegende Rolle angesprochen, die der gesellschaftlichen Arbeit in der Moderne zukommt. Die sozialen Prozesse und Institutionen existieren nicht aus eigener Kraft, sie sind »wesentlich vergegenständlichte Arbeit lebendiger Menschen«; selbst so subtile Erscheinungen wie Kunst, Philosophie oder Kulturkritik sind vom Arbeitsprozeß abhängig, »in dessen Schicksal verflochten« (GS 8, 17; GS 10.1, 18). Ein überhistorisches Gesetz, wie es etwa Engels' Prinzip der Determinierung in letzter Instanz aufstellt, ist damit nicht behauptet, denn eine »szientifische Invariantenlehre« lehnt Adorno ab. Für die moderne Gesellschaft allerdings gilt, daß sie die »Einheit der durch ihre Arbeit das Leben der Gattung reproduzierenden Subjekte« ist und daher primär als »Totalität der Arbeit« konzipiert werden muß (GS 5, 267, 269). »Soweit die Welt ein System bildet, wird sie dazu eben durch die geschlossene Universalität von gesellschaftlicher Arbeit.« (Ebenda, 272)

Von entscheidender Bedeutung ist nun allerdings, daß sich dieser Primat der Produktion unter bürgerlichen Produktionsbedingungen auf eine höchst paradoxe Weise äußert: als Abstraktion der Produktion von sich selbst. Konstitutiv für den gesellschaftlichen Zusammenhang ist nicht die lebendige Arbeit, auch nicht das konkrete Bedürfnis. »Grundbestand der Gesellschaft an sich«, »maßgebende Struktur der Gesellschaft« (GS 8, 13; GS 10.2, 745) ist vielmehr der Tausch, in dem die konkreten Einzelarbeiten auf ihren gemeinsamen Nenner reduziert werden – abstrakte Arbeit als Substanz des Wertes. Im Tausch, schreibt Adorno, »nicht erst in der wissenschaftlichen Reflexion, wird objektiv abstrahiert; wird abgesehen von der qualitativen Beschaffenheit der Produzierenden und Konsumierenden, vom Modus der Produktion, sogar vom Bedürfnis, das der gesellschaftliche Mechanismus beiher, als Sekundäres befriedigt.« (GS 8, 13)

»Tausch« in diesem Sinne meint mehr als eine ökonomische Transaktion, meint mehr als den bloßen Besitzwechsel konkret-nützlicher Gegenstände. Der Begriff steht für eine Gesamtverfassung, in der der konkretmaterielle Inhalt des gesellschaftlichen Lebens, der Stoffwechselprozeß mit der Natur, und der soziale Zusammenhang auseinandergetreten sind und sich zum Gegensatz verselbständigt haben. Ihre Einheit gewinnt die fragmentierte und atomisierte Gesellschaft nur mehr auf einem Umweg, über den Austausch; da aber nur Gleiches, Vergleichbares, Äquivalentes getauscht werden kann, wechseln in der Zirkulation nicht Gebrauchswerte den Besitzer, sondern Tauschwerte. Der Markt, so hat es Alfred Sohn-Rethel formuliert, dem Adorno entscheidende Einsichten verdankt, ist ein »zeitlich und örtlich bemessenes Vakuum an menschlichem Stoffwechsel mit der Natur« (Sohn-Rethel 1972, 80). Das, was die Einheit herstellt, ist der Wert; der Wert aber ist eine reine Abstraktion, etwas, in das »kein Atom Naturstoff« eingeht, eine »bloß ideelle« oder »nur gemeinte Bestimmung« (MEW 23, 62; Marx 1974, 173). Bürgerliche Vergesellschaftung heißt dementsprechend abstrakte, reine Vergesellschaftung, Integration durch eine Sphäre, die in der traditionellen Metaphysik als »Schein«, in der idealistischen Philosophie als »Geist« bezeichnet wurde – eine Welt des Symbolischen, der Stellvertretung, der Substitution, die alle Erscheinungsformen des Sozialen, von der Zirkulation über Recht und Staat bis zu den subtileren Gestalten der Kunst, der Philosophie und der Wissenschaft, strukturiert.

»Den Vorwurf des Idealismus«, schreibt Adorno, »hat nicht ein jeder zu fürchten, der Begriffliches der gesellschaftlichen Realität zurechnet [...] Mag man, gegenüber der leibhaften Realität und allen handfesten Daten, dies begriffliche Wesen Schein nennen, weil es beim Äquivalententausch mit rechten Dingen und doch nicht mit rechten Dingen zugeht: es ist doch kein Schein, zu dem organisierende Wissenschaft die Realität sublimierte, sondern dieser immanent [...] Der Tauschwert, gegenüber dem Gebrauchswert ein bloß Gedachtes, herrscht über das menschliche Bedürfnis und an seiner Stelle; der Schein über die Wirklichkeit.« (GS 8, 209)

Diese Hervorhebung des Tauschverhältnisses ist von der marxistischen Orthodoxie häufig als Rückfall in bürgerliches Denken kritisiert worden, als Unfähigkeit, über den Standpunkt der Zirkulation hinauszugehen. Der Vorwurf hat eine gewisse Berechtigung, soweit er darauf zielt, daß Adorno nicht mit der gebotenen Gründlichkeit auf die Einzelheiten der Marxschen Wertformanalyse eingegangen ist und deren Begriffe oft nur metaphorisch gebraucht. In ihrem Kern ist die Kritik jedoch unhaltbar: einmal, weil Adorno keineswegs bei der Zirkulation stehenbleibt und sehr wohl auch die entwickelteren Formen des Wertverhältnisses bis hin zur Klassenstruktur im Blick hat[32]; zum anderen, weil sie die fundamentale Übereinstimmung verdeckt, die hinsichtlich der strukturellen Bedeutung der Zirkulation zwischen der Kritischen Theorie und der Kritik der politischen

Ökonomie besteht. Auch im *Kapital* fungiert als begrifflicher Ausgangspunkt nicht der Arbeitsprozeß oder ein wie immer geartetes »System der Bedürfnisse«, sondern die Abstraktion von der Produktion und vom Bedürfnis, wie sie sich in der Zirkulation, im Austausch von Waren gemäß ihren Werten, tagtäglich vollzieht. Und wenn es ein Gliederungsprinzip gibt, einen Grundgedanken, um den sich das System der politischen Ökonomie organisiert, so ist er hier, in den verschiedenen Metamorphosen dieser Fundamentalabstraktion, zu suchen, die vom einfachen Tausch über den Geld- und Kapitalbegriff bis zu den Oberflächenbestimmungen der »trinitarischen Formel« reichen. Indem Adorno diesen Gedanken, in wie metaphorischer Form auch immer, festhält und zu der These zuspitzt, daß die Produktion nur gegenstandskonstitutiv, nicht aber gesellschaftskonstitutiv ist, steht er Marx näher als alle postmarxschen Arbeitsmythologien, die die Rede vom Scheincharakter der Zirkulation allzu wörtlich, nämlich bürgerlich-aufklärerisch nehmen. Die Einheit der bürgerlichen Gesellschaft ist keine Einheit der Arbeit, sondern eine des Wertes, der Abstraktion von der Arbeit.

Diese Einheit aber, und damit kehren wir zum Ausgangspunkt zurück, existiert nicht unmittelbar, sondern nur als Prozeß, als »eine Einheit, die sich durch den Trennungs-, durch den Abstraktionsmechanismus hindurch überhaupt eigentlich erst vollzieht« (Adorno 1973, 47). Die konstitutive Struktur, der Wert, ist keine isolierte, unbewegliche Instanz, die auf andere Instanzen diese oder jene Wirkung ausübt. Sie erzeugt vielmehr unablässig neue Formen, in denen sie sich zugleich manifestiert und verbirgt – so wie es Hegel für die Sphären des subjektiven, objektiven und absoluten Geistes beschrieben hat, Marx für die verschiedenen »Verknöcherungen« des Mehrwerts vom Profit über den Produktionspreis bis hin zu den »mystischen« Formen von Zins, Arbeitslohn und Rente. Das Wesen muß erscheinen; die Gesamtheit seiner Erscheinungen aber ist: das System. Das System ist die dialektische Ordnung der Erscheinungsformen der Struktur, die Struktur wiederum ist nichts anderes als das System, auf seinen einfachsten und abstraktesten Ausdruck gebracht. Der hier von Adorno anvisierte Theorietypus ließe sich am angemessensten als eine »strukturalistische Systemtheorie« charakterisieren, die die Einsichten des Strukturalismus und der Systemtheorie aufnimmt, sie aber dialektisiert und dadurch ihre Einseitigkeiten vermeidet.

Es ist nur scheinbar ein Widerspruch hierzu, wenn Adorno an anderer Stelle davon spricht, daß sich das dialektische Denken zunehmend von der Systemform entfernen müsse, oder wenn er die negative Dialektik geradezu als »Antisystem« definiert (GS 8, 308; GS 20.1, 165ff.; GS 6, 10). Gewiß gibt es neben dem Schüler Hegels und Marxens auch den Schüler

Nietzsches und Benjamins, dessen antisystematische Affekte sich methodisch in der Bevorzugung der »Mikrologie« und des Aphorismus niederschlagen und mitunter in emphatischen Bekenntnissen kulminieren wie demjenigen, daß der wirklich freie Gedanke mit dem System unvereinbar sei (Adorno 1974, 266). Es wäre indes ein völliges Mißverständnis von Adornos Position, wenn man darin eine Absage an das systematische Denken oder gar eine Leugnung des Systemcharakters der gesellschaftlichen Realität sehen wollte. Daß die bürgerliche Gesellschaft ein System ist, eine Einheit also, die aus einem Punkt heraus erzeugt und nicht nur die äußerliche Ordnung eines vorgegebenen Stoffes ist, steht für Adorno außer Frage, ebenso die Gültigkeit der Kategorien, mit denen Hegel und vor allem Marx dieses System beschrieben haben. Anders wäre seine im Positivismusstreit immer wieder geäußerte Mahnung unverständlich, daß die Soziologie ihr Objekt verfehle, wenn sie darauf verzichte, »Gesellschaft als System« zu denken, wenn sie sich mit bloßen Systematisierungen begnüge, anstatt »das den Prozeduren und Daten wissenschaftlicher Erkenntnis vorgeordnete System der Gesellschaft« zu rekonstruieren (GS 8, 210, 356). Die Mikrologie setzt an jedem Punkt die Gültigkeit der Marxschen Strukturanalysen voraus, sie ist möglich nur auf dem Boden des dialektischen Begriffs, auch wenn sie darauf verzichtet, diesen im Einzelfall zu explizieren. Bei aller Kritik, die Adorno an Hegels Identifikation des Systems mit dem absoluten Subjekt geübt hat, hat er doch an der Notwendigkeit und Angemessenheit des Systembegriffs zu keiner Zeit einen Zweifel gelassen:

> »Ist jenes Subjekt-Objekt, zu dem seine (scil. Hegels) Philosophie sich entwickelt, kein System des versöhnten absoluten Geistes, so erfährt der Geist doch die Welt als System. Sein Name trifft den unerbittlichen Zusammenschluß aller Teilmomente und Teilakte der bürgerlichen Gesellschaft durch das Tauschprinzip zu einem Ganzen genauer als irrationalere wie der des Lebens, selbst wenn dieser der Irrationalität der Welt, ihrer Unversöhntheit mit den vernünftigen Interessen einer ihrer selbst bewußten Menschheit, besser anstünde. Nur ist die Vernunft jenes Zusammenschlusses zur Totalität selber die Unvernunft, die Totalität des Negativen« (GS 5, 324): eben die des Tauschs, der die Einzelnen einem ihnen fremden Gesetz unterwirft.

Daß diese Negativität das System, das sie konstituiert, zugleich in den Untergang treibt, wird weiter unten darzustellen sein.

2. Der zentrale Stellenwert, den die dialektische Theorie dem Systembegriff zuweist, hat ihr wenig Anerkennung bei derjenigen Theorie eingetragen, die sich diesen Begriff für ihre Selbstbeschreibung zu eigen gemacht hat: der Systemtheorie. Vom »ehrwürdige[n] Konzept der bürgerlichen

bzw. proletarischen, wirtschaftlich konstituierten Gesellschaft« (1974, 217) spricht Luhmann im gleichen Ton wie ein Raketenkonstrukteur von den Bemühungen des Schneiders von Ulm; vom »negatorische[n] Apparat bürgerlicher Gesellschaftskritik im Sinne von *Rousseau, Hegel* oder *Marx*« (Luhmann / Schorr 1979, 105) wie von einem überflüssigen Ballast, dessen man sich tunlichst entledigen sollte. Zwar konzediert Luhmann diesem Theorietypus das »Erstgeburtsrecht als reflexive Theorie«, doch bemängelt er gleichzeitig »die eigentümliche Schmalspurigkeit, die zu geringe und zu unbestimmte Komplexität, die Fixierung auf wenige Gesichtspunkte, an die man mit vermeintlich eindeutigen Effekten Negationen anknüpfen kann« (1982, 193).

Die Gründe für diese abschätzig-distanzierende Haltung sind rasch benannt. Die Theorie der bürgerlichen Gesellschaft, sowohl in ihrer affirmativen als auch in ihrer kritischen Gestalt, ist nach Luhmann die letzte in einer Serie von Selbstthematisierungen des Gesellschaftssystems, die die Gesellschaft unzureichend, nämlich auf der Basis ontologischer und anthropologischer Prämissen, zu begreifen versuchte. Im Gegensatz zu der bis auf Aristoteles zurückgehenden »alteuropäischen« Lehre, welche die Gesellschaft als *societas civilis,* d. h. als primär politisch konstituierte Ordnung verstand, habe die Theorie der bürgerlichen Gesellschaft zwar neues Terrain betreten, indem sie den Akzent auf das Wirtschaftssystem verlagert habe; doch seien die anthropologisch-ontologischen Begründungsmuster im Prinzip beibehalten worden. Wie die Aristoteliker den Primat der Politik, hätten auch die bürgerlichen Theoretiker den Primat der Ökonomie mit Naturbegriffen begründet und ihre Gesellschaftskonzeption darauf aufgebaut – wobei es nach Luhmann eine zweitrangige Frage ist, ob diese Naturbegriffe naturrechtlicher oder materialistischer Art waren: Beide Ansätze hätten die Gesellschaft als Aggregat von natürlichen Bedürfnissen und Befriedigungsmöglichkeiten konzipiert und die Teilsysteme auf dieses Kernsystem bezogen (1974, 142, 206). Marx erscheint aus dieser Sicht gleichsam nur als Schlußpunkt in der Selbstthematisierung der bürgerlichen Gesellschaft, sein Materialismus nicht als Durchbruch zu einer neuen, die bürgerliche Welt transzendierenden Auffassung, sondern als bürgerliche Philosophie par excellence (1981, 235). Obwohl Luhmann nicht ausschließt, daß von der marxistisch-sozialistischen Selbstkritik der bürgerlichen Gesellschaft bestimmte politische Effekte ausgehen könnten, hält er deren Potential doch für erschöpft. Ein wirkliches Verständnis, das sich auf der Höhe der Zeit befindet, ist nach seiner Überzeugung weder von den Apologeten der bürgerlichen Gesellschaft noch von deren Kritikern zu erwarten. Gefordert ist vielmehr eine grundlegende Neuorientierung, die die Gesellschaftstheorie von anthropologischen und humanistischen Prämissen abkoppelt und auf ein anderes, die Eigenständigkeit und Eigenlogik des Sozialen berücksichtigendes Fundament stellt.

Nun ist sicher nicht zu bestreiten, daß ontologische Motive in dem von Luhmann inkriminierten Sinne eine wichtige Rolle in der materialistischen Dialektik spielen: nicht bloß in den kruden Varianten, die man in den Lehrbüchern des real kaum noch existierenden Sozialismus findet, sondern schon bei Marx, der seine Revolutionstheorie vollständig auf eine Ontologie der Arbeit gründet, und auch bei Adorno, der im Gebrauchswert das »Ineffabile der Utopie« sieht und seine Kritik am bürgerlichen System auf die Idee eines »Vorrangs des Objekts« stützt (vgl. GS 6, 22, 184ff.). Was indes die *Darstellung* dieses System betrifft, die Untersuchung seines inneren Baus, so greift Luhmanns Kritik zu kurz. Weder Marx noch Adorno benutzen Naturbegriffe oder ontologische Argumente. Vielmehr zeigen sie präzise, daß die bürgerliche Gesellschaft anstatt auf der konkreten Arbeit oder dem Bedürfnis auf der *Abstraktion* von der Arbeit und vom Bedürfnis beruht, auf Verhältnissen also, die sich hinter dem Rücken der handelnden Personen herausbilden und sich zu einem hochkomplexen Gefüge verdinglichter und subjektivierter Bestimmungen entfalten. Daß Luhmann dies im übrigen nicht ganz fremd ist, zeigt sich an solchen Stellen, an denen er auf Marxsche Analysen (wie etwa die des Geldes) rekurriert und ihnen »ihr volles Recht« bescheinigt (1980, 253f.).

Luhmanns Vorschlag, die Gesellschaft unter Absehung von allen empirisch-materiellen Elementen zu definieren, kann man unter diesen Umständen wohl kaum als die kopernikanische Revolution begreifen, als die er ihn präsentiert. Weit davon entfernt, die dialektische Theorie durch einen radikalen Paradigmenwechsel zu *über*holen, *wieder*holt er lediglich (ohne allerdings die Begründung mitzuvollziehen) deren Einsicht, daß der gesellschaftliche Lebensprozeß unter bürgerlichen Produktionsbedingungen in doppelter Gestalt erscheint: als gegenständlich-materielle, aber private Produktion einerseits, als gesellschaftlicher, aber immaterieller Zusammenhang andererseits. Konkret und privat im Sinne von ungesellschaftlich, das sind nach Luhmann die Individuen, die als autonome, »autopoietische« Systeme »außerhalb aller sozialen Systeme« operieren und dabei, obwohl wesentlich Bewußtsein, doch einen engen Bezug zum organisch-materiellen Leben haben (1985, 359, 296f.). Die Gesellschaft hingegen ist Kommunikation und nichts als Kommunikation. Sie konstituiert sich zwar aus den Erwartungen und Kommunikationen psychischer Systeme, geht aber in dieser ihrer Genesis nicht auf, bildet »eine freischwebend konsolidierte Realität, ein sich selbst gründendes Unternehmen« (ebenda, 173), eben »reine« Kommunikation: »Ganz grob kann man das System der Gesellschaft charakterisieren als Gesamtheit der füreinander zugänglichen, kommunikativ erreichbaren Erlebnisse und Handlungen. Kommunikation verwebt die Gesellschaft zur Einheit.« (1981, 309)

Ersetzt man Kommunikation durch Zirkulation, so hat man exakt die Marxsche These, nach der die bürgerliche Gesellschaft ihre Einheit und ihren Selbstbezug allein vermöge der Ausdifferenzierung einer eigenständigen Sphäre der abstrakten Allgemeinheit *neben und außer* der empirisch-materiellen Dimension der Produktion und des Konsums herzustellen vermag.

Die eigentliche Differenz zwischen Systemtheorie und Dialektik liegt deshalb nicht darin, daß die erstere Gesellschaft auf Kommunikation reduziert und alle nichtkommunikativen Elemente, die mit der Aneignung der Natur zusammenhängen, eskamotiert (so Ganßmann 1986a, 148ff.). Daß in der bürgerlichen Gesellschaft die in der Produktion erfolgende Naturaneignung nicht unmittelbar gesellschaftlich ist, es vielmehr erst durch die Vermittlung der Zirkulation wird, ist schließlich der Kardinaleinwand der Marxschen Theorie gegen die Warenproduktion. Die Differenz liegt auf der methodischen Ebene, in der Art und Anordnung der Kategorien, aus denen das bürgerliche System besteht. Während für die Kritische Theorie Gesellschaft eine Vermittlungskategorie ist, die zwar nicht im identischen Subjekt-Objekt, wohl aber in einer konstitutiven Struktur (dem Wesensgesetz) gründet und von diesem inneren Kern her rekonstruiert werden muß, lehnt Luhmann einen solchen Ansatz ab. Da er den Strukturbegriff nur in der Fassung kennt, wie er innerhalb der funktionalistischen Tradition durch Parsons und Merton überliefert ist – als Manifestation invarianter, nichtkontingenter Beziehungen zwischen Elementen (1985, 377ff.) –, kann er der Struktur allenfalls im Hinblick auf vormoderne Gesellschaften einen privilegierten Rang zugestehen. Für die moderne Gesellschaft dagegen erscheint ihm die Struktur, von dieser Prämisse her durchaus konsequent, als gegenüber der Funktion von zweitrangiger Bedeutung. Die Einheit der modernen Gesellschaft, so konstatiert er, existiere nur in der Differenz der Funktionssysteme: »Sie ist nichts anderes als deren wechselseitige Autonomie und Unsubstituierbarkeit. Sie ist nichts anderes als die Umsetzung dieser Struktur in ein Miteinander von hochgetriebener Unabhängigkeit und Abhängigkeit. Sie ist, mit anderen Worten, die dadurch entstandene, evolutionär höchst unwahrscheinliche Komplexität.« (1986, 216f.)

Diese Auffassung darf nun nicht so verstanden werden, als gebe es nach Luhmann kein Gesamtsystem, als sei die Gesellschaft nichts weiter als die Summe der von den Teilsystemen erfüllten Funktionen. Auch Luhmanns Entwurf bleibt insofern der Tradition gesamtgesellschaftlicher Theorie verpflichtet, als in ihm der Gesellschaftsbegriff Begründungsfunktionen erfüllt, »das heißt den Horizont des Möglichen und Erwartbaren definiert und letzte grundlegende Reduktionen einrichtet« (1974, 145). Diese Begründungsfunktion manifestiert sich erstens nach außen, in der Abgrenzung des Sozialen vom Nichtsozialen, die durch die Unterscheidung von Kommunikation und Nichtkommunikation erreicht wird. »Gesellschaft betreibt Kommunikation, und was immer Kommunikation betreibt, ist Gesellschaft.« (1985, 555) Sie manifestiert sich zweitens in der internen Strukturierung, im Aufbau von Teilsystemen, die auf bestimmte, nur ihnen zurechenbare Funktionen spezialisiert sind. Und sie manifestiert sich drittens *auch* in einem Zugriff auf diese Teilsysteme, der dafür sorgt, daß sich keines derselben auf Kosten anderer Teilsysteme totalisiert: z.B. durch Einbau von Beschränkungen in die Reflexionsstruktur der Teilsysteme (1977, 245). Insofern kann auch Luhmann von der »Einheit der Gesellschaft« sprechen und Dimensionen angeben, in denen diese Einheit sich zeigt (vgl. 1974, 147, 149; 1985, 37f.; 1986, 202, 205).

Der Unterschied zur dialektischen Theorie liegt darin, daß diese Einheit den Phänomenen äußerlich bleibt, mit ihnen nicht vermittelt ist. Gelangt für Adorno die gesellschaftliche Determinierung in den Phänomenen selbst zum Ausdruck, so daß die deutende Analyse das Einzelne auf sein Allgemeines hin durchsichtig zu machen vermag, so rutscht sie bei Luhmann gleichsam zwischen die Phänomene, in die »Interdependenz und [den] Abstimmungszwang unter den Folgeproblemen stärkerer Differenzierung« (1974, 147). Die Teilsysteme sind in der modernen Gesellschaft per definitionem nicht Manifestationen der Gesamtgesellschaft bzw. der konstitutiven Struktur, sie sind Manifestationen einer Funktion und damit gerade nicht des Ganzen; daß sie gleichwohl einem übergeordneten Zusammenhang angehören, zeigt sich nicht in ihnen selbst, sondern nur in ihrer Umwelt, in der Mannigfaltigkeit innergesellschaftlicher System-Umwelt-Differenzen. Von hier aus wird die eigenwillige, der Auffassung Adornos konträr entgegengesetzte Deutung verständlich, die Luhmann dem traditionsreichen Begriff der Integration verleiht:

> »Mit dem Übergang von segmentärer zu schichtenmäßiger und von schichtenmäßiger zu funktionaler Primärdifferenzierung des Gesellschaftssystems ändert sich die Zugriffsform des gesamtgesellschaftlichen Systems auf die Teilsysteme; sie verlagert sich von den *Strukturen der Teilsysteme* auf ihre *innergesellschaftliche Umwelt.* Die Gesellschaft kann bei zunehmender Komplexität immer weniger garantieren, daß alle Teilsysteme unter gleichen Strukturen gleichförmig operieren und sich aus diesem Grunde nicht übermäßig belasten. Integration muß vielmehr dadurch vermittelt werden, daß *alle Teilsysteme füreinander innergesellschaftliche Umwelt sind.* Ein Teilsystem gehört dann weniger dadurch der Gesell-

> schaft an, daß es in seiner Strukturwahl sich nach den Erfordernissen, Werten oder gar Normen richtet, die für alle Systeme gelten, sondern dadurch, daß es sich an einer nichtbeliebig geordneten, als Gesellschaft garantierten und vorstrukturierten Umwelt auszurichten hat.« (1977, 243f.)

Gegenüber diesem Ansatz sind unterschiedliche Reaktionsformen möglich. Man kann ihn in toto zurückweisen und von außen her, etwa vom Standpunkt einer dialektisch-materialistischen Konzeption, monieren, daß Luhmann der Oberfläche der bürgerlichen Gesellschaft verhaftet bleibt und beispielsweise außerstande ist, den Geldfetisch zu durchschauen (Blanke/Jürgens/Kastendiek 1975, 381ff.; Giegel 1975, 96ff.; Ganßmann 1986). Das mag zutreffen, endet aber in den meisten Fällen mit einer Rehabilitation eben jener Philosophie der Arbeit, deren mangelnde Tragfähigkeit Luhmann wohl zu Recht herausstellt. Man kann ferner immanent-kritisch fragen, ob Luhmann sein eigenes »postdialektisches Forschungsprogramm« realisiert und Analysen entwickelt, aus denen hervorgeht, *wie* die Gesellschaft die ihr zugewiesene Aufgabe der Einregulierung der innergesellschaftlichen Umwelt erfüllt; wobei man dann feststellen wird, daß sich der sonst so beredte Autor an dieser »theoriebautechnisch« so wichtigen Scharnierstelle in Schweigen hüllt. Jedenfalls hat Luhmann bemerkenswert wenig Energie daran gesetzt, den »Leerplatz« zu füllen, den er schon 1970 an der Stelle einer den heutigen Verhältnissen angemessenen Theorie des Gesellschaftssystems entdeckte (1974, 152).

Man kann aber auch, und dies scheint mir der bei weitem fruchtbarste Weg zu sein, an Luhmanns Theorie die Frage richten, ob sie über den Aufbau der bürgerlichen Gesellschaft nicht mehr weiß, als ihr selbst gegenwärtig ist. Dies ist natürlich insofern eine transzendente Kritik, als Luhmann selbst sich diese Frage nicht stellt. Für ihn ist die Epoche der bürgerlichen Gesellschaft abgeschlossen und alle Forschung, die sich noch an deren Kategorien – insbesondere am Gegensatz von Kapital und Arbeit – orientiert, obsolet (1988, 172). Gleichwohl läßt sich in einer immanenten Analyse seiner Texte zeigen, daß sie zahlreiche Antworten auf diese nicht gestellte Frage enthalten: Es scheint, daß die Ablehnung der bürgerlich-dialektischen Tradition vielfach eher deklamatorischer Natur ist und keineswegs verhindert, daß Luhmann auf inhaltlicher Ebene zu ähnlichen Ergebnissen gelangt wie diese Tradition – auch wenn selbstverständlich an der unterschiedlichen Architektur der Systeme kein Zweifel sein kann.

Ein erstes Indiz dafür ist, daß Luhmann wie Hegel gegenüber seinen philosophischen und Marx gegenüber seinen ökonomischen Vorgängern eine Strategie verfolgt, die sich nicht in bloßer Negation erschöpft. Sein Ziel ist eine »Supertheorie«, die zugleich abstrakter und umfassender angelegt ist als die konkurrierenden Theorien, wobei ihre Plausibilität zu einem nicht unerheblichen Grad davon abhängt, ob es ihr gelingt, »für den Gegner einen berechtigten Platz im eigenen theoretischen Rahmen zu finden« (1978, 18).

Luhmann bewältigt diese Aufgabe, indem er dem Begriff der bürgerlichen Gesellschaft eine *historische* Berechtigung zugesteht. Die ontologisch-anthropologische Konzeption, auf die er die bürgerlich-dialektische Theorie reduziert, war danach nicht einfach ein Fehler, der sich durch einen komplexeren Ansatz hätte vermeiden lassen. Er war vielmehr die unvermeidliche Reflexionsform einer Gesellschaft mit unvollständiger funktionaler Differenzierung und insofern dem Gegenstand durchaus angemessen: Sowohl die alteuropäische *societas civilis* als auch die bürgerliche Gesellschaft sei durch den Primat jener Funktionssysteme bestimmt gewesen, die zu ihrer Zeit die faktische Führung in der sozialen Evolution innehatten, so daß die theoretische Hypostasierung ihre Berechtigung in der Sache selbst hatte. »Insofern war es sinnvoll, die Gesellschaft selbst von ihrem jeweils führenden Teilsystem aus zu begreifen, dessen Probleme ihr zu unterlegen, ja sie mit ihm zu identifizieren. Die Akzentuierung des menschlichen Zusammenlebens als politische Gesellschaft bzw. als wirtschaftliche Gesellschaft war nicht falsch, und eine Theorie der politischen Gesellschaft bzw. der wirtschaftlichen Gesellschaft hatte mit ihrem beschränkten Abstraktionsgrad für ihre Zeit ausreichende begriffliche Komplexität.« (1974, 142)

Luhmann beläßt es jedoch nicht bei dieser Rehabilitierung. Seine Adaption des Begriffs der bürgerlichen Gesellschaft geht weiter und führt ihn zu einer Konzeption, in der die bürgerliche Gesellschaft (und die verschiedenen Formen ihrer Selbstthematisierung) nicht mehr als Endpunkt – gewissermaßen als Wurmfortsatz der alteuropäischen Tradition – erscheint, sondern als Neuanfang, als erstes Stadium der modernen Gesellschaft. An verschiedenen Stellen bezeichnet Luhmann die bürgerliche Gesellschaft als »Gesellschaftssystem neuen Typs« (1982, 79, 159; 1981, 372), ja geradezu als »Gesellschaftssystem der Neuzeit« (1981, 233). Er spricht von der »ökonomischen bürgerlichen Gesellschaft unserer Tage« und attestiert ihr, durch eine Reihe von evolutionären Neuerungen eine »Epochenwende« herbeigeführt zu haben (1982, 115, 200): ein bis dahin unerreichtes Maß an funktionaler Differenzierung, eine unerhörte Steigerung von Komplexität, ein zuvor undenkbares Tempo der Abfolge struktureller Änderungen (1982, 152ff.; 1981, 272). Es ist die bürgerliche Gesellschaft, die in der sozialen Evolution einen Führungswechsel von normativen auf kognitive Mechanismen ermöglicht und damit die Institutionalisierung neuer, bislang unwahrscheinlicher Verhaltensweisen gestattet. Es ist die bürgerliche Gesellschaft, die die ethisch-moralischen Schranken der alteuropäischen Tradition sprengt und dadurch den Möglichkeitshorizont der Gesellschaft ins Ungemessene erweitert. Und es ist die bürgerliche Gesellschaft, die das Prinzip der Reflexion so weit totalisiert, daß nunmehr auch komplexere Selbstthematisierungen möglich werden: jene »Totaltheorien der bürgerlichen Dialektik (Marxismus, Systemtheorie), die den Versuch einschließen, die Unwahrheit anderer Totaltheorien als Element der Wahrheit der eigenen zu konstruieren« (1981, 252).

Für diese bemerkenswerte Selbsteinstufung der Systemtheorie als »Totaltheorie der bürgerlichen Dialektik« lassen sich noch weitere Belege anführen. Luhmann begreift, erstens, den Übergang zur bürgerlichen Gesellschaft als Resultat der Ausdifferenzierung von Wirtschaft (bzw. des Geldcodes) und distanziert sich damit vom Mainstream strukturell-funktionaler Theorien, die den Modernisierungsprozeß von normativistischen Prämissen her rekonstruieren (1982, 79). Diese Ausdifferenzierung erfolgte darüber hinaus nicht in einer graduell-kumulativen Weise, sondern trug alle Züge einer Katastrophe, die in der Unterbrechung sozialer Synchronisationen bestand (1988, 196). Luhmann lokalisiert, zweitens, den evolutionären und funktionalen Primat der modernen Gesellschaft im Wirtschaftssystem, dem er eine im Vergleich zu anderen Teilsystemen höhere und besser strukturierte Komplexität zuspricht.[33] Und er kennt, drittens, auch einen strukturellen Primat der Wirtschaft, insofern als sich der für die Wirtschaft typische »Primat der Zeitproblematik« (1974, 208) mit dem Übergang zur modernen Gesellschaft auch in den übrigen Teilsystemen wie Politik, Recht oder Wissenschaft zunehmend Geltung verschafft. »Diese Gesellschaft verwirklicht auf allmählich weltweiter Basis ein bis dahin unerreichtes Maß an funktionaler Systemdifferenzierung. Sie wird dadurch so komplex, daß ihre wichtigsten Prozesse in der Zeitdimension artikuliert werden müssen: durch ein abgestimmtes Nacheinander von Phasen, durch Termine und Fristen, durch Synchronisationsbedingungen, durch Offenhalten künftiger Möglichkeiten für unabsehbare Fälle usw.« (1981, 272)

Die näheren Bestimmungen, mit denen Luhmann den auf diese Weise zur Dominanz gelangenden Zeithorizont qualifiziert – Kontextfreiheit, Linearität, Punktualisierung der Gegenwart, Abstraktheit –, machen deutlich, daß sich die Gegenwartsdiagnose der Systemtheorie keineswegs prinzipiell von derjenigen der dialektischen Theorie unterscheidet, ist doch für diese die »Ökonomie der Zeit« ebenfalls das Charakteristikum der modernen Gesellschaft schlechthin (1982, 110f.; 1980, 257ff.; vgl. Adorno, GS 8, 230). Es ist deshalb durchaus folgerichtig, wenn Luhmann sich dazu bekennt, die Marxsche Auffassung der Gesellschaft als eines »sich selbst abstrahierenden, kategorisierenden, thematisierenden Sozialsystems« bewahren zu wollen, und lediglich die »Marxsche Krankheit« kritisiert: den Fehlschluß von »selbstreferentieller Negation auf negative Bewertung in der Analyse des Kapitals« (1982, 81, 201).

Der Begriff der Selbstreferenz verweist auf eine weitere wichtige Parallele von Systemtheorie und Dialektik, auf die vor allem Jürgen Habermas aufmerksam gemacht hat (Habermas 1985, 429). Tatsächlich ist Selbstreferenz *der* Schlüsselbegriff in Marx' Theorie des kapitalistischen Systems. Kapital ist mehrwertheckender, sich selbst verwertender Wert, der beständig zwischen unterschiedlichen Daseinsformen – Ware und Geld, Produktion und Zirkulation – hin und her wechselt, ohne sich in diesem Wechsel zu verlieren. Der Wert ist eine »prozessierende, sich selbst bewegende Substanz«, ein »automatisches Subjekt«, das zu sich selbst in einem »Privatverhältnis« steht, nicht anders als in der christlichen Theologie die Trinität (vgl. MEW 23, 169). Die Tendenz seiner rastlosen Selbstbewegung geht auf Schaffung eines autonomen, allein auf sich selbst gegründeten Systems reiner Vergesellschaftung, das alle vorgefundenen, vorsystemischen Elemente in Resultate seines Daseins verwandelt und im Prozeß seiner Reproduktion seine eigenen Bedingungen neu erzeugt.

Genau diese Bewegung zeichnet Luhmanns Theorie der Autopoiesis nach.[34] Zwar existiert auch für ihn, nicht anders als für den historischen Materialismus, die Gesellschaft nicht im Voraussetzungslosen. Sie entwikkelt sich auf nichtsozialen, insbesondere physischen, organischen, psychischen Grundlagen, die gleichsam die nichtkommunikativen Bedingungen der Kommunikation bilden und darüber hinaus als Bedingung der Möglichkeit für die Identität des Systems fungieren: Identität setzt Differenz voraus, Systembildung impliziert Abgrenzung. Insofern ist die Gesellschaft immer System in einer Umwelt, mehr noch: sie ist, soweit sie sich darauf einstellt, ein *offenes* System, das über seine Umwelt kommuniziert. Andererseits sind es jedoch nicht die in dieser Umwelt gegebenen Elemente, aus denen sich das System als System konstituiert. In partieller Übereinstimmung mit der dialektischen Theorie, die seit Hegel das System als Entfaltung eines »Absoluten«, »Sichselbstgleichbleibenden« versteht[35], definiert Luhmann das System als selbstreferentielle autopoietische Ordnung, als ein Netzwerk, das alles, was es als Einheit verwendet, selbst als Einheit herstellt, wobei es sich der im System bereits konstituierten Einheiten bedient (1985, 602). Auf den Begriff der Gesellschaft bezogen heißt dies, daß wir es nicht mit einer Agglomeration konkreter Personen oder einer Summe individueller Handlungen zu tun haben, sondern mit einem Beziehungsgefüge von Kommunikationen, das sich durch Kommunikation von der nichtkommunikativen Umwelt abgrenzt und durch Kommunikation reproduziert. Außerhalb der Gesellschaft gibt es keine

Kommunikation – insofern ist die Gesellschaft, wiewohl gegenüber der Umwelt offen, *auch* »ein vollständig und ausnahmslos geschlossenes System«, eine »rekursive Totalität« (1985, 556f.).

Was für die Gesellschaft gilt, trifft mutatis mutandis auch auf ihre Teilsysteme zu. Diese können sich zwar nicht durch Kommunikation schließen, weil sie in einer ebenfalls durch Kommunikation bestimmten innergesellschaftlichen Umwelt operieren. Gleichwohl erreichen sie eine selbstsubstitutive Geschlossenheit u.a. dadurch, daß sie eine eigene Typik von Elementen verwenden, die nur im jeweiligen Teilsystem vorkommen und nur dort ihre Einheit gewinnen: symbolisch generalisierte Medien, die die systemspezifischen Operationen durch ihnen entsprechende Codes steuern – Geld in der Wirtschaft, Macht in der Politik, Wahrheit in der Wissenschaft, Liebe in der intimen Kommunikation etc. Muß schon die Installierung solcher generalisierender Mechanismen als Leistung der Gesamtgesellschaft gesehen werden, so gilt dies erst recht für die Weiterentwicklung, die sie in der modernen Gesellschaft erfahren: Die Kommunikationsmedien werden zunehmend reflexiv gebraucht, d. h. auf sich selbst zurückbezogen. Macht wird auf Machthaber angewendet, Geld kostet etwas, wissenschaftliche Erkenntnis hat sich an wissenschaftlicher Erkenntnis auszuweisen, Liebe manifestiert sich in der Kommunikation über Liebe usw.[36] Ob und wie diese Reflexivierung funktioniert und das Problem des »tautologischen« Kurzschlusses vermeidet, kann hier nicht erörtert werden. Bemerkenswert aber scheint mir, daß Luhmann mit diesem Konzept zu einer systemtheoretischen Reformulierung des Vermittlungsbegriffs gelangt. Die Gesellschaftlichkeit der Teilsysteme liegt jetzt nämlich nicht mehr allein auf der Ebene des Funktionsbezugs und der Beschaffenheit der innergesellschaftlichen Umwelt, sondern kommt in den Teilsystemen selbst zur Erscheinung: »Wenn und soweit die Gesellschaft Teilsysteme für spezifische Funktionen ausdifferenziert und mit ihrer Hilfe Problembehandlungen verstärkt, verlagert sie eben damit auch den Transformationsmodus der Selbstsubstitution, *sozusagen ein Moment der Gesellschaftlichkeit,* auf diese Ebene.« (1981, 209; Hervorhebung von mir, S. B.)

Von hier aus müßte eine Verständigung mit jenen Varianten der dialektischen Theorie möglich sein, die, wie die Kritische Theorie Adornos, das entscheidende Merkmal der modernen Gesellschaft nicht im Primat des ökonomischen Sektors sehen, sondern ebenfalls in einem selbstsubstitutiven und selbstreferentiellen Mechanismus: im Gleich um Gleich des Tauschprinzips.

II

1. Schon auf dem Höhepunkt des bürgerlichen Denkens hatten zahlreiche Beobachter die Erwartung geäußert, daß die bürgerliche Gesellschaft an ihrer eigenen Dynamik zugrunde gehen könnte. Ricardo vermutete, daß das Bevölkerungswachstum tendenziell die Kapitalakkumulation und, vermittelt durch einen Anstieg der Löhne und Renten, die Profitraten so stark herabdrücken werde, daß ein stationärer Zustand die Folge sein würde. Hegel sah die bürgerliche Gesellschaft von ihren eigenen Antagonismen zu kolonialistischer Expansion gedrängt und wußte die »Entzweiung« dieser Gesellschaft nur durch ein ihr äußerliches Prinzip, den Staat, zu heilen. Marx endlich erblickte im Kapitalismus nur eine transitorische Produktionsweise, die, vom Gesetz des tendenziellen Falls der Profitrate in den Ruin getrieben, den Übergang zu einer neuen, höheren Produktionsweise ermöglichen würde.

Auch Adorno schreibt sich in diese Tradition ein, wenn er vor allem die »Erfahrung von den selbstzerstörerischen Tendenzen der bürgerlichen Gesellschaft« hervorhebt und von der »destruktive[n] Tendenz des Bürgerlichen selber« spricht (Adorno 1956, 14; GS 11, 74). Diese hängt eng mit dem totalitären Grundzug jener Gesellschaft zusammen, ihrer Expansion in immer weitere Bereiche. Das System dehnt sich aus und verwandelt sich von einem ursprünglich offenen mehr und mehr in ein geschlossenes System: in die »durchvergesellschaftete Gesellschaft«, die »universal vergesellschaftete Gesellschaft«, die »totale, durchaus vergesellschaftete Gesellschaft« oder, wie ein anderer, häufig verwendeter Ausdruck lautet: in die »integrale Gesellschaft«. War das die Einheit der bürgerlichen Gesellschaft verbürgende Prinzip anfangs gegenüber den Einzelspontaneitäten etwas Nachgeordnetes, Sekundäres, so integriert es mit fortschreitender Vergesellschaftung die Individuen und relegiert sie zu »bloßen Ausführungsorganen des Allgemeinen« (GS 6, 336, 309). Dieselbe totalitäre Tendenz beweist es gegenüber der Natur, die dem identifizierenden Denken unterworfen und jeglicher Eigenständigkeit beraubt wird. Der integralen Gesellschaft entspricht philosophisch der »geschlossene Immanenzzusammenhang« (GS 6, 394), die Gefangenschaft des Subjekts in einem selbstgezimmerten Gehäuse, aus dem kein Ausweg zu führen scheint. »Nichts, was draußen wäre, erscheint mehr jenem Bewußtsein; in gewissem Sinn ist auch tatsächlich nichts mehr draußen, nichts unbetroffen von der totalen Vermittlung.« (GS 6, 351)

Mit seiner Schließung aber zerstört sich das System der bürgerlichen Gesellschaft selbst. Indem es sich immer tiefer in die Individuen hineinschraubt, sie immer umfassender in das »aufs äußerste verdichtete Gefädel der universal vergesellschafteten Gesellschaft« hineinzieht (GS 6, 264), beraubt es sie jener wie immer auch prekären Autonomie, über die sie in der frühbürgerlichen Gesellschaft noch verfügten; zugleich nimmt es ihnen die Möglichkeit, sich gegenüber den auseinanderstrebenden Tendenzen der eigenen Triebnatur als autonomes Ich zu behaupten. Die totale Vergesellschaftung führt zur Schwächung des Ichs, zur Dekomposition des Individuums (GS 6, 279, 336, 344). Unter dem unmäßigen Druck, der auf dem Ich lastet, stürzt es »als schizophrenes zurück in den Zustand der Dissoziation und Vieldeutigkeit«, aus dem es sich geschichtlich entrungen hatte (GS 6, 277). Differenzierung schlägt um in Entdifferenzierung, Integration in Desintegration:

> »Je mehr die Gesellschaft der Totalität zusteuert, die im Bann der Subjekte sich reproduziert, desto tiefer denn auch ihre Tendenz zur Dissoziation. Diese bedroht sowohl das Leben der Gattung, wie sie den Bann des Ganzen, die falsche Identität von Subjekt und Objekt, dementiert. Das Allgemeine, von welchem das Besondere wie von einem Folterinstrument zusammengepreßt wird, bis es zersplittert, arbeitet gegen sich selbst, weil es seine Substanz hat am Leben des Besonderen; ohne es sinkt es zur abstrakten, getrennten und tilgbaren Form herab.« (GS 6, 339)

Während diese Diagnose in Adornos Schriften relativ klar hervortritt, ist die Frage nach den Ursachen dieser Entwicklung weniger leicht zu beantworten. Die Schwierigkeit liegt darin begründet, daß Adorno durchgängig zwischen zwei Auffassungen schwankt, die miteinander nicht vereinbar sind. Die erste Auffassung, auf die sich die Kritik heute konzentriert, stammt nicht von Adorno selbst, sondern von Pollock und Horkheimer, die um 1940 die marxistisch-leninistische Monopol- und Imperialismustheorie zur Lehre vom autoritären Staat zugespitzt hatten. Diese Lehre besagt, grob vereinfacht, daß der Kapitalismus aufgrund der immanenten Tendenz zur Konzentration und Zentralisation des Kapitals in ein neues, monopolistisches Stadium getreten sei, in dem nicht länger das durch die Konkurrenz vermittelte Wertgesetz als Regulator der Produktion fungiere, sondern der von den Monopolen beherrschte Staat. Durch diese neue, staatskapitalistische oder staatsmonopolistische Regulierungsform verwandle sich die bürgerliche Gesellschaft aus einem mehr oder minder anarchischen, vielfältig differenzierten Zusammenhang in ein steuerbares System, in welchem die tradierten Unterscheidungen keinerlei Gültigkeit mehr hätten: die Differenz von Politik und Ökonomie, von Zirkulation und Produktion, von Herrschaft und Recht. »Die Ökonomie«, schrieb Horkheimer 1939, »hat keine selbständige Dynamik mehr. Sie verliert ihre Macht an die ökonomisch Mächtigen.« (Horkheimer 1939/40, 122)

Adorno nahm diesen Gedanken 1942 in seinen *Reflexionen zur Klassentheorie* auf und erweiterte ihn zu einer Geschichtsphilosophie der Herrschaft, in der der bürgerlichen Gesellschaft nur mehr der Rang einer Episode zukommt. Immer schon, behauptet Adorno, sei Herrschaft das Primäre gewesen, auch und gerade unter bürgerlichen Produktionsbedingungen. Die für die liberale Epoche typische ökonomische und rechtliche Vermittlung der politischen Gewalt sei nur von kurzer Dauer gewesen. Im autoritären Staat würden die Vermittlungen kassiert und die Menschen wieder der unmittelbaren Verfügungsgewalt der Herrschenden unterworfen. Das indirekte Regime der Bourgeoisie verwandle sich in die direkte Diktatur einer selbsternannten Elite, der parlamentarische Rechtsstaat werde durch die »unvermittelte ökonomische und politische Befehlsgewalt der Großen« ersetzt; die herrschende Klasse werde nicht mehr vom System beherrscht, »sie herrscht durchs System und beherrscht es schließlich selber« (GS 8, 380, 385). Noch pointierter heißt es in der *Dialektik der Aufklärung,* daß es nicht mehr die objektiven Marktgesetze seien, die in den Handlungen der Unternehmer walteten und zur Katastrophe trieben. »Vielmehr vollstreckt die bewußte Entscheidung der Generaldirektoren als Resultante, die an Zwangsläufigkeit den blindesten Preismechanismen nichts nachgibt, das alte Wertgesetz und damit das Schicksal des Kapitalismus.« (GS 3, 55)

Adorno hat diese Konstruktion auch nach der Zerschlagung des Faschismus, auf den sie ursprünglich gemünzt war, nicht aufgegeben — durchaus konsequent vor dem Hintergrund der nachmarxschen Imperialismus- und Staatskapitalismustheorien, für die der Faschismus bekanntlich nur *eine,* besonders extreme Manifestation der für den Spätkapitalismus generell angenommenen Tendenz zur Regression auf unmittelbare Herrschafts- und Knechtschaftsverhältnisse ist. An sie knüpft Adorno an, wenn er als Hauptmerkmale der gegenwärtigen Epoche die Konzentrationstendenz, die imperialistische Expansion und den Staatsinterventionismus benennt (GS 20.1, 166); auf ihr baut er auf, wenn er von der »Rückbildung« der Gesellschaft, von der »Irrationalität des rationalen Systems« bzw. der »Irrationalität der bürgerlichen Gesellschaft in ihrer Spätphase« spricht oder analog zur Hegelschen Rechtsphilosophie der bürgerlichen Gesellschaft attestiert, sie funktioniere nicht mehr selbsttätig und bedürfe zu ihrer Fortsetzung des Staatseingriffs, der »Invasion des nicht Systemimmanenten« (GS 8, 217, 48, 367; GS 11, 284). Auch die Redeweise von der »herrschaftlichen Gesellschaft«, vom Übergang zu »unmittelbarer Verfügung«, zur »Planwirtschaft« oder zum »Zwangssystem« liegt auf dieser Linie (GS 8, 326, 109; GS 11, 284; GS 6, 464). Noch auf dem Frankfurter Soziologentag von 1968, in seiner Antwort auf die Kritik von Dahrendorf, rechtfertigt Adorno den zentralen Stellenwert der Kategorie Herrschaft in der Kritischen Theorie mit dem Hinweis auf die Tendenz, »daß die gegenwärtige Gesellschaft, wenn ihre politischen Formen sich unter Zwang radikal an die ökonomischen anschließen sollten, unmittelbar im prägnanten Sinn meta-ökonomischen, nämlich nicht mehr durch den klassischen Tauschmechanismus definierten Formen zusteuert [...] Dann gewinnt aber tatsächlich der Begriff der Herrschaft erneut eine gewisse Präponderanz gegenüber den rein ökonomischen Prozessen.« (GS 8, 583f.) Das ist im wesentlichen die gleiche Auffassung, wie sie bereits der Leninschen Imperialismustheorie zugrunde liegt.[37]

Gegenüber dieser Argumentation greift zweifellos der von Luhmann an die Frankfurter Schule adressierte Vorwurf eines anachronistischen Gesellschaftsbegriffs. Auch wenn Herrschaft sich nicht ausschließlich auf Agrargesellschaften beschränken läßt, vielmehr weit in die Geschichte der Industriegesellschaften hineinragt, gilt doch die Feststellung, daß dieser Begriff mit dem einer Leistungsgesellschaft nicht zusammenzubringen ist (Luhmann/Habermas 1971, 400). Nur in Gesellschaften, in denen Stratifikation noch eine zentrale Rolle spielt, kann sinnvoll von der Existenz einer herrschenden Elite die Rede sein, die das Ganze im Ganzen repräsentiert; nur dort kann von einem echten Primat des Politischen gesprochen werden; nur dort ist es, obgleich nicht ohne Einschränkungen, möglich, daß ein Zentrum die Gesellschaft beherrscht und reguliert. Unter den Bedingungen arbeitsteiliger Produktion dagegen, wie sie schließlich auch Adorno seiner Strukturanalyse der bürgerlichen Gesellschaft zugrunde legt, ist die Gesellschaft in der Gesellschaft nicht noch einmal durch ein eigenes Teilsystem repräsentiert. Das schließt die Existenz hierarchischer Strukturen in einzelnen Subsystemen, insbesondere in organisierten Sozialsystemen, keineswegs aus, wohl aber die Möglichkeit einer zentralen Steuerung des Gesamtsystems. Eine Rückkehr zu herrschaftlichen Organisationsprinzipien liefe nach Luhmann nicht auf eine »integrale Gesellschaft« hinaus, sondern auf deren Negation: »Man kann eine funktional differenzierte Gesellschaft nicht auf Politik zentrieren, ohne sie zu zerstören.« (1981b, 23) In dieser Frage ist die Systemtheorie unstreitig die modernere Theorie.

Es gibt nun aber – und dies pflegen die Kritiker hartnäckig zu übersehen – noch eine zweite Argumentationslinie, mit der Adorno seine These von der »Entdifferenzierung der Gesellschaft« (Adorno 1973, 46) begründet – eine Argumentationslinie, die nicht von der *Rückbildung* der Gesellschaft ausgeht, sondern von ihrer *Vollendung;* die nicht die Durchlöcherung und Erosion des kapitalistischen Produktionsverhältnisses unterstellt, sondern dessen Totalisierung; die nicht schlicht Eliminierung der

Vermittlung diagnostiziert, sondern eine neue, höhere Stufe des Vermittlungsprozesses: eine Art Vermittlung zweiten Grades. »Die Totalität der Vermittlungsprozesse, in Wahrheit des Tauschprinzips, produziert zweite trügerische Unmittelbarkeit [...] Der Schein wäre auf die Formel zu bringen, daß alles gesellschaftlich Daseiende heute so vollständig in sich vermittelt ist, daß eben das Moment der Vermittlung durch seine Totalität verstellt wird.« (GS 8, 369)

Was ist mit diesen Bestimmungen gemeint? Adorno hatte, wie gezeigt, die klassische bürgerliche Gesellschaft als eine Vermittlungskategorie bestimmt: Nicht die unmittelbare materielle Produktion stiftete in ihr die soziale Synthesis, sondern der Tausch, ein Abgeleitetes, Vermitteltes, in dem die Gesellschaft als Abstraktion von sich selbst erschien; der Tausch war deshalb Schein, aber aufgrund seiner Vermittlungsfunktionen zugleich real. Vermittlung zweiten Grades bedeutet nun, daß dieser Schein sich nicht einfach auflöst und einem neuen Zustand unmittelbarer Herrschaft weicht, wie die Monopol- und Imperialismustheorie behauptet. Vielmehr dehnt sich die vermittelte, abstrakte Gesellschaftlichkeit über ihre ursprüngliche, exklusive Domäne – die Zirkulation – aus und ergreift auch die übrigen, bislang mehr oder minder selbständigen Sphären der bürgerlichen Totalität: mit der Folge, daß diese das Moment ihrer Autonomie verlieren und sich in bloße *faits sociaux,* Manifestationen der konstitutiven gesellschaftlichen Struktur verwandeln. »Der Fetischcharakter, gesellschaftlich notwendiger Schein, ist geschichtlich zum Prius dessen geworden, wovon er seinem Begriff nach das Posterius wäre.« (GS 10.2, 745)

Die These von der »Expansion des Tauschverhältnisses über das gesamte Leben« (GS 8, 125) darf dabei nicht zu eng gefaßt werden, als bloß formelle Subsumtion der empirischen Realität unter die Warenform oder das Profitmotiv. Da das Tauschverhältnis sich nicht in den im engeren Sinne ökonomischen Transaktionen erschöpft, vielmehr auch im Denken, in der abstrakten Rationalität der neuzeitlichen Wissenschaft, seinen Niederschlag gefunden hat – die Wissenschaft, sagt Adorno, ist »nicht nur gesellschaftliche Produktivkraft, sondern ebenso gesellschaftliches Produktionsverhältnis«[38] –, impliziert die fortschreitende Verwissenschaftlichung und Rationalisierung eine weitreichende Umgestaltung der Gesellschaft nach Maßgabe der konstitutiven Struktur. Dies gilt besonders für den Produktionsprozeß, der durch Entqualifizierung der konkreten Arbeit, durch wissenschaftliche Standardisierung und Nivellierung gleichsam unmittelbar der abstrakten Gesellschaftlichkeit angepaßt, in eine daseiende Abstraktion – Arbeit *sans phrase* – verwandelt wird (Adorno 1956, 34; 1973, 45f.), so daß von einer Eigenlogik, gar einer gesellschaftlichen Unschuld der Produktivkräfte nicht mehr die Rede sein kann. »Mehr als je sind die Produktivkräfte durch die Produktionsverhältnisse vermittelt, so vollständig vielleicht, daß diese eben darum als das Wesen erscheinen; sie sind vollends zur zweiten Natur geworden.« (GS 8, 365)

Es gilt aber auch für alle anderen Bereiche der Totalität, die durch die Universalisierung der Wertstruktur »auf eine Art Generalnenner gebracht werden« (GS 8, 363). In der Konsumtion etwa wird der Gebrauchswert tendenziell durch den Tauschwert ersetzt und die Bedürfnisstruktur ganz auf die industriell produzierten Surrogate ausgerichtet. In der Distribution wird die Konkurrenz um den gesellschaftlich produzierten Neuwert durch korporative Absprachen und staatliche Planung reguliert. Die Zirkulationssphäre wird mit derjenigen der Produktion verschmolzen. Der kulturelle Bereich wird durch die Expansion der Kulturindustrie gleichgeschaltet und in einen bloßen Appendix der Produktion verwandelt (GS 7, 32ff.; GS 14, 25ff.; GS 8, 180ff.; GS 6, 445; GS 10.1, 19). Die Gesellschaft vereinheitlicht sich, integriert sich – aber nicht aufgrund eines irrationalen, politisch-militärischen Zwangs, sondern aufgrund der »fortschreitenden rationalen Vergesellschaftung der Gesellschaft« (GS 14, 421), die die ursprüngliche Basis in eine Reflexionsform ihres eigenen Scheins, ihrer eigenen Ideologie verwandelt. »Der materielle Produktionsprozeß als solcher offenbart sich am Ende als das, was er in seinem Ursprung im Tauschverhältnis, als einem falschen Bewußtsein der Kontrahenten voneinander, neben dem Mittel zur Erhaltung des Lebens zugleich immer schon war: Ideologie. Umgekehrt aber wird zugleich das Bewußtsein mehr stets zu einem bloßen Durchgangsmoment in der Schaltung des Ganzen. Ideologie heißt heute: die Gesellschaft als Erscheinung.« (GS 10.1, 25)

Es liegt auf der Hand, daß diese zweite Konzeption Adornos Intentionen besser entspricht als die erste, erlaubt sie es doch, das Theorem von den selbstzerstörerischen Tendenzen der bürgerlichen Gesellschaft konsequenter und radikaler zu entfalten. Während die Logik der Herrschaft, wie man den Arbeiten von Max Weber und Norbert Elias entnehmen kann, zu Selektions- und Monopolbildungsprozessen tendiert, an deren Ende ein monolithisches, ultrastabiles »Gehäuse der Hörigkeit« steht, ist die Logik der abstrakten Vergesellschaftung von anderer Art. Sie strebt, wie dies die idealistischen Systeme antizipierten, nach Absolutheit, nach vollständiger Inkorporierung aller »systemtranszendenten« Momente (Adorno 1974, 133) in eine Ordnung, die keine eigenständige Umwelt mehr kennt. Für eine gewisse Zeit mag dies gut gehen und zu halbwegs stabilen Zuständen führen. Je größer aber, systemtheoretisch gesprochen, das Auflösungs- und Rekombinierungspotential der Gesellschaft gegenüber ihrer Umwelt wird – und dazu gehören sowohl die physikalisch-biologischen als auch die psychischen Systeme –, je stärker ihre Tendenz, das Systemfremde zu absorbieren und gleichnamig zu machen, desto drohender wird die Gefahr der Katastrophe, der Zerstörung aller Fundamente, auf denen die Gesellschaft ruht. So hat die von der Wissenschaft ausgeübte »Gewalt gegen die Natur« in der modernen Nukleartechnologie mittlerweile die »Aussicht auf totale Vernichtung« eröffnet, welche jeden Augenblick hereinbrechen kann (GS 8, 363, 366f.); das von Spengler prophezeite goldene Zeitalter der Ingenieure laufe damit geradewegs auf den »Untergang selbst der Technik« hinaus (GS 4, 119). So hat auch gegenüber der psychischen Umwelt die Gesellschaft die Tendenz, »das Besondere und Einzelne samt seiner Widerstandskraft zu zertrümmern« (GS 10.2, 677) und jene Mechanismen individueller Selbstregulierung zu zerstören, von denen das soziale Zusammenleben abhängt. Weil die Gesellschaft zwar nach eigenen Regeln prozessiert, eben deshalb aber auch dazu neigt, die Umwelt zu überfordern, impliziert die Tendenz zur totalen Vergesellschaftung, zur Verabsolutierung des Sozialen, die »Gefahr der totalen Vernichtung der Menschheit« (Adorno 1956, 35), die »permanente Katastrophe« (GS 11, 285), die »Selbstvernichtung« der Gesellschaft (GS 7, 335). Den Unterschied zwischen dieser Auffassung und dem eher weberianischen Konzept einer ultrastabilen, »verwalteten Welt« hat Adorno deutlich herausgestellt: »Wenn in Soziologie prognostische Fragen überhaupt erlaubt [sind] [...], dann ist zumindest wenig wahrscheinlich, daß die Gesellschaft einfriert [...] Größer sind die Chancen für den Untergang als für ein neues Ägypten.« (GS 8, 236f.)

2. Es erscheint ausgeschlossen, in diesem Punkt eine Verständigung zwischen Kritischer Theorie und Systemtheorie zu erreichen: Nichts dürfte einer Theorie, die so entschieden auf Differenzierung setzt wie diejenige Luhmanns, so Anathema sein wie die von Adorno anvisierte Tendenz zur Entdifferenzierung. Sie ist bei Luhmann schon vom Ansatz her ausgeschlossen durch die Entscheidung, die Welt als ein Ensemble monadologisch in sich geschlossener, die Umwelt nur nach Maßgabe der eigenen Kriterien aufnehmender Systeme zu konzipieren. Husserls Lehre von den regionalen Ontologien noch überbietend, teilt Luhmann die Welt in lebende Systeme, psychische Systeme und Kommunikationssysteme ein und zieht »unüberschreitbare Grenzen« zwischen ihnen. Organisches Leben ist Autopoiesis in einem molekularen Raum und durch einen Hiatus von Bewußtsein und Gesellschaft getrennt. Psychische Systeme reproduzieren Bewußtsein durch Bewußtsein und erhalten weder Bewußtsein von außen noch geben sie es nach außen ab. Soziale Systeme prozessieren Kommunikation und nichts sonst und haben keinerlei Möglichkeit, sich an die nichtkommunizierende Umwelt anzukoppeln oder anzupassen; die Welt ist ih-

nen auf der Ebene ihrer eigenen Operationen unzugänglich (1985, 296f., 355; 1990, 28, 134, 225, 252). Ähnlich geschlossen sind die Subsysteme der Gesellschaft, so daß auch hier die Differenz eine quasi ontologische Dignität erhält. Zwar sind Interdependenzen und Interferenzen damit nicht ausgeschlossen, doch wäre es nach Luhmann verfehlt, von hier aus auf Entdifferenzierung zu schließen (1986, 182). Die moderne Gesellschaft sei weder durch zunehmende noch durch abnehmende Integration gekennzeichnet, sondern durch »Umgründung der Integration von Struktur auf Umwelt« (1977, 246); eben dies ermögliche eine Steigerung der Differenzierung in den Teilsystemen, die wiederum eine Kontingenz- und Komplexitätssteigerung zur Folge habe. Entsprechend schroff fällt die Distanzierung von der Kritischen Theorie aus, die mit ihren Verlegenheitsbehauptungen über Posthistoire, Ende des Individuums, Eindimensionalität, Technokratie, Krise des kapitalistischen Staates etc. diese Entwicklung mehr vernebelt als erklärt habe (1982, 186).

Dieser Gegensatz ist fraglos essentiell und durch keinerlei Interpretationskünste aus der Welt zu schaffen; er dürfte nicht zuletzt deshalb so ausgeprägt sein, weil an ihm auch das Selbstverständnis beider Theorien als »kritischer« bzw. »affirmativer« Theorie hängt, von dem weiter unten noch zu sprechen ist. Dennoch gibt es auch in dieser Frage nicht unerhebliche Konvergenzen, die wenigstens kurz angedeutet werden sollen. Zum einen kennt natürlich auch Luhmann Phänomene der Entdifferenzierung, die sich aus *spill over*-Effekten einzelner Teilsysteme ergeben und unter Umständen sogar zu massiven Regressionen führen können – eine Entwicklung, die Luhmann vorzugsweise im Zusammenhang mit politischen oder religiösen Bewegungen diskutiert, die auf eine Überordnung des religiösen oder des politischen Systems über die anderen Teilsysteme zielen (1974a, 71f.; 1981a, 151f; 1981b, 121f.; 1975, 45, 90; 1986, 207ff.). Eine Ausfächerung dieses Arguments würde zu einer systemthoretischen Variante der Totalitarismustheorie führen und vermutlich zahlreiche Berührungspunkte mit dem herrschaftstheoretischen Strang der Kritischen Theorie aufweisen.

Eine andere Konvergenz ergibt sich, wenn man sich daran erinnert, daß eine der wesentlichen Dimensionen der von Adorno beschriebenen Entdifferenzierung nicht so sehr in der Aufhebung von Systemgrenzen als vielmehr in der Durchsetzung übergreifender Abstraktionsmechanismen besteht, die zu strukturellen Isomorphien innerhalb der Teilsysteme führt. Einmal dahingestellt, ob die von Adorno angeführten Begriffe wie Identitätsprinzip, instrumentelle Rationalität u. ä. sachgerecht sind, ist dies doch eine Intention, die von derjenigen Luhmanns nicht grundsätzlich verschieden ist. Es geht um die Herausarbeitung bestimmter gemeinsamer, formaler Organisationsprinzipien, deren Operationsmodus gegenüber dem material-empirischen Feld ihrer Anwendung indifferent ist. Und genau dies ist schließlich auch der Sinn des von Luhmann eingeführten Konzepts der Selbstsubstitution, das sich in den oben beschriebenen reflexiven Mechanismen sowie in deren hier nicht erörterten Begleiterfordernissen wie binären Codes und Dekompositionsregeln realisiert.

Etwas verdeckter liegt die Konvergenz auf einer weiteren Ebene, auf der sich nach Adorno eine Entdifferenzierung vollzieht: dem Verhältnis von Individuum und Gesellschaft. Während Adorno zufolge mit dem Übergang zur integralen Gesellschaft das Individuationsprinzip tendenziell zurückgenommen wird, weist Luhmann diese Ansicht kategorisch zurück. Psychische Systeme seien bereits allein aufgrund ihrer selbstreferentiellen Geschlossenheit als Bewußtseinssysteme autonom und individuell; und diese Individualität werde in der Gegenwart noch gesteigert, da die moderne Gesellschaft durch eine weit größere Distanz zwischen psychischen und sozialen Systemen gekennzeichnet sei als alle vorangegangenen Gesellschaftsordnungen. Auf der Basis eines funktionalen Differenzierungsmusters sei es dem einzelnen überlassen, in welchem Moment und mit welchen Interessen er an den Funktionssystemen der Gesellschaft partizipiere; außerdem werde jedem die Chance eröffnet, sich selbst als letzte Instanz seiner Interessen und Wünsche darzustellen und sich dergestalt als einzigartig zu behaupten (1985a, 436). Luhmann hält es deshalb für einseitig, nur die mit der funktionalen Differenzierung unvermeidlich verbundene Steigerung von unpersönlichen Beziehungen hervorzuheben. Mindestens ebenso charakteristisch sei die Zunahme von sozialen Beziehungen, in denen mehr individuelle Eigenschaften der Person bedeutsam würden (1982a, 13f; 1989, 151, 251ff.).

Auch in diesem Fall empfiehlt es sich allerdings, genauer nachzufragen, was die These vom Ende des Individuums in der Kritischen Theorie eigentlich besagt. Sie besagt nicht, daß die vereinzelten einzelnen nunmehr durch standardisierte Bokanowskygruppen à la Huxley abgelöst würden, und sie besagt auch nicht, daß sich die individuellen Lebensgeschichten in ein identitätsloses Oszillieren auflösten (wie Schimank 1985, 462 meint). Die totale Vergesellschaftung ist nach Adorno wohl ein Prozeß der Integration, in dessen Verlauf die individualistische Naturbasis der frühbürgerlichen Gesellschaft in das System hineingezogen und dessen Gesetzen unterworfen wird. Sie ist aber gleichzeitig auch ein Prozeß der Desintegration, der die Individuen, nicht zuletzt durch die Erosion intermediärer Instanzen wie der Familie, atomisiert, isoliert und in »Monaden der gesellschaftlichen Totalität« umwandelt (Adorno 1956, 36, 127). Durch diese Entwicklung wird ein Sozialcharakter geschaffen, der auf der einen Seite hohe Leistungen der Selbsterhaltung zu erbringen hat (und insofern natürlich über ein »Selbst«, d. h. über Identität verfügt), andererseits aber nicht mehr die sowohl ökonomisch wie normativ vermittelte Selbständigkeit besitzt, die dem *inner-directed man* der frühbürgerlichen Periode seine ungewöhnliche Ich-Stärke verlieh – ein Mangel, der zum Ansatzpunkt zahlloser Kompensationsstrategien der »Pseudo-Individualisierung« führt. Das Ende des bürgerlichen Individuums und zunehmende Pseudo-Individualisierung sind nach Adorno zwei Seiten derselben Medaille. »Je weniger Individuen, desto mehr Individualismus.« (1956, 48)

Zu ähnlichen Ergebnissen kann man auch im Ausgang von Luhmannschen Prämissen gelangen. Luhmann reißt zwar zwischen Individuum und Gesellschaft eine Kluft auf, die nachgerade an die frühbürgerlichen Vertragstheorien erinnert, doch schließt er sie mit dem Konzept der »Interpenetration« sogleich wieder. Soziale Systeme stellen danach (über das Medium der Sprache) ihre Komplexität den psychischen Systemen zur Verfügung und ermöglichen ihnen dadurch, sich zu komplexen Individuen in der Gesellschaft zu entfalten; wohingegen umgekehrt die psychischen Systeme ihre Komplexität, namentlich ihre Eigenschaft als »Sensoren«, in die sozialen Systeme einbringen und dadurch die Öffnung der rekursiven Totalität bewirken (1985, 293, 558). Dieser Vorgang ist indes weit weniger harmonisch, als es auf den ersten Blick erscheint. Luhmann diskutiert dies vor allem unter dem Aspekt der Unruhe, die die Individuen mit ihren Emotionen und ihren Ansprüchen in die Gesellschaft hineintragen, doch besteht kein Grund, ausschließlich in dieser Richtung von Gefährdung zu sprechen (1985, 365): Wenn es richtig ist, daß hochinterdependente Systeme »zwangsläufig rücksichtslos gegenüber ihrer Umwelt [werden], weil im voraus festgelegt ist, in welchem Sinne sie Materialien und Informationen verwenden« (1985, 533), ist wohl wahrscheinlich, daß auch die psychischen Systeme in der Umwelt des Gesellschaftssystems in Mitleidenschaft gezogen werden. Was Adorno unter dem Stichwort einer »wachsenden organischen Zusammensetzung des Menschen« notiert, wäre von dieser Grundlage aus neu zu durchdenken.[39]

Neu zu durchdenken wären schließlich auch die Folgen, die die von Luhmann herausgestellte Verlagerung des evolutionären Primats von normativen auf kognitive Mechanismen für die Identität der gesellschaftlichen Individuen hat. Normative Mechanismen dominierten nach Luhmann in der alteuropäischen, herrschaftlich, rechtlich und religös integrierten Gesellschaft, die ihre Leitwerte als enttäuschungsfeste und kontrafaktische Orientierungsmuster für ihre Mitglieder verbindlich machte. Mit dem Übergang zur modernen Gesellschaft, in der Wirtschaft und Wissenschaft die Führungsrolle innehaben, verschwinden solche normativen Mechanismen zwar nicht (sie bleiben z.B. ein wichtiges Strukturmoment des Rechts), doch rücken jetzt neue Erwartungsstile in den Vordergrund, die die internen Selbstbindungen der Individuen durch Zulassung partieller Negationen flexibilisieren. Während das normative Erwarten auf inneren Überzeugungen basiert und im Enttäuschungsfall dazu tendiert, eher das Objekt zu ändern als sich selbst, ist das kognitive Erwarten korrigierbar, anpassungsfähig, bereit, sich entsprechend den äußeren Erwartungen zu ändern und damit die eigene Identität zur Disposition zu stellen (1982, 55ff.).

Das bürgerliche Ich mit seinem »Rationalismus der Weltbeherrschung« dürfte einem solchen kognitiven Erwartungsstil eher hinderlich sein und tritt daher zurück, wie Luhmann mit dem Hinweis auf »Symptome eines sich auflösenden Normbewußtseins« (1981a, 85) andeutet. Gefordert ist ein Typus, dessen innere Kontrolle, wie schon Riesman bemerkt hat, nicht nach Art eines frühzeitig ins Innere aufgenommenen Kreiselkompaß funktioniert, sondern eher wie eine Radaranlage wirkt, mit deren Hilfe »sich in Enttäuschungslagen die Richtung der Erwartungsänderung hinreichend rasch und hinreichend eindeutig ausmachen läßt« (1982, 55). In den gleichen Zusammenhang gehört der von Luhmann häufig zitierte *homme-copie* (Stendhal), der sich seine Persönlichkeit aus vorgegebenen Erfolgsmodellen zusammenbastelt (1985, 366, 430; 1989, 220ff.). Sozialpsychologie nach Art der *Lonely Crowd* oder der *Authoritarian Personality* mag in Luhmanns Augen hoffnungslos *outmoded* erscheinen. Die dort entwickelten Typen des innen- und außengeleiteten Charakters aber entsprechen seiner Unterscheidung normativer und kognitiver Erwartungsstile bis in Detail.

Mit der Verlagerung des evolutionären Primats auf kognitive Mechanismen hängt ein letzter Punkt zusammen, der im Kontext der Entdifferenzierungsthese zu diskutieren ist: die Folgeprobleme des wissenschaftlich-technischen Fortschritts. Natürlich fehlt auch hier das übliche Schulgezänk nicht, da Luhmann für Pessimismus keinen Anlaß sieht und »resigniertes Kommentieren des Untergangs im Stile von Adorno oder Gehlen« (1986, 236) als deplaziert empfindet. Sieht man jedoch genauer hin, so erweist sich das von Luhmann entworfene Zukunftsszenario als nicht weniger erschreckend als die düstersten Passagen der *Dialektik der Aufklärung*, was um so bemerkenswerter ist, als die Systemtheorie hierzu von einem gänzlich verschiedenen Ausgangspunkt gelangt. Anstatt auf eine Subjekt-Objekt-Konstellation werden Wissenschaft und Technik von Luhmann auf ein System-Umwelt-Verhältnis bezogen; anstatt auf eine konstitutive gesellschaftliche Struktur, die diese Konstellation erzeugt und perpetuiert, werden sie auf selbstreferentielle Kommunikation in einem Teilsystem bezogen, das mit der Gesamtgesellschaft nur äußerlich verklammert ist. Diese Veränderung des Bezugsrahmens hat eine Reihe von Nachteilen. Sie führt dazu, Wissenschaft und Technik auf eine Form von Kommunikation zu reduzieren und die Frage der Umweltadäquanz als bloßen Zufall zu behandeln; sie führt außerdem, rein immanent gesehen, zu Schwierigkeiten, das Wissenschaftssystem von der Gesamtgesellschaft abzugrenzen, da die spezifische Differenz desselben – der Code wahr/unwahr – nur mehr in interner Anschlußfähigkeit besteht, die Gesamtgesellschaft aber gleichzeitig als das System aller anschlußfähigen Kommunikationen bestimmt wird (1990, 261, 175, 201, 688).

Der Vorteil ist allerdings, daß Luhmann im Unterschied zur Kritischen Theorie nicht in einer Kritik der instrumentellen Vernunft steckenbleibt, welche allenfalls den Problemen einer handwerklichen Technologie angemessen ist. Wissenschaft ist für Luhmann gleichbedeutend mit einem gesteigerten Vermögen zur Auflösung – und zwar nicht der in der Umwelt vorgefundenen Objekte, sondern der primären Evidenzen, an denen sich die wissenschaftliche Kommunikation orientiert. Technik hingegen bezeichnet »diejenige Auswahl aus praktisch unendlichen kombinatorischen Möglichkeiten«, die durch die Steigerung des Auflösevermögens der Wissenschaft entstehen. Sie ist dabei nicht nur Mittel zum Zweck, »sondern vor allem artifizielle (aber ausprobierte und bewährte) Simplifikation«, eine Reduzierung sinnhafter Verweisungshorizonte durch Idealisierung und Schematisierung, die aber gerade hierdurch den Aufbau weit komplexerer »Eigenwelten« ermöglicht, als sie auf der Basis von Alltagskommunikation möglich wären (1990, 266f., 326ff.; 1971, 357f.): »Es geht bei Technik, anders gesagt, um das Ausprobieren von Kombinationsspielräumen, um kombinatorische Gewinne. Daß es funktioniert, wenn es funktioniert, ist auch hier der einzige Anhaltspunkt dafür, daß die Realität so etwas toleriert. Wir kehren, mit anderen Worten, die übliche Annahme um: Nicht die Technik wird isomorph zur Natur konstruiert, sondern die Natur in dem jeweils relevanten Kombinationsspielraum isomorph zu dem, was man technisch ausprobieren kann.« (1990, 263)

Diese Konstruktion aber ist, wie Luhmann sehr wohl sieht, *riskant* – eben weil es sich um Eigenwelten der wissenschaftlichen Kommunikation handelt, über deren Umweltadäquanz sich nichts ausmachen läßt, genauer gesagt: deren Umweltadäquanz nur nach systeminternen Kriterien beurteilt werden kann. Da sich die Begriffe der Wissenschaft auf nichts anderes beziehen können als auf sich selbst – die wirkliche Welt, sagt Luhmann, bleibt kognitiv unzugänglich (1990, 307) – ist die Autopoiesis von Wissenschaft und Technik ein Schritt ins Unbekannte, Unberechenbare: der Bau eines Kartenhauses auf tektonisch unsicherer Grundlage. Was die

Umwelt toleriert, läßt sich immer nur im nachhinein erkennen. Nichts ist daher falscher als die Annahme, die Welt werde durch Wissenschaft sicherer und kontrollierbarer gemacht. »Durch Wissenschaft wird nicht Sicherheit, sondern gerade Unsicherheit gesteigert«, sie ist das Mittel, »durch das die Gesellschaft die Welt unkontrollierbar macht« (1990, 371). Als ein »System mit Antriebsstärke ohne Bremsen« (1987, 57) treibt sie die Dekomposition immer weiter voran, ohne dabei auf andere als selbstdefinierte Grenzen zu stoßen. Je weiter aber die Auflösung getrieben wird, »desto schwieriger, desto folgenreicher, desto ›katastrophaler‹ die Rekombination [...] Dabei muß gewollt werden, was zugleich nicht gewollt wird: die zunehmende Wahrscheinlichkeit von nicht kontrollierbaren Rekombinationen.« (1986, 160f.)

Luhmann begnügt sich indes nicht damit, die wachsende ökologische Selbstgefährdung der modernen Gesellschaft aufzuzeigen. Er geht noch einen Schritt weiter und weist nach, daß diese Selbstgefährdung auf nicht eliminierbaren Ursachen beruht und deshalb »selbst bei Aussicht auf Katastrophen nicht durch Beseitigung ihrer strukturellen Auslöser« korrigiert werden kann (1987, 57). Durch die Wahl eines funktionsorientierten Differenzierungsprinzips hat die Gesellschaft nicht nur die Voraussetzung für eine ungeheure Ausweitung ihres Möglichkeitshorizontes geschaffen, sondern zugleich die Bedingung dafür, daß sie den selbsterzeugten Gefährdungen mit unzureichenden Mitteln gegenübersteht. Eine Bewältigung dieser Gefahren würde erfordern, daß die durch die Gesellschaft ausgelösten Umweltprobleme im Gesellschaftssystem selbst abgebildet und in die Kommunikation eingebracht werden; das aber hieße, daß die Gesellschaft selbst neben den Teilsystemen als weiteres Teilsystem existieren müßte – eine Konfiguration, die auf der Basis voll durchgeführter funktionaler Differenzierung ausgeschlossen ist. Umweltprobleme können daher nur auf der Ebene der Funktionssysteme behandelt werden, nach Maßgabe der dort jeweils herrschenden Codes. Und das heißt zugleich: Sie können nur sehr unvollkommen behandelt werden. Das Wirtschaftssystem beispielsweise, das primär durch den Code Haben/Nichthaben, sekundär durch den Code Zahlen/Nichtzahlen bestimmt ist, vermag Umweltprobleme nur insoweit aufzugreifen, als sie in der Sprache der Preise ausgedrückt werden können; Preise aber können durchaus trügerische Indikatoren sein, da sie mitunter von wirklichen Knappheiten ablenken oder Knappheiten vortäuschen, wo keine sind (1988, 35, 38f.). Das politische System, dessen Code im Innehaben/Nichtinnehaben von Ämtern besteht, ist sowohl durch die territorialstaatliche Gliederung als auch durch den häufigen Wechsel von Präferenzen in der öffentlichen Meinung in seiner Reaktionsfähigkeit beschränkt; soweit es Recht und Geld zur Bewältigung von Umweltschäden einsetzt, entzieht es diese Ressourcen anderen Teilsystemen und gefährdet damit virtuell deren Reproduktionsfähigkeit (1986, 167ff.).

Aus diesen Überlegungen ergeben sich zwei Folgerungen hinsichtlich der hier interessierenden Frage der Entdifferenzierung. Erstens: Die moderne Gesellschaft gefährdet durch die Ausdifferenzierung von Funktionssystemen ihre eigene Voraussetzung – die Differenz von Gesellschaftssystem und Umwelt. Was immer an Resonanz in den Teilsystemen auf die selbstinduzierten Risiken erfolgt – ein Wechsel in der Regierung, in den Investitionsentscheidungen, in der Gesetzesprogrammatik –, es ist stets, gemessen an der *globalen* Dimension der Gefährdung, zu wenig Resonanz, zu spezifiziert, um eine effiziente Antwort auf die Universalität der Bedrohung darzustellen. Solange das Prinzip der funktionalen Differenzierung gilt, bleibt als einzige Reaktionsform das *muddling through* – damit aber auch die stets wachsende Möglichkeit, daß »die Gesellschaft sich auf dem Umwege über die Natur selbst ruinieren kann« (1985b, 18). »Die ökologische Selbstgefährdung liegt also durchaus im Rahmen der Möglichkeiten von Evolution. Bedrohliche Lagen entstehen nicht nur dadurch, daß ein hoher Grad an Spezialisierung sich bei Veränderungen der Umwelt als Fehlspezialisierung erweist. Man muß mindestens auch mit der Möglichkeit rechnen, daß ein System so auf seine Umwelt einwirkt, daß es später in dieser Umwelt nicht mehr existieren kann [...] Die Evolution sorgt langfristig gesehen dafür, daß es zu ›ökologischen Gleichgewichten‹ kommt. Aber das heißt nichts anderes, als daß Systeme eliminiert werden, die einem Trend der ökologischen Selbstgefährdung folgen.« (1986, 38) Genau so hat es Adorno gesehen: »Die Allgemeinheit, welche die Erhaltung des Lebens reproduziert, gefährdet es zugleich, auf stets bedrohlicherer Stufe.« (GS 6, 305f.)

Neben dieser Möglichkeit eines globalen Systemkollapses aber existiert, zweitens, sozusagen im Vorfeld der Katastrophe, eine Tendenz zur systeminternen Entdifferenzierung: einmal durch das Aufkommen sozialer Bewegungen, die die ökologischen Probleme moralisieren und die funktionale Differenzierung in Frage stellen (1985b, 18); sodann durch eine Überfrachtung des politischen Systems, das in eine Art Generalverantwortung für die Folgelasten des wissenschaftlich-technischen Fortschritts gerät (1987, 61); schließlich durch die Globalität der Risiken selbst. Risiken, darauf verweist Ulrich Beck zutreffend, »liegen *quer* zu der Unterscheidung von Theorie und Praxis, *quer* zu den Fach- und Disziplingrenzen, *quer* zu den spezialisierten Kompetenzen und institutionellen Zuständigkeiten, *quer* zur Unterscheidung von Wert und Tatsache (und damit von Ethik und Naturwissenschaft) und *quer* zu den scheinbar institutionell abgetrennten Bereichen von Politik, Öffentlichkeit, Wissenschaft und Wirtschaft. Insofern werden in der Risikogesellschaft die *Ent*differenzierung der Systeme und Funktionsbereiche, die *Neuvernetzung* der Spezialisten, die risikoeindämmende *Vereinigung* der Arbeit das systemtheoretische und -organisatorische Kardinalproblem.« (Beck 1986, 93)

Luhmann ist diese Einsicht nicht gänzlich fremd geblieben. An einer Stelle deutet er die Möglichkeit an, daß die rasch zunehmende Relevanz der Umwelt eine Revision in der Differenzierungsstruktur des Gesellschaftssystems erzwingen »und insgesamt die Bedeutung der internen Differenzierung wieder mindern« könnte (1981b, 24). Systematische Folgerungen in Richtung einer Theorie der Entdifferenzierung hat er daraus bisher jedoch nicht gezogen, vielmehr die Einsicht sogleich wieder verdrängt. Er beruhigt sich damit, daß letztlich doch nicht alles so schlimm sei und daß die Entwicklung auch ihre guten Seiten habe, z. B. die Fortschritte der Lebensmittelchemie; er diskutiert die von den neuen sozialen Bewegungen angebotenen Alternativen und kommt zu dem Ergebnis, daß im Vergleich dazu die funktionale Differenzierung doch wohl das kleinere Übel sei (1986, 244, 227ff.). Und er beschwört nicht zuletzt – die eigene Theorie. Denn hier wenigstens ist, bei allem ökologischen Pessimismus, Optimismus angesagt (1985b, 19). Systemtheorie, Evolutionstheorie und Kybernetik seien heute so weit entwickelt, daß sich mit ihrer Hilfe Reflexionsleistungen initiieren ließen, die innerhalb der einzelnen Teilsysteme eine Limitierung der wachstumsauslösenden Impulse und eine Einsicht in die Notwendigkeit des Verzichts auf bestimmte Funktionserfüllungen erreichen könnten (1987, 62).

Eine in dieser Weise eingesetzte Systemtheorie könne deshalb vielleicht ähnliches bewirken wie andere bedeutende Theoriewechsel in der neueren Geschichte: einen Strukturwechsel des Systems selbst. Luhmann erinnert daran, daß das politische System vor der Französischen Revolution nicht das gleiche gewesen sei wie danach, »[...] und dies nicht nur deshalb, weil die Verfassung geändert worden ist, sondern weil die Konzeption der ›societas civilis‹ durch die Unterscheidung von Staat und Gesellschaft ersetzt worden ist. In entsprechendem Sinne ist das Wirtschaftssystem vor Adam *Smith* nicht das gleiche wie nach Adam *Smith,* vor *Keynes* nicht das gleiche wie nach *Keynes,* weil jeweils Selbstsimplifikations- und Reflexionsprozesse anders geführt werden; und wiederum: ganz abgesehen davon, welche maßnahmentechnischen Auswirkungen dies hatte. Für das Wissenschaftssystem wären einerseits *Kant,* andererseits vielleicht *Popper* ein ähnlicher Wendepunkt, der zwar nicht die Identität des Systems, wohl aber die Kontinuität wichtiger Strukturen tangiert.« (Luhmann/Schorr 1979, 339)

Luhmann ist bescheiden genug, diese Serie nicht weiter auszufächern. Daß er der Systemtheorie durchaus die Rolle eines ähnlichen Wendepunktes angesichts der ökologischen Krise zuzubilligen geneigt ist, dürfte indes wohl kaum überinterpretiert sein. Ob Luhmann da die Macht des eigenen Wortes nicht ein wenig überschätzt?[40]

III

1. Dieser erste, sicher noch allzu oberflächliche und äußerliche Vergleich zwischen Adorno und Luhmann hat gezeigt, daß die Kritische Theorie keineswegs schlecht dasteht. Sie ist keine antiquierte Theorie, der der Gegenstand abhanden gekommen ist, sondern durchaus auf der Höhe der Zeit. Ihr kategorialer Apparat mag weniger ausgefeilt sein als derjenige der Systemtheorie, doch verfügt sie mit dem Begriff der Vermittlung immerhin über ein Konzept, das »theoriebautechnisch« elegantere Lösungen erlaubt als die mitunter reichlich umständlich anmutenden Veranstaltungen der Systemtheorie. Die Kritische Theorie ist noch lebendig – auch wenn manche ihr längst schon den Totenschein ausgestellt haben.

Es wäre gleichwohl wenig dialektisch gedacht, wenn man annähme, daß die Kritische Theorie nach dem Durchgang durch die Systemtheorie die gleiche sein könnte wie vorher. Wie alle Gestalten großer Gesellschaftstheorie hat auch die Systemtheorie einen Erfahrungsgehalt, dem sich die dialektische Theorie nicht verschließen darf; und dieser Erfahrungsgehalt wiegt um so schwerer, als die Kritische Theorie selbst ein durchaus ambivalentes Gebilde ist. Durch die Systemtheorie wird jener Argumentationsstrang in der Kritischen Theorie bestätigt, der die Eigengesetzlichkeit und Eigendynamik des Gesellschaftssystems akzentuiert; durch sie wird deutlich, wie illusionär alle Träume von einer neuen Wissenschaft, einer Versöhnung zwischen Geist und Natur oder gar eines »Einverständnisses von Menschen und Dingen« sind (GS 10.2, 743; GS 6, 228). Zugleich wird die Skepsis gegenüber allen Versuchen verstärkt, im Namen humanistischer Motive gegen das verselbständigte Ganze anzurennen. Luhmanns Einsicht, daß die Gesellschaft nicht länger vom Menschen her gedacht werden kann, war der Kritischen Theorie zwar gegenwärtig, doch neigte sie dazu, daraus ein Argument *für* den Menschen und *für* die Vernunft abzuleiten und damit die Erwartung zu verknüpfen, »daß die sich spaltende Gesellschaft kraft ihrer eigenen Dynamik in eine höhere: eine menschenwürdigere Form übergeführt werden könne« (GS 8, 226).

»Darin differiert zuinnerst eine kritische Theorie der Gesellschaft von dem, was im allgemeinen Sprachgebrauch Soziologie heißt: kritische Theorie orientiert sich trotz aller Erfahrung von der Verdinglichung, und gerade indem sie diese Erfahrung ausspricht, an der Idee der Gesellschaft als Subjekt, während die Soziologie die Verdinglichung akzeptiert, in ihren Methoden sie wiederholt und dadurch die Perspektive verliert, in der Gesellschaft und ihr Gesetz erst sich enthüllte.« (GS 8, 317)

Diese Selbstbeschreibung läßt sich nicht aufrechterhalten, denn sie widerspricht nicht nur zentralen Einsichten der Systemtheorie, sondern auch der Kritischen Theorie selbst. Als ein wie immer auch potentielles Subjekt läßt sich die Gesellschaft nur dann denken, wenn man sie anthropologisch-interaktionistisch faßt, als Summe der »geronnene[n] Beziehungen zwischen Menschen« (Adorno 1973, 147) bzw. als »eine ihrer selbst vergessene Beziehung zwischen Menschen« (GS 10.1, 117). Eben das aber kollidiert mit dem Marxschen Axiom, daß der soziale Zusammenhang in der kapitalistischen Gesellschaft abstrakter Natur ist, Vergegenständlichung der *allgemeinen* gesellschaftlichen Arbeit, die eben aufgrund ihrer Allgemeinheit den Einzelnen äußerlich ist. Das System ist kein System von Menschen, die sich ihrer konstitutiven Bedeutung nicht bewußt sind; es ist vielmehr ein prinzipiell »unmenschliches« Gefüge, das seiner eigenen, selbstreferentiellen Gesetzlichkeit gehorcht und jede Suche nach den »unter den Produktionsverhältnissen vergrabenen Beziehungen zwischen Menschen« (GS 8, 370) zu einer vergeblichen Veranstaltung macht.

Die Idee der Gesellschaft als Subjekt läßt sich auch dann nicht retten, wenn man auf eine materielle Fundierung verzichtet und bei den universalistischen Ansprüchen der Vernunft Zuflucht sucht. Bei Adorno hat dieses Argument zwar nicht den strategischen Stellenwert wie bei Horkheimer oder Marcuse, doch hat er sich seiner immer wieder bedient, um das spezifisch Kritische der Kritischen Theorie herauszustreichen: positiv, wenn er die Idee einer »vollen Vernunft« ventiliert und das endlich zu verwirklichende »Ideal freien und gerechten Tausches« beschwört; negativ, wenn er die bestehende Gesellschaft als »unvernünftig«, »irrational« oder »irre« qualifiziert (GS 6, 312, 150; GS 8, 48, 57). Auch die fragwürdigsten Passagen der *Negativen Dialektik,* in denen Adorno über die »Hoffnung auf Auferstehung« und die »Möglichkeit eines richtigen Bewußtseins auch von jenen letzten Dingen« meditiert (GS 6, 371, 390), gehören in diesen Zusammenhang. Wie dieses affirmative Verhältnis zur abendländischen Metaphysik mit der an anderer Stelle forciert vorgetragenen These zu vereinbaren ist, daß die transzendentale Allgemeinheit der Vernunft die Reflexionsform der Verdinglichung sei (GS 10.2, 745), ist Adornos Geheimnis geblieben.

Da ist Luhmann konsequenter. Für ihn sind Vernunft, Emanzipation, Kritik, der Traum des Subjekts und die Idee des mündigen Menschen allesamt Bestandteile einer Semantik, die höchstens noch von historischem Interesse ist. Diese Semantik taugt weder zur Beschreibung der gegenwärtigen noch als Antizipation einer zukünftigen Gesellschaft, weil sie mit Kompaktbegriffen arbeitet, die sich längst als dekomponierbar erwiesen haben. Der Mensch ist kein natürliches Letztelement, sondern ein Rahmenbegriff für unterschiedliche autopoietische Prozesse auf organischer und auf psychischer Ebene. Die Gesellschaft ist keine Summe von Menschen oder gar das Gattungswesen Menschheit, sondern eine eigenständige Kombinatorik, die die auf organisch-psychischer Grundlage stattfindenden Kommunikationen zu einem selbstreferentiellen System integriert. Das bedeutet nicht, daß die Gesellschaft eine Gesellschaft ohne Menschen ist, denn soziale Autopoiesis setzt Autopoiesis qua Leben und qua Bewußtsein voraus. Es bedeutet aber, daß der Mensch nicht mehr als Basis und Mittelpunkt der Gesellschaft verstanden werden kann, sondern nur noch als »beitragende Umwelt«, die in die sozialen Systeme »interpenetriert«. Der Mensch, sagt Luhmann, »ist nicht mehr Maß der Gesellschaft. Diese Idee des Humanismus kann nicht kontinuieren.« (1985, 289, 296f.)

Dieser Satz gilt für die Großbegriffe der humanistischen Tradition. Er gilt nicht minder für die kleiner gestückelte Notwährung, mit der heute Interaktionisten und Kommunikationstheoretiker den Plausibilitätsverlust dieser Tradition zu kompensieren versuchen. Nicht daß Interaktion – die Kommunikation unter Anwesenden – unwichtig oder bedeutungslos wäre. Die Gesellschaft ist nach Luhmann kein Gott, sondern Resultat von Interaktionen, die vom Sozialsystem allerdings nur selektiv, nach Maßgabe seiner eigenen Funktionslogik aufgegriffen werden. Die Gesamtheit der Interaktionen, sagt Luhmann, bildet das »Spielmaterial für gesellschaftliche Evolution« (1985, 575f.). Die Regeln des Spiels aber sind, um im Bild zu bleiben, Regeln der Gesellschaft und nicht der Interaktion. Nur primitive Gesellschaften sind interaktionsnah gebildet; die moderne, durch hochabstrakte Strukturen gekennzeichnete Gesellschaft dagegen ist gegenüber Interaktion indifferent (was eine gewisse Störanfälligkeit nicht ausschließt). Es wird immer unwahrscheinlicher, daß gesellschaftlich relevante Probleme – etwa der Koordination der verschiedenen Teilsysteme – durch Interaktion der Beteiligten gelöst oder auch nur abgeschwächt werden könnten. »Weniger als je zuvor kann man sich heute vorstellen, daß das Gesellschaftssystem aus Interaktionen zusammengesetzt sei, und weniger als je zuvor sind Theorien adäquat, die Gesellschaft als ›commerce‹, als Tausch, als Tanz, als Vertrag, als Kette, als Theater, als Diskurs zu begreifen suchen [...] Die Gesellschaft ist, obwohl weitgehend aus Interaktionen bestehend, für Interaktion unzugänglich geworden.« (1985, 584f.)

Das wiederum ist ein Gedanke, zu dem sich bei Adorno zahlreiche Entsprechungen finden lassen. Daß die Verselbständigung des Systems einen Grenzwert erreicht habe, ist ein Kernsatz seines Vortrags über »Spätkapitalismus und Industriegesellschaft«; daß das Verhalten des Individuums, und sei es noch so reinen Willens, an die Realität nicht mehr heranreiche, ein zentrales Motiv seiner Kritik an der Studentenbewegung und ihrer »Pseudo-Aktivität« (GS 8, 369; GS 10.2, 763f.). Adorno macht daraus kein überhistorisches Gesetz. Seine Äußerungen über Marx und das Verhältnis von Theorie und Praxis lassen darauf schließen, daß er die Möglichkeit einer grundlegenden Umgestaltung des Systems durch eine kollektive Anstrengung keineswegs prinzipiell ausschließt. Diese Möglichkeit aber ist, wie die Eingangssätze der *Negativen Dialektik* resümieren, verstrichen; für die gegenwärtige Gesellschaft gilt, daß Praxis »auf unabsehbare Zeit vertagt« und die Kritische Theorie auf sich selbst zurückgeworfen ist (GS 6, 15).

2. Wer so formuliert, muß sich allerdings die Frage gefallen lassen, worin seine Position sich noch von derjenigen der Systemtheorie unterscheidet. Nach allem, was wir bisher gesehen haben, ist diese Frage weniger leicht zu beantworten, als die übliche plakative Gegenüberstellung von »Kritik« und »Apologie« vermuten läßt. Nimmt man den Begriff der Kritik in dem strengen Sinne, wie er in der dialektischen Tradition seit Hegel gebraucht wird, nämlich als eine Operation, die sich an einem Widerspruch in der Sache selbst, am Auseinandertreten von Dasein und Begriff, Inhalt und Form eines Gegenstands entzündet, so kann die Kritische Theorie diesen Titel heute nicht mehr umstandslos für sich reklamieren, da sie selbst die Eliminierung dieser Differenz, die »falsche Versöhnung« des Gegensatzes diagnostiziert: Der Schein wird real, die Ideologie wird zur Basis und beraubt die Kritik damit ihres objektiven Fundaments. Der Rückzug auf einen anderen, nichtdialektischen Begriff von Kritik, der die Wirklichkeit an der Elle von außen herangetragener allgemeiner Prinzipien mißt, ähnelt allzusehr dem bekannten Versuch Münchhausens, sich am eigenen Schopf aus dem Sumpf zu ziehen, als daß er als ernsthafte Alternative in Betracht gezogen werden könnte.

Auf der anderen Seite läßt sich die Systemtheorie nicht auf die schlichte Formel »Apologie des Bestehenden um seiner Bestandserhaltung willen« bringen (Luhmann/Habermas 1971, 170). Wohl lassen sich viele Äußerungen Luhmanns in diesem Sinne interpretieren – etwa wenn er von den neuen sozialen Bewegungen »das doch auch nötige Ja zur Gesellschaft«

einfordert, wenn er verlangt, man müsse lernen, mit dieser Gesellschaft umzugehen, weil keine andere in Sicht sei, oder wenn er dem Vorwurf, das System stabilisieren zu wollen, mit einem unwilligen »Na und?« begegnet (1985, 550; 1985b, 22; 1981a, 186). Solche Apologetik gilt jedoch einem System, zu dessen wichtigsten Eigenschaften rapider Wandel und Kontingenzsteigerung auf allen Ebenen gehören. Die bestandssichernde Intention der Systemtheorie zielt nicht auf die hier und heute gegebenen konkreten Bestände, sei es an Macht, Eigentum, Bildung, sei es an sozialen Institutionen, für die es nach Luhmann schließlich funktionale Äquivalente gibt. Sie zielt vielmehr auf jene strukturellen Bedingungen, die den Bestand immer als eine Auswahl aus Möglichkeiten und eben dadurch als kontingent erscheinen lassen. »Bestandserhaltung«, formuliert Frithard Scholz (1982, 137) zutreffend, »ist für Luhmann Erhaltung des erreichten Grades an Änderbarkeit des Bestehenden.« Man muß schon ein sehr eigenwilliges Verständnis von Konservatismus haben, um diese Position für konservativ zu halten.

Wenn aber die Kritische Theorie nicht kritisch und die Systemtheorie nicht apologetisch im landläufigen Sinne ist, wo liegen dann die Differenzen? Kann es überhaupt eine Differenz geben zwischen zwei Theorien, die hinsichtlich der Verselbständigung des Gesellschaftssystems und der Unmöglichkeit fundamentaler Veränderungen so tief übereinstimmen? Ich denke, daß es eine solche Differenz gibt: keine substantielle Differenz, die die Bildung oppositioneller Lager nach dem Code progressiv/konservativ gestattete, keine Trennungslinie zwischen zwei theoretischen Universen, wohl aber eine Nuance, ein unterschiedlicher Akzent, der gleichwohl ein Unterschied ums Ganze sein kann. Bei Luhmann herrscht, trotz der weiter oben beschriebenen Einsicht in den potentiell ruinösen Mechanismus, ein so unerschüttertes Systemvertrauen, daß er die Zweifel an der Funktionstüchtigkeit der Funktionssysteme für destruktiver hält als die in das System selbst eingebaute Destruktionstendenz. Darin zeigt sich, entgegen der postulierten »Abklärung der Aufklärung« (1974, 66), das aufklärerische Erbe der Systemtheorie: Wer so schnell wie Luhmann bereit ist, die unterschiedlichsten historischen Erscheinungsformen vom Hierarchieprinzip bis zur »Kasernierung der Sexualität in der Ehe« — eine immerhin recht schöne Metapher, die man aber wohl korrekterweise durch die Hinzufügung des Attributes »weiblich« ergänzen müßte — zu evolutionären Errungenschaften zu erklären, zur »Voraussetzung für alle Höherentwicklung«, wer im Zeitalter der Gen- und Nukleartechnologie mit vorauseilender Unschuld davon spricht, daß fürs Überleben Evolution genüge (als sei nicht gerade dies inzwischen fraglicher denn je), wer den »Fall einer radikalen Auslöschung allen menschlichen Lebens« so achselzuckend für »immer noch unwahrscheinlich« erklärt, für den ist es letztlich nur konsequent, jede nicht an die Perspektive eines Teilsystems gebundene Kritik an den Formen und Folgen des herrschenden Differenzierungsmusters als Angstrhetorik zurückzuweisen und als »Störfaktor im sozialen System« zu denunzieren (1972, 245; 1982a, 149f.; 1985, 645; 1986, 68, 240).

Weil es keine Möglichkeit gibt, das System abzulehnen, es sei denn um den Preis einer Regression unter das erreichte evolutionäre Niveau, neigt Luhmann dazu, nicht nur die öffentlich geäußerte Kritik, sondern bereits die schüchternen Vorformen derselben wie Skepsis oder Mißtrauen, ja jedes Anzeichen von Nichtidentifikation zur Fahnenflucht und Ruhe zur ersten Bürgerpflicht zu erklären (1987, 60ff.) – als sei schon die pure Frage, ob denn die Autopoiesis nur mit Atomantrieb funktioniere, der erste Schritt in den Untergang, als sei das System so fragil, daß schon der leiseste Zweifel, von offenem Widerstand ganz zu schweigen, es in seinen Grundfesten erschüttern könne. Den auffälligen Eifer, den Luhmann in seiner Kritik an den angeblichen »Überreaktionen«, der »Hysterie« und dem »Sichaufschaukeln« von Angstkommunikation in der ökologischen Bewegung an den Tag legt (1986, 226, 243), kann man wohl nur damit erklären, daß er selbst insgeheim um die Brüchigkeit seiner Position weiß: Daß die Individuen fügsam sein sollen, um ein System zu erhalten, das sich selbst und damit auch die gesellschaftlichen Individuen ruiniert, ist ein Widersinn, der sich selbst auf Luhmanns ingeniös konstruiertem Verschiebebahnhof nicht verbergen läßt.[41]

Während Luhmanns Hauptsorge der angeblichen Schutzlosigkeit der Funktionssysteme gegenüber einer überbordenden Angstkommunikation zu gelten scheint, begreift sich die Kritische Theorie ausdrücklich als Artikulationsmedium der Angst – teils aus der psychologischen Einsicht heraus, daß Angstlosigkeit durch »Mangel an Angstbereitschaft gegenüber dem überwältigenden Schlag« zu erklären, mithin eher der Apathie verschwistert ist (GS 4, 202); teils aus einer biographischen Erfahrung heraus, die Adorno zu dem Satz veranlaßte, daß man vor der Welt, wie sie ist, sich nicht genug fürchten könne. Wer wie Adorno, Horkheimer oder Marcuse der Vernichtung so nahe gewesen ist, wer sein Leben nach der Rettung unter dem Damoklesschwert der Frage verbrachte, »ob nach Auschwitz noch sich leben lasse, ob vollends es dürfe, wer zufällig entrann und rechtens hätte umgebracht werden müssen« (GS 6, 355), mag bisweilen zur Überängstlichkeit, im Extremfall zur Paranoia neigen. Er wird sich gleichwohl nicht einreden lassen, daß ein pauschales, angstloses Akzeptieren der Komplexität der beste Garant für das Überleben, jeder Schrei, jedes Aufbegehren dagegen schon die Vorstufe des Chaos sei. »Das perennierende Leiden hat soviel Recht auf Ausdruck wie der Gemarterte zu brüllen; darum mag falsch gewesen sein, nach Auschwitz ließe kein Gedicht mehr sich schreiben.« (GS 6, 355) Im Schatten von Auschwitz – und Auschwitz ist heute nicht nur ein historischer Topos, sondern omnipräsent: jede Wasserstoffbombe, jeder Reaktor ist, nach dem grausigen Wort Weizenbaums, potentiell »Instant-Auschwitz« (Weizenbaum 1981, 24) – im Schatten von Auschwitz kann es gar nicht genug Angst geben, denn wenn überhaupt etwas, so kann nur Angst die fatale »Apokalypseblindheit« (G. Anders) durchbrechen, die Auschwitz und die heutige suizidale Tendenz der Weltgesellschaft ermöglicht hat. Deshalb Adornos Forderung an die Erziehung, mit dem Gedanken Ernst zu machen, »daß man die Angst nicht verdrängen soll« (Adorno 1970, 101); deshalb auch die Forderung an die Kunst, eine »ungemilderte Darstellung der Angst« zu geben, liegt doch nur darin »ein Standhalten durchs Aussprechen, durch die Kraft des unbeirrten Nennens« (GS 11, 269).

Damit ist nicht gesagt, daß *jeder* Ausdruck von Leiden und Angst gerechtfertigt sei. Auch Adorno hat, wie Luhmann, die Gefahr eines Umschlags der Angstkommunikation in einen regressiven Aktionismus gesehen und scharf das Wahnhafte dieser Form von Pseudo-Aktivität kritisiert. Nicht weniger entschieden hat er die weitverbreitete Neigung abgelehnt, aus der Not eine Tugend zu machen und das Opfer zum Heros umzustilisieren. Das Individuum fällt nicht fremden und feindlichen Mächten zum Opfer, sondern sich selbst; sein Untergang entspringt der Dialektik eines Systems, das das Individuum als Absolutes inthronisiert hatte.

Dennoch hat Adorno am Individuum festgehalten, ja in ihm die einzige Instanz gesehen, die der selbstzerstörerischen Tendenz der integralen Gesellschaft noch Widerstand entgegensetzen kann: keinen Widerstand, der zu einer neuen, höheren Stufe der gesellschaftlichen Organisation überleitet, keine »Dekonstruktion«, die die Aussicht auf eine grundlegende Neugestaltung eröffnet, vielleicht aber eine Hemmung, die ein Innehalten, eine Verlangsamung der tödlichen Dynamik bewirken kann, eine Verlängerung der Frist. »Heute hat sich die vereitelte Möglichkeit des Anderen zusammengezogen in die, trotz allem die Katastrophe abzuwenden.« (GS 6, 317) Wenn die Systemtheorie etwas von der Kritischen Theorie lernen kann, so ist es die Einsicht, daß allein die Angstkommunikation dazu befähigt – denn nur wer sich die Katastrophe vorzustellen vermag, kann sich gegen sie wehren. Wer sich vor dem Blick der Medusa zu verstecken versucht, ist schon verloren. Nur wer ihr Bild im Spiegel einfängt und ihren Bewegungen folgt, hat eine Chance, ihr nicht zu erliegen.

›Nicht der Anfang, das Ende trägt die Last.‹ F. G. Jünger und die Perfektion der Technik

Der Reflexionsstand der beiden avanciertesten Sozialtheorien der Gegenwart, der Kritischen Theorie Adornos und der Systemtheorie Luhmanns, legt es nahe, die Autopoiesis der modernen Gesellschaft als Autodestruktion zu deuten – auch wenn Adorno den Begriff der Autopoiesis nicht mehr gekannt hat und Luhmann dessen Koppelung mit Autodestruktion nicht als zwingend ansehen dürfte. Mit zunehmender Vergesellschaftung zerstört die Gesellschaft ihre eigenen Grundlagen, und sie tut dies vor allem mittels einer historisch beispiellosen Entfesselung von Wissenschaft und Technik.

Wenn diese These zutrifft, werden jene Analysen wieder interessant, die vor dem Hintergrund der Erfahrungen des Zweiten Weltkrieges die destruktive Dimension des wissenschaftlich-technischen Fortschritts ins Licht gerückt hatten, in der Aufbruchstimmung der Nachkriegszeit aber entweder nicht zur Kenntnis genommen oder verächtlich als Kulturkritik beiseitegeschoben worden waren. Dazu gehören die beiden großen Dokumente einer Selbstkritik der Linken, die *Dialektik der Aufklärung* von Horkheimer und Adorno und *Die Antiquiertheit des Menschen* von Günther Anders, die auch nach mehr als vier Jahrzehnten nichts von ihrer Aktualität eingebüßt haben. Dazu gehört aber auch jene Selbstkritik der Rechten, die Friedrich Georg Jünger, ein Bruder Ernst Jüngers, fast zur selben Zeit vorgelegt hat: *Die Perfektion der Technik*.[42]

Vieles von dem, was F. G. Jünger sonst hinterlassen hat, ist heute zu Recht vergessen. Er hat Gedichte geschrieben, deren rückwärtsgewandter Klassizismus vor dem Hintergrund ihrer Entstehungszeit hohl und gekünstelt wirkt. Er war ein eher mittelmäßiger Essayist und der Verfasser von Romanen und Erzählungen, die heute niemand mehr liest. Seine beiden Autobiographien sind bemerkenswert vor allem durch das, was sie verschweigen. *Die Perfektion der Technik* aber ist ein Buch von geradezu bestürzender Weitsicht, das die moderne Ökologiedebatte vorweggenommen hat. Bedenkt man die Zeit, in der es entstand, bedenkt man den

Mangel an Vorarbeiten und die überwiegend protechnische Einstellung der in den zwanziger und dreißiger Jahren maßgeblichen Autoren, so kann man die Leistung dieses Buches nicht genug bewundern: Es markiert den Punkt, an dem Technik zum erstenmal nicht mehr nur als Instrument eines wie immer gearteten Willens, sondern als Ordnung sui generis ins Blickfeld gerät, deren Entfaltung zerstörerische Konsequenzen hat. Gründe genug, es erneut zu lesen.

I

Friedrich Georg Jünger (1898-1977) gehört zu einer Generation, für die der Erste Weltkrieg zum prägenden Erlebnis wurde. Obwohl schon beim ersten Fronteinsatz in Flandern (Juli 1917) lebensgefährlich verwundet, blieb er noch bis zum Herbst 1919 Soldat und kam auch in der Folgezeit von der Erfahrung des Krieges nicht los. Die publizistische Tätigkeit, die er ab 1926 im Kielwasser seines Bruders entfaltete, war eine einzige Apotheose der Schützengrabengemeinschaft, der »männlichen und blutmäßigen Werte« von Ehre und Selbstaufopferung, und zielte auf nicht weniger, als Deutschland psychologisch zum nächsten Waffengang aufzurüsten.[43] Da die Weimarer Republik dieser Zielsetzung entgegenstand, schloß sich Jünger schon früh jener antiliberalen und antiparlamentarischen Bewegung an, für die Hans Freyer 1931 den treffenden Sammelbegriff »Revolution von rechts« fand.

Zu den am hartnäckigsten festgehaltenen Klischees über diese Bewegung gehört die Vorstellung, es habe sich um eine Art fundamentalistischen Aufstands gegen die Moderne gehandelt. In der Tat gab es einen solchen antimodernistischen Affekt in Deutschland, der sich nicht zuletzt in einem tiefen Mißtrauen gegen Technik und Industrie äußerte. Sein eigentlicher Höhepunkt lag indes in den Jahren vor dem Ersten Weltkrieg. Georg Simmel etwa konstatierte in seiner *Philosophie des Geldes* (1900) ein Übergewicht der objektiven über die subjektive Kultur und beklagte, »daß die Maschine so viel geistvoller geworden ist als der Arbeiter« (Simmel 1958, 505). Werner Sombart nahm das romantische Motiv von den Mitteln auf, die sich selbst zum Zweck erhoben hätten (Sombart 1923, 426), und sogar Max Weber pflegte mit Blick auf die technische Entwicklung vorzüglich von Mechanisierung, Versteinerung, Uniformierung und Standardisierung zu sprechen.

Diese Einstellung änderte sich jedoch schon während des Krieges und schlug rasch in eine Haltung um, die man wegen der Verbindung protechnischer und antidemokratischer Muster als *reactionary modernism* bezeichnet hat (Herf 1984). Der erste, der seinen Frieden mit der Technik machte, war Sombart. Der Krieg, so verkündete er in *Händler und Helden*, habe den eigentlichen Sinn des technischen Fortschritts offenbart, welcher in der Steigerung der Wehrfähigkeit bestehe (Sombart 1915, 125). In die gleiche Kerbe hieb Oswald Spengler in *Der Untergang des Abendlandes,* der die neue Generation aufforderte, sich der Technik statt der Lyrik, der Marine statt der Malerei zuzuwenden (Spengler 1973, 57).[44] Spengler übersah dabei nicht die problematischen Seiten der Technik. Die Maschinen, so meinte er, würden in ihrer Gestalt immer mehr entmenschlicht und die Menschen am Ende zum Sklaven ihrer Schöpfung. Solange es jedoch eine ausreichende Zahl von Ingenieuren gebe, dieser »wissenschaftlichen Priester« der Technik, könne der »Satanismus der Maschine« unter Kontrolle gehalten werden. Erst wenn der Nachwuchs dieser neuen Kirche ausbleibe, wenn den Begabtesten künftiger Generationen das Heil der Seele näher liege als die Beherrschung des Apparates, sei die faustische Kultur ernsthaft bedroht (Spengler 1973, 1190f.). Diese Gefahr sah Spengler indes erst Anfang der dreißiger Jahre gegeben, als er allenthalben Symptome für einen Verrat an der Technik und eine Flucht vor der Maschine entdeckte und daraus auf den beginnenden Niedergang der faustischen Welt schloß (Spengler 1931, 82ff.).

Daß die Technik eine durchaus positive Rolle spielen konnte, sobald sie als Instrument eines geeigneten Willens zur Macht fungierte, war auch die Überzeugung anderer Autoren der Weimarer Zeit. Hans Freyer beispielsweise griff das alte Motiv vom Zauberlehrling auf und spitzte es sogar noch zu, indem er die Technik als ein »System von eigner Herkunft, eigner Entwicklungstendenz und planetarischem Ausmaß« beschrieb, »das eigne Verbindungen und Abhängigkeiten zwischen den Menschen zu stiften vermochte« (Freyer 1925, 176f.). Zugleich präsentierte er jedoch den Hexenmeister, der diese Geister bändigen sollte: den Staat. Diesem nämlich sei die technische Apparatur nicht bloß ein Mittel zur Deckung der Lebensbedürfnisse, sondern ein politisches »Instrument der Macht«. Staatliche Planung füge die Technik in die Wehrverfassung ein und gebe ihr damit jenes starke Gefüge einer geschichtlichen Zwecksetzung, in der allein Technik wachsen könne (ebenda; Freyer 1933, 6). Die vielbeschworene Neutralität der Technik war von diesen Prämissen her ein bloßer Schein. Gerade die Rüstung bewies, daß die Technik politisch war, und daß es der Formkraft des politischen Prinzips durchaus gelingen konnte, »auch die autonome Struktur der technischen Gesittung mit ihren Gesetzen zu durchdringen« (Freyer 1925, 175).

Nicht anders sah es Carl Schmitt, für den mit der Technik der Punkt erreicht war, an dem der für die Neuzeit typische Prozeß der Neutralisierungen und Entpolitisierungen sein Ende erreicht hatte: »Die Technik ist nicht mehr neutraler Boden im Sinne jenes Neutralisierungsprozesses, und jede starke Politik wird sich ihrer bedienen. Es kann daher nur ein Provisorium sein, das gegenwärtige Jahrhundert in einem geistigen Sinn als das technische Jahrhundert aufzufassen. Der endgültige Sinn ergibt sich erst, wenn sich zeigt, welche Art von Politik stark genug ist, sich der neuen Technik zu bemächtigen, und welches die eigentlichen Freund- und Feindgruppierungen sind, die auf dem neuen Boden erwachsen.« (Schmitt 1979, 94)

Die gleiche Sichtweise durchzog auch jenes Buch, das der *Perfektion der Technik* den Titel lieferte und sich zu ihr, nach den Worten seines Verfassers, wie das Positiv eines Lichtbildes zum Negativ verhielt: Ernst Jüngers *Der Arbeiter* (E. Jünger 1989, 236). Wie Freyer oder Schmitt wies Ernst Jünger die Annahme zurück, es gebe eine Technik an sich, unabhängig von den geschichtlich wirksamen Zwecksetzungen. Technik sei nicht neutral, sondern »Projektion einer besonderen Lebensart« (E. Jünger 1981, 94); jedes Leben habe die Technik, die ihm angemessen, ihm angeboren sei. Die moderne Maschinentechnik nun sei zu begreifen »als das Symbol einer besonderen Gestalt, nämlich der des Arbeiters«; sie sei die Art und Weise, »in der die Gestalt des Arbeiters die Welt mobilisiert« (ebenda 80, 161). Diese Mobilisierung sei total und destruktiv. Sie zerstöre die alten gewachsenen Sozialordnungen, die Imperien und die kultischen Mächte, führe zu einer Uniformierung und Nivellierung der Individualität, zu Raubbau und Verschwendung. Die Gegenwart, konstatiert Jünger, befinde sich im Zustand einer ununterbrochenen Veränderung, die alle Kräfte und Ressourcen in Anspruch nehme, über die das Leben verfüge. »Wir leben in einer Zeit des großen Verzehrs, als dessen einzige Wirkung ein beschleunigter Antrieb der Räder zu erkennen ist [...] Diese Tatsache verhindert durchaus, daß das Leben auf irgendeinem seiner Gebiete sich in sicheren und unbestreitbaren Ordnungen zu festigen vermag.« (Ebenda, 183)

Ernst Jünger zeigte sich indessen zuversichtlich, daß dieser Zustand nur vorübergehend sein und früher oder später in eine neue, stabile Ordnung einmünden würde. Als eines der wichtigsten Indizien hierfür erschien ihm die »Perfektion der Technik«, die sich bereits heute auf vielen Gebieten abzeichne, auf denen ein Höchstmaß an mathematischer Präzision erreicht sei. Wenn die Technik nur ihrer Eigengesetzlichkeit folge, so werde irgendwann eine optimale Lösung erreicht, die nicht mehr überbietbar sei. Anstelle der permanenten Veränderung trete dann eine »Konstanz der Mittel«, die wieder Dauerhaftigkeit und Berechenbarkeit einkehren lasse: »die Technik wird Organ und tritt als selbständige Macht zurück in demselben Maße, indem sie an Perfektion und damit an Selbstverständlichkeit gewinnt« (ebenda, 190).

Diese neue, stabile Ordnung gründet sich dabei nicht allein auf die Eigenlogik der Technik. Sie hängt in noch weit höherem Maße davon ab, ob parallel zu den neuen Mitteln ein »neues Menschentum« entsteht, das die Sprache der Technik »nicht im Sinne des bloßen Verstandes, des Fortschrittes, des Nutzens, der Bequemlichkeit, sondern als Elementarsprache versteht« (ebenda, 173). Auch hier glaubte Jünger genügend Hinweise zu erkennen. In der Jugend, in der Generation der Frontkämpfer, in den modernen Bewegungen und Parteien entdeckte er eine neue Elite, eine »neue Aristokratie, die sich in den Besitz der entscheidenden geistigen und technischen Mittel setzt« und diese im Sinne reiner Technizität handhabt (ebenda, 276). Wo immer sich dieser Typus etabliere, seien neue Hierarchien, neue Herrschaftsordnungen die Folge; die Technik, die alle historisch überkommenen Herrschaftsordnungen zerstört habe, kulminiere damit in der Schaffung einer neuen Macht, die sich weltgeschichtlich durch ihren totalen Charakter auszeichne. Erst die Totalisierung der Technik, so Jüngers These, ermögliche eine totale Herrschaft; erst eine totale Herrschaft wiederum sei imstande, die Technik in die ihr gemäße Funktion eines Instruments oder Organs eines übergeordneten Willens zurückzustufen. Domestizierung der Technik durch deren Perfektionierung – darauf lief diese Strategie hinaus:

> »Die Technik erschien der Vorstellung lange Zeit als eine auf der Spitze stehende und im grenzenlosen Wachstum befindliche Pyramide, deren freie Fläche sich unabsehbar vergrößerte. Wir müssen uns jedoch im Gegenteil bemühen, sie zu sehen als eine Pyramide, deren freie Fläche sich fortschreitend verengt und die in sehr absehbarer Zeit den Schlußpunkt erreicht haben wird. Diese noch unsichtbare Spitze aber hat bereits die Ausmaße des Grundrisses bestimmt. Die Technik enthält in sich die Wurzeln und Keime ihrer letzten Potenz.« (Ebenda, 180)

Was aus heutiger Sicht an diesen Positionen vor allem auffällt, ist eine gewisse Affinität zum Technikverständnis der Linken, zumindest einiger Strömungen derselben. Affinität, nicht Identität, denn das Fernziel der Linken war und ist selbstverständlich nicht die Schaffung neuer Herrschafts- und Rangordnungen, sondern deren Aufhebung. Affinität aber doch insofern, als mindestens in drei Punkten Übereinstimmung besteht: in der Annahme, technische Denk- und Organisationmuster bestimmten nicht mehr nur einzelne Bereiche wie etwa den Produktionsprozeß, sondern die Gesellschaft insgesamt; in der Überzeugung, Technik sei gegenüber Herrschaft nicht neutral oder indifferent, sondern stets ein Niederschlag, eine Objektivation von Herrschaft; und in der Gewißheit, daß eine Überwindung des gegenwärtigen, als defizient angesehenen Zustands nur auf der Linie der technischen Entwicklung selbst erfolgen könne. Der erste Gedanke – die These von der *Diffusion der Technik* – ist über Lukács in den westlichen Marxismus eingegangen und beherrscht die *Dialektik der Aufklärung* ebenso wie die *Antiquiertheit des Menschen.* Die zweite Behauptung – die These von der *Differenz der Technik* – ist am nachdrücklichsten von Alfred Sohn-Rethel und Herbert Marcuse verfochten worden. Vollends die dritte, die These von der *Dialektik der Technik,* ist aus dem Kritikarsenal der Linken wohlvertraut. Daß der Geist seine Wahrheit nur gewinnen könne, indem er in der absoluten Zerrissenheit sich selbst findet, gehört zu den Zentraldogmen der Hegelschen Philosophie und ihrer Fortbildungen im Vormärz. Und auch von Marx wissen wir, daß sich das menschliche Gattungssubjekt erst in der heroisch bestandenen Konfrontation mit seiner extremsten Negation in Elend, Ausbeutung und Not bildet – im unvermeidlichen Gang durch das »kaudinische Joch« des Kapitals (Marx, MEW 19, 389).

Wenn Ernst Jünger schreibt, es gebe keinen Ausweg, kein Seitwärts und Rückwärts, nur den entschlossenen Sturm nach vorn, die Steigerung der Wucht und der Geschwindigkeit der Prozesse, in denen wir uns befinden (Jünger 1981, 207), dann spricht hier nicht nur der Schüler Nietzsches, der die Überwindung des Nihilismus von dessen äußerster Zuspitzung erwartet, sondern der Erbe einer sehr viel umfassenderen Tradition, deren Verhältnis zur Moderne man nicht anders als mythologisch bezeichnen kann; denn daß der Weg durch das Jammertal schon Teil der Erlösung sei, kennzeichnet den Mythos von jeher.

II

Wie steht nun Friedrich Georg Jünger zu diesen drei Thesen? Die erste hat er übernommen und radikalisiert. Unter technischem Fortschritt versteht er zunächst, nach der positiven Seite hin, die »Vermehrung der Automaten aller Art«[45], also jener Einrichtungen, durch die sich die neuzeitliche Technik von aller vorausgegangenen Technik unterscheidet. Was Automaten sind, wird nicht genau definiert, aber in zahlreichen Anläufen umschrieben. Es handelt sich um selbsttätige Mechanismen, die bestimmte Funktionen gleichförmig wiederholen und dabei von Arbeitern überwacht und kontrolliert werden (38). Dieses Verständnis unterscheidet sich von dem neuerer Industriesoziologen, die das Wesen der Automation vorzugsweise in der Substitution intellektueller Arbeitsfunktionen durch Maschinen sehen (Kern/Schumann 1970, 59), berührt sich aber durchaus mit dem von Marx, der vor allem auf die Ersetzung der mechanisierten Handarbeit abstellt und von Automatisierung dort spricht, wo die technologische Fortentwicklung der Maschinerie soweit gediehen ist, daß nur mehr Funktionen der Kontrolle und Korrektur durch den Menschen zu leisten sind (Marx, MEW 23, 402; Mendner 1975, 192f.).

Hatte Marx als eigentlichen Ort dieses »automatischen Systems der Maschinerie« noch die Produktionssphäre angesehen, so ist die Entwicklung seitdem durch eine immense Verbreitung der Automaten gekennzeichnet. Jünger nennt die Verkehrsautomaten, die in Gestalt von Eisenbahnen, Motorschiffen, Kraftwagen und Flugzeugen eine immer raschere Zirkulation ermöglichen. Er spricht von Waren- und Speiseautomaten, die die Konsumtion prägen; von Informations- und Spielautomaten, automatischen Systemen der Licht-, Wärme- und Wasserversorgung und nicht zuletzt von selbsttätig arbeitenden Waffen, durch deren Einsatz der Krieg im 20. Jahrhundert zu einem totalen geworden ist. Das automatische System der Maschinerie drückt nicht mehr nur einem isolierten Sektor seinen Stempel auf, sondern der sozialen und natürlichen Welt im ganzen: »Wir sind von einem stets fortschreitenden Automatismus, dem alle Gebiete der Technik zustreben, umgeben.« (38f.)

Automatisierung bedeutet jedoch nicht nur Vermehrung der Maschinen und Apparate. Sie bedeutet zugleich Anpassung des Menschen an diese Apparatewelt, Unterwerfung unter deren Prinzip: reine Funktionalität. Der Automatismus kann nur dann störungsfrei arbeiten, wenn das Personal, das ihn kontrolliert, sachgemäß operiert, d.h. alle individuellen Eigenheiten und Idiosynkrasien, die aus seiner biopsychischen Natur resultieren, ausschaltet. Das Personal muß sich selbst in einen Bestandteil des Systems verwandeln, zum »Automatendiener« werden, womit weit mehr als die Marxsche Formel vom Wächter und Regulator des Produktionsprozesses gemeint ist. Die industrielle Revolution impliziert eine anthropologische Revolution, die Mutation des Menschen zum »Arbeiter«: »Ein neuer Mensch, ein Arbeiter, wie wir ihn vorher nicht sahen, ist da. Dieser Arbeiter ist Subjekt der Apparatur, aber indem er es ist, ist er zugleich Objekt der durch die Apparatur entfalteten Arbeitsorganisation [...] Ich kann nicht im Auto fahren, ohne daß sich mein Sehen verändert, nicht ins Lichtspiel gehen, ohne daß Auge und Ohr sich verändern. Ich sehe, höre, denke kinetisch, ich bin eingezogen in die Bahn von Automatismus und Normung.« (290)

Eine anthropologische Revolution. Aber auch eine soziale Revolution, die alle historisch gewachsenen Formen gesellschaftlichen Zusammenlebens von Grund auf umwälzt. Ehe und Familie verlieren alle Funktionen, die über die Aufzucht der kommenden Generation von Automatendienern hinausgehen und verwandeln sich in Bündnisse auf Zeit (329). Freizeit wird zur Nicht-Arbeitszeit, die der Entspannung nach der Anspannung durch fremdbestimmte Tätigkeiten zu dienen hat. Die Feste verändern ihren Charakter, da sie nicht länger an die zyklische Ordnung einer symbolisch-rituell strukturierten Zeit gebunden sind. Der Sport wird dem Rekordprinzip unterstellt und folgt damit den gleichen Leistungskriterien wie die Berufsarbeit (147ff.). Die Universität wird zum Technikum, das bloß empirisches Wissen zu vermitteln hat, die Medizin zu einem Reparaturbetrieb, der mit immer teureren Apparaten mechanische Dysfunktionen zu korrigieren versucht und darüber hinaus durch permanente Tauglichkeit- und Eignungsprüfungen die Nutzbarkeit des Körpers überwacht (107f., 93). Beziehungen, die sich auf Personalität und Verantwortlichkeit stützen, werden seltener. An ihre Stelle tritt die »gesichtslose Anonymität eines technischen Trusts«. Persönlichkeit und Individualität erscheinen als Widerstände, die die Koordination der Funktionen behindern und Reibungsverluste erzeugen. Sie werden deshalb herausgefiltert und nötigenfalls eliminiert, unter tatkräftiger Mithilfe der Wissenschaft, die zum Medium der sozialen Kontrolle avanciert. Die dem Automatismus gemäße soziale Konfiguration bezeichnet Jünger als »technisches Kollektiv«, als dessen Hauptmerkmale er – lange vor Canguilhem – Typisierung, Normung und Standardisierung herausstellt (229ff.).

Das technische Kollektiv ist die Revolution in Permanenz. Es läßt keinen Bestand unangetastet, hält keinen Zustand für bewahrenswert. Alles Stabile wird dynamisiert, alles Immobile mobilisiert. Auch die rechtlichen und staatlichen Ordnungen, die über allen geschichtlichen Wandel hinweg eine gewisse Kontinuität verbürgten, werden davon erfaßt. Die Normen, die in der vortechnischen Welt Dauerhaftigkeit besaßen, werden jetzt zu vorläufigen Regulativen, die jederzeit durch andere ersetzt werden können; das Recht selbst wird zur Betriebsordnung. Insbesondere sein Hauptinstitut, das Eigentum, verliert an strukturierender Kraft, und zwar im gleichen Maße, in dem das immobile Eigentum par excellence, das Grundeigentum, seinen sozialen und ökonomischen Vorrang einbüßt. Das Eigentum gerät in Abhängigkeit von der sich ausweitenden Zirkulation, es wird durch zahlreiche Vorbehaltsrechte und Eingriffsklauseln bis hin zur Enteignung dem technischen Kollektiv adaptiert. »Das Eigentum kontrolliert nicht mehr den Verkehr; der Verkehr kontrolliert das Eigentum« (304).

In gleicher Weise wird der Staat für die Zwecke des technischen Kollektivs umgemodelt. Zwar vergrößert sich mit fortschreitender Technisierung die Kontrollkapazität und eben dadurch auch die Macht des Staates, doch ist in diesem Bündnis die Technik die bestimmende Kraft: »Denn mit jedem Akte der Technisierung schiebt die Technik ihren kausalen Mechanismus in den Staat hinein, jeder Zuwachs der Technik bedeutet eine Vermehrung der mechanischen Determinationen, die das Wesen des Staates von Grund auf verändern, und den Automatismus in ihm ausbreiten, dem alles Maschinenwesen zustrebt, damit aber der Erstarrung, die eins ist mit beschleunigter, vermehrter mechanischer Bewegung [...] Wo immer der Staat diesem Zwange erliegt, dort triumphiert die Technik über ihn, dort setzt sie an Stelle der staatlichen Organisation die technische.« (111f.)

Die Expansion der Technik ist für Jünger also gleichbedeutend mit einem umfassenden Schwund. Es verschwindet die Welt der Bauern und Handwerker, die auf einem Austauschverhältnis zwischen Mensch und Natur gründete; es verschwinden die Institutionen des Rechts und des Staates, die ebenfalls in einem, wie immer auch historisch vermittelten Verhältnis zur Erde standen: in Form des Grundeigentums, das eine bewahrende und pflegende Beziehung implizierte, in Form der Bindung einer politischen Gemeinschaft an ein besonderes Territorium, das mehr war als ein Stück ausbeutbaren und beliebig veränderbaren Bodens. An ihre Stelle rückt das technische Kollektiv: eine Verbindung von Apparaten und Organisationen, die den Menschen nur noch in der Gestalt des »Arbeiters« zuläßt. Dieses Kollektiv ist der Tendenz nach planetarisch und totalitär. Es entfaltet sich zunächst in Sonderkollektiven mit Spezialarbeitsplänen, drängt aber mit unwiderstehlicher Gewalt zu einer Universalmaschinerie mit einem Universalarbeitsplan. Wie es sich nach innen von keinen überpositiven Moral- oder Rechtsnormen hemmen läßt, erkennt es auch nach außen keine Grenzen an; es negiert den Willen von Staaten und Völkern zur Selbständigkeit und strebt nach planetarischer Geltung, »nach einer Zentrale also, welche die Koppelung von Apparatur und Organisation auf der ganzen Erde umfaßt« (358).

Seine Mittel dafür sind die totale Mobilmachung und der sich steigernde Zwang. Das technische Kollektiv, sagt Jünger, »ist ein mechanisches Zwangskollektiv und muß das sein, weil alle Mechanisierung den Punkt erreicht, an dem sie notwendig Zwang wird. Die Pläne dieser Arbeitswelt sind ohne Zwang nicht zu verwirklichen, und der Universalarbeitsplan, auf den das Kollektiv hinarbeitet, ist jene Stufe, auf der alle Arbeit den Charakter von Zwangsarbeit annimmt. Deshalb wird das Konzentrationslager zur ständigen Begleiterscheinung eines entwickelten technischen Kollektivs; es bildet sich dort, wo eine hinreichende automatische Exaktheit der Arbeitsvorgänge erreicht worden ist.« (317)

Aus dem Abstand von einem halben Jahrhundert mit anderen Erfahrungen unterliegt es keinem Zweifel, daß Jünger hier vorschnell historisch bedingte Erscheinungen generalisiert hat. Dies ist ihm nicht vorzurechnen, denn die Kraft des Augenscheins war in den vierziger Jahren so überwältigend, daß selbst geschulte Ökonomen und Sozialwissenschaftler wie die Mitglieder des Instituts für Sozialforschung zu ähnlichen Schlüssen kamen. Die liberalistische Ära, so glaubten Horkheimer, Pollock und Marcuse damals, sei vorüber, Planwirtschaft, technologische Rationalität und Scientific Management seien überall auf dem Vormarsch und verwandelten die Gesellschaft in eine integrale Einheit, »comparable to one of the modern giants in steel, chemical or motor-car production« (Pollock 1941, 453; vgl. Horkheimer 1939/40, 1942; Marcuse 1941). Für das nationalsozialistische Deutschland und die stalinistische Sowjetunion mag diese Diagnose angehen. Sie erweist sich aber als unzureichend, um die seither eingetretenen Entwicklungen zu erfassen. Gerade die technisch fortgeschrittensten Länder haben sich nicht, wie Jünger prognostizierte, zu mono-organisationalen Systemen mit einer einzigen Befehls- und Kommandoinstanz entwickelt, sondern sich in komplexe, heterogene Ordnungen differenziert, die ihre Einheit keineswegs über eine Zentrale erlangen. Die Vier- und Fünfjahrespläne, in denen Jünger den dem technischen Kollektiv gemäßen Organisationsmodus zu erkennen glaubte, sind mit den sie tragenden Regimen verschwunden, desgleichen die Konzentrations- und Arbeitslager. Auch die Auffassung, die konstitutionelle Demokratie sei mit dem Kollektiv unvereinbar, hat sich als unzutreffend erwiesen – wie übrigens auch die Behauptung, das Recht des Arbeiters auf freie Assoziation sei hinfällig geworden (314, 264). Was immer unter der »Perfektion der Technik« zu verstehen sein mag: eine Verstärkung der hierarchischen Organisation, eine Steigerung des Zentralismus und des mechanischen Zwangs, folgt aus ihr nicht notwendig. Die Prognose, daß sich das technische Kollektiv *à la longue* in ein Gefängnis umwandle (330), wird, trotz ihrer Nähe zu Foucault, durch die Fakten nicht gestützt.

Der gedankliche Kurzschluß, der zu solchen Fehleinschätzungen führt, liegt auf der Hand. Er entsteht durch die Übertragung von Koordinationsformen innerhalb eines eng begrenzten, auf wenige Funktionen spezialisierten Bereichs auf ein Gefüge, das durch eine weit vorangetriebene Differenzierung zwischen verschiedenen Funktionssystemen gekennzeichnet ist. Schon Marx bestand mit guten Gründen auf dem Unterschied zwischen der Teilung der Arbeit in einer Werkstatt und derjenigen im Innern der Gesellschaft (MEW 23, 375f.). In die gleiche Richtung zielt das Argument der Systemtheorie, daß die Gesellschaft mit fortschreitender funktionaler Differenzierung alle Probleme an Teilsysteme delegiert und damit auch die Prätention einer Gesamtsteuerung durch ein Zentrum aufgibt. Zwar begünstigt die Bildung von Teilsystemen ihrerseits die Bildung von Organisationen, doch kann keine der Funktionen ganz auf ein einheitliches Organisationssystem übertragen werden. Erst recht ist eine Steuerung und

Koordination der Teilsysteme durch eine Supraorganisation undenkbar, und dies nicht nur aus sachlichen, sondern schon aus rein logischen Gründen: Wenn die Gesellschaft alle ihre Funktionen an Teilsysteme abgegeben hat, kann es neben der in Teilsysteme differenzierten Gesellschaft nicht noch eine Gesellschaft, also auch keine gesamtgesellschaftliche Repräsentation geben, die Funktionen beobachtet und aufeinander abstimmt. Die Gesellschaft nach dem Vorschlag Jüngers als ein Kollektiv zu denken, »in dem pariert werden muß« (296), ist gleichsam noch zu traditional gedacht, zu sehr an den alteuropäischen Vorstellungen von der Gesellschaft als einem einheitlichen politischen Körper orientiert, als daß es den Besonderheiten einer Ordnung Rechnung tragen könnte, deren Einheit gerade in der Differenz besteht (Luhmann 1986, 202f.; 1988, 340f., 345f.). Aus den gleichen Gründen muß auch die zu einseitig am Kontroll-Paradigma orientierte Sicht des Individuums zurückgewiesen werden.

Immerhin: Nicht alle Überlegungen, die Jünger zur Diffusion der Technik angestellt hat, sind mit dieser Kritik erledigt. Seine Beobachtungen über die anthropologischen Veränderungen lassen sich durchaus in eine Konzeption übertragen, die Gesellschaft nicht als hierarchisches Gefüge und das Individuum nicht als dessen bloße Replikation faßt. Dasselbe gilt für den Begriff der Mobilisierung, der in den neueren Ansätzen zu einer Theorie der politischen Kinetik eine Reaktualisierung erfährt.[46] Von nicht geringerer Aktualität aber erscheinen mir Jüngers Gedanken über die Veränderungen von Recht und Staat. Daß Eigentum und Besitz keine »Institutionen« im Sinne von Dauer verbürgenden Einrichtungen mehr sind, stimmt mit Ulrich Becks Beschreibung der Risikogesellschaft überein, in der von einer schleichenden ökologischen Enteignung bei rechtlicher Besitzkontinuität die Rede ist (Beck 1986, 50). Die Legalisierung nicht kalkulierbarer und nicht kompensierbarer Vernichtungsgefahren, schreibt Beck an anderer Stelle, setze die politischen und rechtlichen Fundamente des »Sicherheitsstaates« einer permanenten Erosion aus, die rasch in eine institutionelle Destabilisierung umschlagen könne. »Politik, Recht und Verwaltung haben die Sicherheitskonstruktionen von Industrie und Technikwissenschaft ›verinnerlicht‹ und verspielen nun mit dem Aufbrechen des Jahrhundertfehlers in der sie leitenden, technikzentrierten ›Sicherheitsphilosophie‹ ihre Autorität.« (Beck 1988, 20, 181) Rainer Wolf spricht von einer »Antiquiertheit des Rechts«, da die Bewältigung der Risiken des wissenschaftlich-technischen Fortschritts nicht mehr über rechtliche Normen und klar definierte Eingriffstatbestände erfolge, sondern über Leerformeln, deren Ausfüllung korporatistischen Netzwerken von privatrechtlich verfaßten technischen Verbänden, Gutachter- und Sachverständigenorganisationen und halbstaatlichen Gremien überlassen werde (Wolf 1987, 1988). In die gleiche Richtung zielen neuere systemtheoretische Analysen, die eine »Entzauberung des Staates« konstatieren (Willke 1987).

Friedrich Georg Jünger mag diese Entwicklung noch zu sehr aus der Perspektive des Hierarchie- und Kontroll-Paradigmas beurteilt haben; daß er einige ihrer Hauptmerkmale zutreffend und vor allem früher als mancher andere erfaßt hat, wird man nicht abstreiten können.

III

Weitaus weniger klar ist Jüngers Verhältnis zur zweiten These. An vielen Stellen sieht es so aus, als habe er sie ebenso übernommen wie die Diffusionsthese. Wie Spengler bestimmt er die Technik als Medium von Kampf und Raub, als ein Ensemble von »Zwangsmethoden, denen die Natur unterworfen wird, um ihr Ergebnisse abzupressen«; wie Nietzsche entdeckt er in ihr einen Willen zur Macht, der auf schonungslose Ausplünderung der Erde ziele (289, 97). Die Maschine, heißt es, sei nichts anderes als die Prothese des menschlichen Ausbeutungswillens, die in ihr enthaltene Rationalität »eine solche des Ausbeutungsprozesses selbst« (305, 239). Schließlich finden auch die Auffassungen Freyers und Ernst Jüngers eine Fortsetzung in der Betonung des Primats der Planung. »Der Plan ist prä-parat für die Wissenschaft; er präpariert alles Denken in Hinsicht auf sich selbst und seine Erfordernisse, seinen Fortgang. Er duldet keine kontrollierende Instanz mehr, die ihn sich unterordnet.« (361)

Wer aber ist das Subjekt dieser Planung, wer ist der Träger dieses Willens zur Macht, der sich mehr und mehr auf den Planeten im ganzen erstreckt? Jüngers Antwort hierauf bleibt nicht selten auf dem Niveau von Sonntagspredigten. Wir hören von der Hybris des Menschen, seinem Streben nach Macht und seiner mangelnden Ehrfurcht vor der Schöpfung; wir erfahren von seiner Neigung zum Raub und zu gewaltsamen Eingriffen, von seinem Starrsinn, der sich auch durch Verwüstungen und Katastrophen nicht davon abhalten läßt, die Erde fortgesetzt zu vernutzen und zu verbrauchen. Und wie in einer Predigt fehlt es denn auch nicht an Mahnungen zu Umkehr und Besserung sowie an Tröstungen, daß es noch nicht zu spät sei. Die Hand, welche die Maschinen geschaffen habe, bleibe allen Maschinen überlegen, und der einzelne sei heute nicht schwächer, sondern stärker als je. »Die Erde bedarf des Menschen als eines Pflegers und Hirten. Wir müssen wieder lernen, sie wie eine Mutter zu behandeln. Dann werden wir auf ihr gedeihen.« (363)

Fragt man nun freilich nach der näheren Beschaffenheit dieses Menschen, der da als Subjekt des technischen Willens zur Macht figuriert, so zeigt sich, daß Jünger doch erheblich mehr weiß, als er sagt. Subjekt der Technik ist z.B. nicht der Kapitalist, obwohl dem Kapitalismus des 19. Jahrhunderts eine Schlüsselrolle als Wegbereiter der Maschinisierung zukommt. Das Maschinenwesen, notiert Jünger, wächst aus der Eigentumsordnung hervor, wird durch sie vorangetrieben und ausgeweitet, bis eine bestimmte Schwelle erreicht ist. Dann aber erfolgt der Umschlag. Der Eigentümer-Kapitalist, der zu Beginn der Industrialisierung die Regel war, wird überflüssig, das Kapital verwandelt sich in Aktienkapital, das Unternehmen in einen gigantischen Betrieb, der nichts Eigentümliches mehr hat und dem Eigentum entgleitet. Aus dem privaten Eigentum wird zunächst Scheineigentum, dann Eigentum des Kollektivs. »Die Eigentumsordnung wird zu einer Fassade, hinter der ein System anonymer Beteiligung arbeitet. Hier beginnen die Schachtelungen, hier beginnt die Verdunkelung der Einflüsse. Es bilden sich Kontrollen aus, die sich der Kontrollierbarkeit entziehen.« (276)

Der Versuch des Marxismus, die Maschine als Werkzeug und Zubehör einer auf ökonomische Gesetze gegründeten Welt zu begreifen, als »Werkzeug eines allmächtigen, abstrakten Ökonomiegottes« (227), muß deshalb nach Jünger als unzulänglich zurückgewiesen werden. Die Maschine ist kein Teil einer Welt von Dingen, an denen man Eigentum haben kann. Sie ist ein System von eigner Gesetzlichkeit, in dem Begriffe wie Ding, Sache, Person oder Eigentum nichts mehr aussagen. »Was sich jetzt formiert, ist nicht mehr die Welt des Eigentums.« (235)

Subjekt der Technik ist indes auch nicht der Gegenpol zum Eigentümer, der eigentumslose »Arbeiter«. Jünger gesteht zwar der sozialistischen Bewegung zu, daß sie mit Recht gegenüber dem Kapitalisten den Vorwurf der Ausbeutung erhebt, bemängelt aber die zu enge Fassung des Ausbeutungsbegriffs. Dieser betreffe nicht nur, wie bei Marx, die Produktion und Aneignung des Mehrwerts, sondern die Praktiken des technischen Kollektivs insgesamt; an diesen Praktiken aber sei der Arbeiter genauso beteiligt wie der Kapitalist. Der Gedanke einer Souveränität des Arbeiters erscheint Jünger deshalb als illusorisch, ganz gleich ob in der sozialistischen Variante oder in derjenigen seines Bruders Ernst, der die Perfektion der Technik, wie gezeigt, als Bedingung für die Erhebung des »Arbeiters« zum neuen Herrschaftssubjekt feierte. Der Arbeiter verkennt,

> »daß er sich selbst als Mitarbeiter und Verteidiger des technischen Fortschritts der Ausbeutung schuldig macht, und hierin liegt der Grund dafür, daß alle seine Anstrengungen scheitern müssen, daß er selbst dort keine Erleichterung erlangt, wo er unter Regierungen lebt, denen er vertraut und

> mit denen er sich identifiziert. Wenn er die Kraft zeigt, den privaten Kapitalismus abzuschütteln, so fehlt ihm doch die Kraft, die Rationalität der Technik selbst zu meistern, und deshalb wird er durch Apparatur und Organisation unweigerlich in seiner Lage festgehalten. Er bleibt der Ausbeutung solange unterworfen, als er selbst die Ausbeutung rechtfertigt und bejaht.« (163)

Nach Jünger reicht es deshalb nicht aus, die Technik, wie etwa Freyer vorschlägt, als »Verkörperung eines geschichtlichen Wollens« zu begreifen (Freyer 1987, 13). Mindestens ebenso wichtig, wenn nicht noch wichtiger, ist »der folgenschwere Vorgang der Ablösung« (204), vermöge dessen sich die Technik gegenüber diesem Wollen verselbständigt. Dieser Vorgang ist kein einmaliger Akt. Er ist zusammengesetzt aus einer ganzen Kette von Ablösungen. Den Anfang macht die Ablösung der *technica naturalis* (jenes von Kant so bezeichneten Verfahrens der Natur, Wesen hervorzubringen) durch die *technica intentionalis,* welche einzelne dieser Verfahren herausgreift und durch Konstruktionen nachahmt. Von diesen nachahmenden Konstruktionen lösen sich ihrerseits Modelle ab, in denen die Bindung an Naturvorgänge immer weiter zurücktritt. Die Abkoppelung von Raum und Zeit von der sinnlichen Erfahrung, ihre Hypostasierung entweder, wie bei Newton, zu absoluten oder, wie bei Kant, zu apriorischen Größen, ermöglicht nicht nur ein Verständnis der Natur als eines kausal determinierten Zusammenhangs, sie erlaubt es zugleich, diesen Zusammenhang mit Hilfe von lediglich vier Grundbegriffen (Raum, Zeit, Körper und Kraft) zu rekonstruieren und zu kontrollieren. Natur wird zur Bewegung von Körpern, wobei Bewegung nicht mehr im qualitativ-teleologischen Sinne des Aristotelismus gedacht wird, sondern als Funktionsgleichung, als Differentialquotient des (abstrakten) Raums und der (abstrakten) Zeit; die Kräfte, die eine Änderung dieser Bewegung erzwingen, werden ebenfalls nicht substantiell, sondern relational definiert, als Produkt der als bloße Masse aufgefaßten Materie mit der zeitlichen Änderung der Geschwindigkeit, d. h. der Beschleunigung. Insofern alle diese Bestimmungen letztlich auf die unendlich teilbare, homogene und stetige Zeit verweisen, die mit der Mechanik Galileis und Newtons zentral wird, ist Jünger zuzustimmen, wenn er die »Ablösung« der Zeit zur Voraussetzung der modernen Naturwissenschaften erklärt und resümiert: »Es ist leicht erkennbar, daß die wissenschaftlichen Voraussetzungen der neuen Technik durch die Durchbildung des dynamischen Teils der Mechanik geschaffen werden.« (79; zum ganzen vgl. 46ff.)

Nach einer näheren Begründung für diesen Ablösungsvorgang – oder anders gesagt: für die wachsende Indifferenz der Technik – sucht man bei Jünger allerdings vergebens. Jünger hält es zwar für möglich, einzelne Elemente der Dynamik, insbesondere den Kraftbegriff, geistesgeschichtlich weiter zurückzuverfolgen, etwa bis zur Scholastik, doch sei eine Ursache oder ein Ursprung der geschichtlichen Bewegung, die heute in der Technik kulminiere, letztlich nicht auszumachen. »Von einem Ursprung wissen wir so wenig wie vom Ende. Der Ursprung bleibt für uns dunkel; was wir wahrnehmen, sind Bewegungen und Veränderungen, die ein neuartiger Kraftbegriff in uns und unserer Umwelt hervorruft.« (203) Immerhin läßt sich Jünger dadurch nicht abhalten, ex negativo doch etwas über diesen dunklen Ursprung auszusagen, indem er soziale und ökonomische Ursachen aus ihm ausschließt. Die Technik, dekretiert er, lasse sich nicht auf ein ökonomisches Bezugssystem beziehen, vielmehr müsse umgekehrt die Ökonomie als eine Funktion der Technik betrachtet werden (229, 233). Alle Kapitalbewegung, so seine These, sei nur ein Kapitel der Mechanik, nicht umgekehrt. »Wer die Bewegungen des Kapitals studieren will, der findet den Schlüssel dazu in der Mechanik. Die vermehrte, neuartige Bewegung des Kapitals steht in unlöslichem Zusammenhang mit der Dynamik, jenem Teil der Mechanik also, dessen Entwicklung das gesamte Maschinenwesen hervorgebracht hat und hervorbringt.« (209)

Jünger stützt diese These mit einem Exkurs in die Geschichte des Bankwesens. Bis weit in die frühe Neuzeit habe die Hauptfunktion der Banken in der einfachen Aufbewahrung bestanden, bei der sich das Geld noch in einem festen Aggregatzustand befand. Erst mit zunehmender Maschinisierung der Produktion habe auch die Mobilität des Geldes zugenommen, wodurch es von den Banken nicht mehr als bloßes Depositum behandelt, sondern für eigene Kreditgeschäfte eingesetzt werden konnte. Diese Bestimmung aber, mehr Geld zu erzeugen (also als Kapital zu agieren), resultiere nicht aus der Natur des Geldes selbst, sondern aus seiner Unterwerfung unter den dynamischen Kraftbegriff. »Im Geldwesen regt sich der Kraftgedanke zuerst, und mit der Entwicklung der Dynamik wird er beherrschend.« (284) Das Geld, heißt es an einer anderen Stelle, »folgt einer mechanischen Beschleunigung; seine Umlaufsfunktionen treten immer schärfer und gebietender hervor. Diese Beschleunigung erreicht in den Zeiten der automatisierten Mechanik einen Höhepunkt; das Geld selbst kreist automatisch. Aus einem wachsenden Geldvolumen allein wäre diese beschleunigte Zirkulation nicht herleitbar; sie wird erst verständlich, wenn die Geldbewegung als abhängig von der herrschenden Mechanik begriffen wird.« (213f.)

Ich finde diesen Gedankengang nicht überzeugend, denn das Geld bedarf jener von Jünger benannten Veränderungen keineswegs, um Kapital zu werden. Welches auch immer die historische Reihenfolge seiner Erscheinungsformen gewesen sein mag, seinem Begriff nach entspringt das

Geld aus dem Wert; der Wert aber ist Ausdruck eines Gesellschaftszustands, in dem die Individuen nur über den Umweg des Marktes ihre Reproduktion zu sichern vermögen. Die Vermittlung ihrer Gebrauchswertinteressen durch den Tauschwert ist eine Vermittlung *via negationis*. Sie impliziert die Abstraktion von den jeweiligen Gebrauchswerten, die Auslöschung aller konkreten Qualitäten der Arbeit und ihre Reduktion auf die Verausgabung rein physiologischer Arbeitskraft in einem quantitativ bestimmten Zeitraum; und sie impliziert zugleich die dingliche Darstellung dieser Negationen in einem allgemeinen Äquivalent, dessen Funktion aufgrund bestimmter Eigenschaften schließlich vom Geld übernommen wird. Die Reduktion auf einen »toten Zeitbegriff« und eine bloß mechanische Auffassung von »Kraft« muß daher dem Geld nicht erst zugeschrieben und angelastet werden, es ist immer schon diese Reduktion. Es bedarf auch keineswegs erst der Erfindungen der Mechanik, um die Geldwirtschaft in Kapitalismus zu verwandeln, sondern nur der Verallgemeinerung der im Geldverhältnis latent gesetzten Strukturen, ist doch die »Verdinglichung der gesellschaftlichen Produktionsbestimmungen und die Versubjektivierung der materiellen Grundlagen der Produktion« »schon in der Ware eingeschlossen, und noch mehr in der Ware als Produkt des Kapitals« (Marx, MEW 25, 887).

Daß der Kapitalbegriff aus dem Wertbegriff entspringt, heißt nicht, daß das Kapital als der sich selbst realisierende Begriff anzusehen wäre. Das Kapital, sagt Marx, existiert zwar als Kaufmanns- und Wucherkapital schon in den Zwischenräumen der alten, vorbürgerlichen Welt. Zum System des produktiven Kapitals aber vermag es sich nicht aus eigener Kraft zu entfalten, denn sonst »hätte das alte Rom, Byzanz etc. mit freier Arbeit und Kapital seine Geschichte geendet oder vielmehr eine neue Geschichte begonnen« (Marx 1974, 405). Damit das Kapital produktives Kapital werden kann, bedarf es besonderer Bedingungen, die historisch nur sehr selten zusammentrafen. Erforderlich ist zum einen eine Erweiterung des Austauschs zum Welthandel, durch die sich das Geld zum »Weltgeld«, zur »allgemeinen Weltmarktsware« und damit zu seiner vollen Bestimmung entwickelt (Marx, MEW 26.3, 250; MEW 23, 156; 1974, 878, 881). Zum andern die Existenz eines umfangreichen Pools freier Arbeitskräfte, mit denen das Kapital in Austausch treten kann. Diese letztere Bedingung aber setzt ihrerseits eine radikale »Auflösung der *Eigentumsverhältnisse der Arbeit an ihren* Existenzbedingungen« voraus, die Schaffung von Verhältnissen, in denen der Arbeiter als freier Arbeiter, »als ojektivloses, rein subjektives Arbeitsvermögen den objektiven Bedingungen der Produktion als seinem *Nichteigentum*, als *fremdem* Eigentum, als für sich seiendem *Wert*, als Kapital« gegenübertritt (Marx 1974, 408, 397).

Auf die historischen Prozesse, die zu diesem Ergebnis geführt haben, kann ich hier nicht eingehen. Marx hat sie in seinem Kapitel über die »sogenannte ursprüngliche Akkumulation« umrissen. Festzuhalten aber ist, daß die Dinge genau umgekehrt liegen wie von Jünger dargestellt. Entscheidend ist nicht die Mobilisierung des Geldes durch die Mechanik, in deren Gefolge sich dann das Eigentum auflöst. Entscheidend ist vielmehr die Selbstauflösung der vorbürgerlichen, auf dem wie immer gearteten Eigentum der Produzenten an den objektiven Bedingungen ihrer Arbeit beruhenden Welt, die die Verwandlung von Geld in Kapital einerseits, den Austausch desselben mit dem von seinen gegenständlichen Daseinsmomenten getrennten Arbeitsvermögen andererseits ermöglicht. Jünger hat etwas Richtiges geahnt, als er die Mobilisierung des Geldes mit dem Hinzutreten einer neuartigen »Kraft« in Verbindung brachte. Er übersah jedoch, daß diese Kraft keineswegs ein bloßer Begriff war, sondern, in Gestalt des Arbeitsvermögens eine »dem Kapital selbst angehörige Kraft« (Marx 1974, 185), ein *daseiender* Begriff. Und er übersah außerdem, daß diese Kraft nicht einfach von außen auf eine in sich stabile Welt des Eigentums prallte, sondern gerade aus deren Zerstörung entsprang – oder genauer: aus einer Entwicklung, die für den größten Teil der Bevölkerung das Eigentum auf das bloße Arbeitsvermögen beschränkte. Die wissenschaftlich-technische Rationalisierung hat diese Reduktion potenziert, indem sie vermittels der Produktionsmethoden des relativen Mehrwerts den Anteil der Lohnarbeit am gesellschaftlichen Reichtum verminderte und das Eigentum an der eigenen Arbeitskraft bis zur Bedeutungslosigkeit entwertete (Bahr 1983, 433). Sie hat damit jedoch nicht etwas grundsätzlich Neues getan, vielmehr nur jene Negation fortgeführt, die die kapitalistische Produktionsweise von Anfang an bestimmte.

Im Lichte dieser Überlegungen erscheint auch die Mechanik nicht als der Deus ex machina, als den Jünger ihn präsentiert. Nicht daß die Kausalbeziehung nun einfach umzukehren und die Mechanik zu einem Effekt des Kapitalismus zu erklären wäre, wie dies etwa Borkenau (1934) und Grossmann (1935) vorgeschlagen haben. Gegenüber solchen »externalistischen« Modellen ist eine »internalistische« Sichtweise, wie Jünger sie vertritt, insofern im Vorteil, als wesentliche Grundbegriffe der Mechanik schon zu einem Zeitpunkt entworfen wurden, da von einer spezifisch kapitalistischen Produktionsweise noch nicht die Rede sein konnte, vielmehr nur erst vom Übergang Geld-Kapital. Kapitalismus und Mechanik verhalten sich nicht wie Grund und Folge zueinander. Sie müssen statt dessen *beide* als Momente einer Totalität bestimmt werden, die von der Abstraktion des Realen zur Realisierung des Abstrakten fortschreitet.

Dieser Prozeß ist im Zeitalter der Mechanik in ein kritisches Stadium getreten, für das es in keiner anderen Kultur außerhalb des Okzidents eine Parallele gibt. Im Zentrum des entstehenden modernen Weltsystems, zu dem nach Wallerstein Südengland, Nordfrankreich, Flandern und die Niederlande zu rechnen sind, haben im 16. und 17. Jahrhundert die gesellschaftliche Funktionsdifferenzierung und der Austausch einen solchen Grad erreicht, daß das Geld als die Erscheinungsform der abstrakten Allgemeinheit nicht mehr bloß vorübergehende Existenz als Mittler des Warentauschs hat. Durch den Austausch mit dem lebendigen Arbeitsvermögen ist es vielmehr aus der Zirkulation herausgetreten, aus einem Ding zu einem System geworden, das Produktion und Zirkulation umgreift. Dieses Umgreifen aber ist, da die Produktion noch überwiegend auf handwerklicher Grundlage beruht, nur formell. Wir haben es noch nicht mit einem autopoietischen System zu tun, das die Elemente, aus denen es besteht, mit Hilfe der Elemente, aus denen es besteht, reproduziert, sondern mit einem äußerlichen Arrangement von Elementen, die ihre wesentlichen Eigenschaften unabhängig vom Gesamtsystem besitzen. Erst mit der Erweiterung der bloß formellen zur auch reellen Subsumtion der Arbeit unter das Kapital schließt sich der Kreis, wird das System von einem bloß äußerlichen Gefüge zu einer selbstreferentiellen Ordnung, in der die abstrakte Gesellschaft objektiv geworden ist.

Exakt die gleiche Entwicklungslogik finden wir in der Mechanik. Sie erreicht ihren ersten Höhepunkt mit Newton, in dessen Weltsystem Zeit und Raum die Rolle eines absoluten, gleichwohl äußeren Rahmens spielen, welcher die Essenz der in ihm enthaltenen Elemente nicht berührt. Die Welt ist für Newton eine Uhr, die aus vorgefertigten Bestandteilen, letzten Partikeln mit essentiellen Qualitäten, zusammengesetzt und für ihr Funktionieren auf die Eingriffe eines göttlichen Uhrmachers angewiesen ist (Freudenthal 1982, 113). Eine fortgeschrittenere Stufe markiert die *Kritik der reinen Vernunft*, in der Raum und Zeit aus absoluten zu transzendentalen Formen geworden sind, die sich zwar auf die phänomenale Welt beschränken und nichts über das »Ding an sich« aussagen, für die erstere aber schlechterdings konstitutiv sind. Kant kann insofern als der Philosoph der beginnenden reellen Subsumtion angesehen werden, als bei ihm die abstrakt-homogene Zeit vermöge des Schematismus der Verstandesbegriffe zum Dreh- und Angelpunkt der wissenschaftlichen Erfahrung avanciert.

Die Verwirklichung dieses Dispositivs in der lebenden und toten Maschinerie hat dann deutlich gemacht, daß eine erhebliche Kluft zwischen den im Dispositiv gesetzten Ansprüchen auf Gleichförmigkeit, Homogenität und Identität einerseits, dem jeweiligen Realisierungsgrund andererseits bestand: Das Material, aus dem die Maschinen gefertigt waren, war spröde, vergänglich, verschleißanfällig, das organisierte Arbeitsvermögen widersetzlich und eigensinnig. Aber während die Sozialromantik davon viel Aufhebens machte und sich in Dornröschenträume von der »Wiedererweckung des begrabenen Menschen« (Lukács) bzw. einer verschütteten »Lebenswelt« (Habermas) verlor, vollzog sich bereits die Entwicklung zu einer neuen Stufe, die die Kluft zwischen Abstraktion und Realisierungsgrund schließt. Mit der neuen, »transklassischen« Maschinerie der Computertechnologie entstand ein Maschinentypus, der nicht mehr an die Eigenschaften einer äußeren, wie immer auch manipulierten Natur gebunden ist, sondern die Abstraktion direkt und unmittelbar verkörpert. Zwar besteht auch ein Computer noch aus stofflichem Material, doch ist dieses für die Funktionsweise unerheblich:

> »Verkörpert werden nicht die determinierten maschinellen Abläufe, sondern ein formales System, das gewissermaßen der Träger einer unendlichen Zahl verschiedener möglicher Maschinen ist. Im Unterschied zur klassischen Maschine werden hier die konstruktiven Möglichkeiten nicht mehr durch die begrenzenden Möglichkeiten realer Naturvorgänge eingeschränkt. Ihre Grenzen werden ausschließlich durch die Grenzen der *zweiwertigen formalen Logik* bestimmt. Sie findet im Computer ihre Verkörperung.« (Holling/Kempin 1989, 111)

Damit ergibt sich zugleich die Möglichkeit einer Aufhebung der engen Verklammerung von Maschinerie und bürokratisch-hierarchischer Organisation, die Jünger noch als unvermeidlich angesehen hat. Während die bislang üblichen Formen der Verknüpfung auf menschliche Organisationsleistungen nicht verzichten konnten, weil die klassischen Maschinen zu unbeweglich und starr waren, zeichnet sich jetzt eine Verlagerung der Synthesis auf die Maschine selbst ab. Die Menschen finden sich statt als Maschinenteile zunehmend an der Peripherie der Systeme wieder, welche letzteren vollkommen eigengesetzlich sind (Holling/Kempin 1989, 141). Für den Menschen bedeutet diese endgültige Dehumanisierung der Systeme fraglos eine Entlastung, indem nun der direkte Zwang zu Disziplin und Gleichförmigkeit entfällt bzw. objektiviert wird. Was nach der einen Seite jedoch als Entlassung in die Freiheit erscheint, erweist sich nach der anderen Seite als Entlassung in die Irrelevanz und Marginalität. »Die Autonomie der von uns geschaffenen, verselbständigten Systeme kann auf der Handlungsebene gar nicht mehr erreicht werden. Je autonomer das System, desto großzügiger kann es Freiheit der Meinung und des Denkens gewähren, ohne sich dadurch selbst zu gefährden. Was die Subjekte denken und tun, wird für das Gesamtsystem immer beliebiger.« (Ebenda, 135f.). Die Perfektion der Technik ist so gesehen die Maximierung ihrer Indifferenz.

IV

Kommen wir nun zur dritten und letzten These der Weimarer Technikdiskussion: der Annahme einer dem technischen Fortschritt inhärenten Tendenz zum Umschlag in einen meta- oder transtechnischen Zustand. Gegen sie zieht Jünger alle Register. Es sei, so seine Gegenthese, »ein böser Irrtum, wenn man schlechtweg annimmt, daß hier ein Ordnungsvorgang am Werke ist, der über die Aufgabe hinaus, den Vorgang seiner eigenen Ausweitung zu regulieren, noch etwas leistet und abwirft.« (89)

Einige der Gründe, die ihn zu dieser Behauptung veranlassen, kennen wir bereits: Die Technisierung führt zu Nivellierung und Anonymisierung, zur Ersetzbarkeit jedes einzelnen und damit zur Entpersönlichung; sie verändert die anthropologischen Grundgegebenheiten hin zu einer reibungslosen Einpassung des Menschen in die tote und lebende Maschinerie; und sie löst die politischen und rechtlichen Institutionen auf, soweit sie der totalen Mobilisierung und Disponibilisierung Grenzen setzen. Vielleicht, meint Jünger, liege der Zeitpunkt nicht mehr fern, an dem alles Technische Perfektion erlangt. Um so notwendiger sei es, alle Illusionen aufzugeben, die sich seit den Tagen der Aufklärung daran knüpfen:

> »Die Maschine ist kein glückspendender Gott, und das Zeitalter der Technik endet in keinem friedlichen und liebenswürdigen Idyll. Die Macht, die es uns anbietet, muß zu allen Zeiten teuer bezahlt werden mit dem Blute und der Nervenkraft von Hekatomben von Menschen, die auf irgendeine Weise in das Getriebe von Rädern und Schrauben geraten sind. Sie wird bezahlt durch den Stumpfsinn des Arbeits- und Erwerbslebens, der in dieser Zeit seinen Gipfel erreicht, in der mechanischen Arbeit um den Lohn, in dem Arbeitsautomatismus, von dem der Arbeiter abhängig wird. Sie wird bezahlt durch die Verödung des geistigen Lebens, die überall um sich greift, wo die Mechanik erweitert wird. Es ist gut, wenn man alle Illusionen über die Segnungen der Technik fahren läßt, vor allem aber die Illusionen des ruhigen Glückes, die man mit ihr verbindet. Sie verfügt über kein Füllhorn.« (157)

Jüngers Kritik beschränkt sich indes nicht darauf, nur die negativen Rückwirkungen der Technik auf den Menschen hervorzuheben. Er attackiert vielmehr zugleich den Kern der »Illusionen der Technik« (wie das Buch ursprünglich heißen sollte): die Vorstellung von der kontinuierlichen Vermehrung des Reichtums. Wie groß deren Bedeutung für das Selbstbewußtsein des aufsteigenden Bürgertums war, muß hier nicht ausgebreitet werden. Der Hinweis mag genügen, daß selbst der entschiedenste Kritiker der bürgerlichen Welt sich ihr nicht zu entziehen vermochte und, wider seine bessere Einsicht in die gesellschaftliche Formbestimmtheit der Maschinerie, die »zivilisierenden Tendenzen« des Kapitals feierte, welche sich nicht zuletzt in der Entwicklung der Naturwissenschaften bis zu ihrem höchsten Punkt und einer damit verbundenen Steigerung des allgemeinen Reichtums manifestierten (Marx 1974, 317, 313f.).

Jünger hält dieser Auffassung nicht nur entgegen, daß sie geradewegs auf eine Expansion des technischen Kollektivs hinauslaufe[47], er behauptet außerdem, daß die Verknüpfung von Technisierung und Reichtumsvermehrung an einem grundlegenden Rechenfehler kranke. Wohl gebe es Betriebe, die Gewinne und Überschüsse erzielten, doch lasse sich daraus nicht schon auf ein ökonomisches Verhalten schließen; die Rentabilität solcher Unternehmen sei in Wahrheit bloßer Schein, weil die Verluste dorthin abgewälzt würden, wo man nicht auf sie achte. Ein so erfolgreicher Konzern wie Ford beispielsweise verdanke seinen Aufstieg dem Ausbau des Transportkollektivs; dieses aber müsse wegen der von ihm betriebenen Substanzvernichtung geradezu als »Kollektiv des größten Defizits« angesehen werden (244ff.). Jünger wußte noch nichts von den negativen ökologischen Auswirkungen der Automobilisierung, zumindest nichts von der damit verbundenen Erhöhung des Stickoxidausstoßes. Seine Warnung jedoch, daß die ständige Erweiterung des Transportkollektivs mit einer Vernichtung der Wälder bezahlt werden müsse (248), eilt der Entwicklung um einige Jahrzehnte voraus.

Die Zerstörung der Substanz ist nicht allein für die Transport- und Verkehrsunternehmen typisch, sie gilt für das technische Kollektiv insgesamt. Die Technik, sagt Jünger, schafft keinen Reichtum, sie baut den vorhandenen ab, tilgt den Bestand, auf den sie angewiesen ist. Überall zapft sie die Ressourcen der Natur an, um ständig neue Energien für die Erweiterung des Kollektivs zu erschließen; inzwischen macht sie selbst vor den *res omnia communes* nicht mehr halt, indem sie mit der Verwertung von Luft, Sonne und Meer experimentiert. Lange vor der Entdeckung des Recycling sieht Jünger die Technik bereits in ihr Kolossalstadium eingetreten, »in dem sie bei scharfem Hunger ihren eigenen Abfall zu verschlingen beginnt und ihre Fäkalien nicht mehr außer acht läßt«. Die Ökonomie des technischen Kollektivs: in Wahrheit eine Scheinökonomie, da sie ihre Objekte nicht bewirtschaftet, sondern verzehrt. Die in ihr geleistete Arbeit: nicht Produktion, sondern Konsum. Die Bodenschätze werden abgebaut und verfeuert, die Gewässer in Kloaken verwandelt, die Wälder, Tiere und Pflanzen vernichtet (266, 197, 30).

> »Die Technik erzeugt keine Reichtümer; durch ihre Vermittlung aber werden uns Reichtümer zugeführt, verarbeitet und dem Verbrauch erschlossen. Es ist ein beständiger, stets wachsender, immer gewaltiger werdender Verzehr, der hier stattfindet. Es ist ein Raubbau, wie ihn die Erde noch

nicht gesehen hat. Der rücksichtslose, immer gesteigerte Raubbau ist das Kennzeichen unserer Technik. Und nur dieser Raubbau ermöglicht sie und läßt sie zur Entfaltung kommen. Alle Theorien, die diese Tatsache außer acht lassen, haben etwas Schiefes, denn sie unterschlagen die Voraussetzung, unter der das Arbeiten und Wirtschaften jetzt stattfindet.« (28)

Der technische Fortschritt betreibt nicht die Geschäfte eines ihm übergeordneten Subjekts. Er folgt seinem eigenen Gesetz, und dieses lautet: Verzehr, Abbau, Vertilgung. Dieses Gesetz zwingt ihn, sich räumlich immer weiter auszudehnen, um neue Bestände zu erschließen. Es zwingt ihn aber auch, immer tiefer in das Gefüge der Natur einzudringen, da die anschwellende Maschinerie nach immer elementareren Kräften verlangt. Von einem solchen Einbruch elementarer Mächte hatte schon Ernst Jünger gesprochen, darin jedoch noch ein Zeichen für den Sieg des Arbeiters über den Bürger gesehen (E. Jünger 1981, 52ff.). Für Friedrich Georg aber beschleunigt sich damit nicht bloß der Untergang der *bürgerlichen* Welt, sondern der Welt schlechthin. Katastrophen drohen nun nämlich nicht allein wegen der Erschöpfung der Bestände, wegen Mangel und Not, sie drohen auch wegen eines Überschusses an elementaren, nicht zu bändigenden Energien. Diese Kräfte sind so gewaltig, daß schon der kleinste Fehler im Umgang mit ihnen verheerende Folgen haben kann. Mit fortschreitender Technisierung nehmen deshalb auch die deformierenden Kräfte zu, die gewaltsamen, zerreißenden, explosiven Vorgänge (127f.), die aus einer bloßen Störung jederzeit einen Systemkollaps machen können. Das Mehr an elementarer Kraft, das der Mensch durch zerstörenden Raubbau an der Natur gewinnt,

»wendet sich damit gegen ihn selbst und bedroht ihn mit Zerstörung. Es ist die Rache der Elementargeister, die er heraufbeschworen hat. Es ist die Anhäufung elementarer, durch die Mechanik gelenkter Kraft, die sich mit unverhüllter Feindseligkeit gegen ihn kehrt; es ist jener Regreß, dessen Umfang sich genau nach dem Verhältnis technischer Progression bestimmen läßt [...] Mag [er] seine Apparatur und Organisation ansetzen, wo [er] will, [er] organisiert damit zugleich den Widerstand, der sich gegen seine Zwangsgewalt erhebt, und dieser Widerstand trifft den Menschen mit der Kraft und Genauigkeit eines Regulativs, mit der Präzision jener Uhrwerke, welche die tote Zeit abmessen. Gemeinhin, so heißt es, schlummern die Dämonen, sie müssen erst geweckt werden, man muß erst in ihre Sphäre eindringen, um sie regsam zu machen. Heute kann kein Zweifel mehr darüber bestehen, daß sie vollkommen wach sind.« (171f.)

Als diese Überlegungen erschienen, bestand die Reaktion in Ablehnung und Spott. Für die einen handelte es sich um die Kapuzinerpredigt eines modernen Eremiten, die den Hexenwahn des Mittelalters in sublimierter Form wiederhole, für andere um eine Halluzination oder eine literarische Utopie, der kein wirklicher Informationswert zukomme. Wieder andere witterten Nihilismus und Kulturzersetzung und empfahlen den Autor dem Psychiater.[48] Die Kritiker kennt heute niemand mehr, doch jeder kennt die Katastrophen, die Jahr um Jahr Jüngers Prognose bestätigen: Seveso, Bhopal, Harrisburg, Tschernobyl... Bekannt ist auch, daß gerade die schrecklichsten Unfälle nicht Folge einer Ineffizienz der Technik sind, sondern der stetigen Steigerung ihrer Effizienz sich verdanken. Die »normalen Katastrophen« sind, wie Charles Perrow gezeigt hat, typisch für komplexe Systeme mit enger Koppelung, die wegen ihrer besseren Raum- und Zeitausnutzung sowie ihrer Ausstattung mit Mehrfachfunktionen ökonomischer operieren als lineare Systeme mit loser Koppelung, dafür aber potentielle Interaktionen und Rückkoppelungsschleifen enthalten, die selbst für die besten Experten nicht vorhersehbar sind (Perrow 1989, 95ff.). Die Wurzeln der Katastrophen, so folgert Perrow mit Recht, liegen nicht in den einzelnen Komponenten, sondern im System – was nur eine andere Formulierung jenes bekannten Slogans ist, demzufolge das System keine Fehler hat, sondern selbst der Fehler ist.

Es sind jedoch weniger die spektakulären Unfälle, die für Jüngers Argumentation sprechen, als die exponentiellen Wachstumsraten des Zerstörungsprozesses, dem die Welt insgesamt ausgesetzt ist. Seit dem Take-off der Industrialisierung sind die Wälder der Erde um ein Drittel geschrumpft. Hält das gegenwärtige Tempo der Vernichtung an, so wird der tropische Regenwald, in dem sich der größte Artenreichtum und damit das größte genetische Reservoir des Planeten konzentriert, in einem halben Jahrhundert verschwunden sein. Infolge von Überdüngung und Erosion breiten sich die wüstenähnlichen Verhältnisse rapide aus und entziehen einem großen Teil der Menschheit die Lebensgrundlage. Nach einem Bericht der Vereinten Nationen sind gegenwärtig rund zwei Milliarden Hektar von der Verödung bedroht, wodurch sich die Wüstenzonen um das Zweieinhalbfache vergrößern würden. Gleichzeitig wird die Wasserversorgung in vielen Regionen immer prekärer, da die Erneuerung dieser Ressourcen durch die Abholzung der Wälder eingeschränkt wird – und dies in einer Zeit, in der alle Prognosen auf eine Verdoppelung bis Verdreifachung des Süßwasserverbrauchs hindeuten.

Während die Bestände an mineralischen Rohstoffen noch beachtlich sind, zeichnet sich bei einigen fossilen Brennstoffen bereits die Erschöpfung ab. Bis zum Ende des Jahrtausends wird die Hälfte der Rohölreserven der Erde verbraucht sein. Brennholz, das besonders in Afrika für viele Haushalte die einzige Energiequelle ist, wird kaum noch zur Verfügung stehen. Ein Rückgriff auf andere Energieträger wie Kohle ist, ebenso wie die Verwendung synthetischer Brennstoffe, nur in begrenztem Umfang möglich, da sie zu einer weiteren Freisetzung von Kohlendioxid führen – eben jenes schon heute in Billionen von Tonnen vorhandenen Elements, das die Lufthülle des Planeten in eine Hitzefalle zu verwandeln und Klimaveränderungen gigantischen Ausmaßes zu verursachen droht. Die steil ansteigenden Kosten für die technische Sicherung und die Entsorgung der radioaktiven Brennelemente (deren Umfang allein in den USA bis zum Ende des Jahrtausends 50 000 Tonnen erreichen wird), haben die hochfliegenden Hoffnungen, die sich einmal an die Kernenergie knüpften, zunichte gemacht. Und was die immer wieder beschworene Nutzung der Solarenergie angeht, so sind die Erwartungen inzwischen ebenfalls sehr gedämpft: Da diese Energie nur in diffuser Form verfügbar ist, setzt ihre Sammlung und Konzentration einen hohen Aufwand an Arbeit voraus, der wiederum auf Kosten der vorhandenen, nichterneuerbaren Energieressourcen geht.[49] Daß eine Ökonomie, die derart blind von der Substanz lebt, nichts anderes als Raubbauwirtschaft ist, wird man Jünger zugeben müssen.

Ebenso zutreffend ist das Argument, daß sich die Leitideologie des technischen Fortschritts – die Legende von der allgemeinen Reichtumsvermehrung – einer hochselektiven Sichtweise verdankt. Tatsächlich sind die Bilanzen selbst der erfolgreichsten Betriebe geschönt, weil die aus der Inanspruchnahme bzw. Vernutzung sogenannter »freier Güter« entstehenden Folgekosten nicht ausgewiesen und faktisch auf Dritte oder die Gesamtgesellschaft abgewälzt werden. Den *private benefits* entsprechen *public vices,* deren Beseitigung oder Kompensation um so teurer wird, je »rationaler« im Marktsinne die einzelnen Betriebe operieren. Nicht weniger geschönt ist die heute übliche gesamtwirtschaftliche Erfolgsmessung, das Wachstum des Bruttosozialprodukts, weil sie lediglich eine Vermögensrechnung für das reproduzierbare Produktivvermögen (Ausrüstungsgüter, Gebäude etc.) aufstellt, wirtschaftsbedingte Veränderungen von Ökosystemleistungen dagegen unbeachtet läßt. Ein Versuch, diese »heimlichen Kosten des Fortschritts« für die Bundesrepublik zu kalkulieren, kommt zu dem Ergebnis, daß gegen Ende der achtziger Jahre bereits mehr als ein Neuntel der im Bruttosozialprodukt erfaßten Produktion der Volkswirtschaft zur Kompensation von Schäden und Verschlechterungen der Lebens-, Arbeits- und Umweltbedingungen eingesetzt wurde (Leipert 1989, 133) – wobei man hinzufügen muß, daß das Wachstumstempo der »Defensivkosten« im Berechnungszeitraum dreimal so hoch lag wie dasjenige des gesamten Bruttosozialprodukts.

Bedenkt man, daß sich diese Zahlen nur auf einige unumgängliche Reparaturen und Vorsorgemaßnahmen beziehen, bedenkt man ferner, wie hoch der Investitionsbedarf etwa in der öffentlichen Abwasserbeseitigung, der Luftreinhaltung, der Abfallentsorgung oder der Altlastensanierung ist, welche immensen Kosten durch Meeresverschmutzung, Grundwasserverunreinigung und Bodenvergiftung verursacht werden, von den zerstörerischen Effekten der Erderwärmung nicht zu reden[50], so wird klar, weshalb das jährlich zelebrierte Orakel der Sieben Weisen so fatal an die Geschichte von den sieben Schwaben erinnert.

Und damit sind nur die Folgen für die Industrieländer berührt. Schon heute aber ist absehbar, daß diese sich ihrerseits nicht anders verhalten als ein Betrieb, der seine Kosten durch Externalisierung minimiert. Dabei ist nicht bloß an den florierenden Giftmüllexport oder an die Entsorgung von Zeitmüll in Gestalt des Massentourismus zu denken. Wenn ganze Regionen sich in Wüsten verwandeln, Tausende von Tier- und Pflanzenarten aussterben, Trinkwasser- und Brennstoffvorräte knapp werden, so ist dies unter anderem auch als Folge der globalen Schädigungen des Ökosystems zu begreifen, deren Hauptverursacher die Industrieländer sind. Auch die Zerrüttungskosten, die aus der Aufheizung des Erdklimas resultieren, werden in überproportionalem Anteil von Regionen bezahlt werden, die aus der Raubbauwirtschaft die geringsten Gewinne ziehen. Gewiß ist die Dritte Welt auch Täter, nicht nur Opfer, da sie durch Überausbeutung des Bodens, durch Überfischung der Fanggründe und Abholzung der Wälder die Vernichtung der »freien Güter« beschleunigt. Wer aber wollte verkennen, daß sie dies nicht aus freien Stücken, sondern unter dem Zwang eines Organisationsprinzips tut, das ihr von außen, von den industriellen Zentren, auferlegt wird? Weltmarkt und Weltbank nötigen die Dritte Welt zu einem Spiel, in dem sie nur verlieren kann; und wenn sie, wie Phileas Fogg in Jules Vernes Roman *Reise um die Welt in achtzig Tagen*, das eigene Schiff verfeuert, um in Fahrt zu bleiben, so geschieht dies in einer Lage, in der die rettende Küste unerreichbar ist.

Wie diese Hinweise auf die Rolle des Marktes zeigen, kann und muß man bei der Erklärung der Verlustwirtschaft die Akzente anders setzen als Jünger. Was die Technik an sich, unabhängig von der sie tragenden gesellschaftlichen Konfiguration ist, wissen wir nicht. Ein der Technik als solcher innewohnender Wille zur Macht und Ausbeutung, wie Jünger ihn unterstellt, bleibt reine Spekulation. Weitaus besser abgestützt ist dagegen die Einsicht von Marx, daß die Selbstbezüglichkeit der Produktion, ihr Gleichgültigwerden gegenüber allen Umweltbezügen, für die kapitalistische Produktionsweise typisch ist. Die von Jünger so eindrucksvoll beschriebene radikale Mobilmachung, der rücksichtslos verzehrende Umgang mit den subjektiven und objektiven Bedingungen der Produktion, hat sehr wenig mit den Eigenschaften des Homo faber, sehr viel dagegen mit den Gesetzmäßigkeiten einer Produktionsweise zu tun, die ihrer Bestimmung nach »auf das Maßlose gerichtet sein muß«. Als allgemeine Form des Reichtums, als Wert, der als Wert gilt, ist das Geld/Kapital »der beständige Trieb über seine quantitative Schranke fortzugehn: endloser Prozeß. Seine eigne Lebendigkeit besteht ausschließlich darin: es *erhält* sich nur als vom Gebrauchswert unterschiedner, für sich geltender Tauschwert, indem es sich *beständig vervielfältigt.«* (Marx 1974, 181f.) In dieser Vervielfältigung läßt es den Gebrauchswert nicht bloß als gleichgültige Voraussetzung liegen, sondern greift ihn auf, zieht ihn in seine schrankenlose Selbstverwertung hinein, solange und soweit es die Naturgrundlagen zulassen.

Über immanente Stoppregeln, eingebaute Warnmechanismen, die einen rechtzeitigen Abbruch der maßlosen Selbstverwertung ermöglichen, verfügt das System nicht. Daß es nicht allumfassend, sondern, bei aller Tendenz zur Totalität, begrenzt, System in einer Umwelt ist, erfährt es nur, wenn es bereits zu spät ist: im Crash, in der Krise, im Zusammenbruch. Jüngers Diktum, die Technik als Ganzes befolge kein ökonomisches Gesetz (246), muß deshalb spezifiziert werden. Es trifft zu, wenn man Ökonomie im aristotelischen Sinne vom Gebrauchswert her definiert. Faßt man sie indes vom Tauschwert her, so gilt es nicht. Die Technik ist Moment der auf unbegrenzte Selbstvermehrung zielenden Bewegung des Tauschwerts und erhält von dieser ihr Gesetz:

> *»›Produktion um der Produktion‹ willen* – Produktion als Selbstzweck – tritt zwar schon ein mit der *formellen Subsumtion der Arbeit unter das Kapital,* sobald es überhaupt unmittelbar Zweck der Produktion wird, *möglichst großen und möglichst viel Mehrwert* zu produzieren, sobald überhaupt der Tauschwert des Produkts der entscheidende Zweck wird. Indes *realisiert* sich diese dem Kapitalverhältnis *immanente* Tendenz erst in *adäquater Weise* – und wird selbst eine *notwendige Bedingung,* auch *technologisch* – sobald sich die *spezifisch kapitalistische Produktionsweise* und mit ihr die *reelle Subsumtion der Arbeit unter das Kapital* entwickelt hat.« (Marx 1969, 63)

Die Bedeutung dieser Korrektur sollte indes nicht überschätzt werden. Sie führt zu einer anderen Erklärung der Ursachen, nicht aber zu einer neuen Sicht der Folgen. Hinsichtlich der letzteren behält Jünger gegenüber dem Marxismus recht, der sich allen kritischen Einsichten zum Trotz nicht von dem bürgerlichen Mythos zu befreien vermochte, der technische Fortschritt bedeute die Akkumulation von immer mehr materiellem Überfluß, der dann zu einer immer genauer geordneten Welt führen würde. Der Kapitalismus entfaltet zwar die »sozialen Produktivkräfte der Arbeit«, wie Marx zutreffend erkannte (1969, 61), doch ist dies gerade das Problem, nicht die Lösung. Schon die Entfaltung der Produktivkräfte der konkreten Arbeit stürzte die postneolithischen Gesellschaften in erhebliche Schwierigkeiten, da sie die Energieumwandlung steigerte und dadurch mit der für natürliche Systeme typischen Einstellung auf geringen Energiefluß brach. Die daraus resultierenden katastrophalen Folgen blieben jedoch insofern begrenzt, als die bloß lokale Natur der Zusammenbrüche den betroffenen Gesellschaften die Möglichkeit der Abwanderung und dem gestörten Ökosystem die Chance einer Regeneration bot.[51] Seit sich jedoch vor allem die Produktivkräfte der abstrakten Arbeit entfalten, droht das, was sich im Laufe der Erdgeschichte an Ordnung entwickelt hat, in ein globales und damit irreversibles Chaos verwandelt zu werden.

Im 19. Jahrhundert war dies noch nicht erkennbar, da das vom Kapital geschaffene System reiner Vergesellschaftung durch eine höhere Autonomie des Sozialen und zweifellos auch durch eine höhere Ordnung gekennzeichnet war als die bis dahin dominierenden Formen naturwüchsiger Vergesellschaftung. Heute jedoch ist klar, daß diese Steigerung der Ordnung nur vorübergehend war und mit wachsender Unordnung außerhalb des Gesellschaftssystems bezahlt werden muß. Der kapitalistische Wirtschaftsprozeß sucht überall die Inseln freier Energie auf und trägt sie ab; er spürt zugleich die von der Naturgeschichte an bestimmten Stellen konzentrierten Rohstoffe auf und verarbeitet sie. Materie und Energie verschwinden dabei nicht einfach, wie der Begriff der Verlustwirtschaft suggeriert. Wohl aber werden sie aus einer für den Menschen verfügbaren Form in eine zunehmend weniger verfügbare Form verwandelt. Energie geht aus dem Zustand niedriger oder negativer Entropie in den Zustand hoher Entropie über und endet schließlich als Niedertemperaturwärme, die keine Arbeit mehr leisten kann. Materie geht aus dem Zustand der Ungleichverteilung in den der gleichmäßigen Durchmischung über, der nach physikalischen Begriffen mit Unordnung oder Chaos gleichzusetzen ist. Um in dieses Chaos wieder Ordnung zu bringen, sind wachsende Beträge an freier Energie erforderlich, was wiederum den entropischen Prozeß beschleunigt. Das »Grundgesetz vom Niedergang«, dessen Bedeutung auch und gerade für das moderne kapitalistische Wirtschaftssystem erst seit wenigen Jahren diskutiert wird[52] – Friedrich Georg Jünger hat es vorweggenommen:

> »Die Technik insgesamt und der von ihr entwickelte Universalarbeitsplan, der vollkommene Technizität erstrebt, dieser Arbeitsplan, der mit einer Universalmaschinerie verbunden ist, untersteht den Gesetzen der Wärmelehre und den von ihr beschriebenen Verlusten nicht weniger als jede beliebige Maschine, die an einem beliebigen Orte aufgestellt ist. Der Unterschied zwischen Anfang und Ende ist, daß die Kosten des Prozesses und

die durch ihn bewirkten Verluste in riesenhafter Weise anschwellen, daß also andere Verhältnisse eintreten, als sie die optimistischen Beurteilungen vermuten ließen.« (354)

So gelangt auch Friedrich Georg Jünger dazu, der »Perfektion der Technik« eine immanente Dialektik zuzuschreiben. Im Unterschied zu den Diskursen der Weimarer Zeit aber, im Unterschied auch zu den späteren Auffassungen seines Bruders Ernst[53], ist es keine positive, sondern eine negative Dialektik, die in der Selbstzerstörung endet. Indem die Technik alles verfügbar macht, in alles interveniert, nichts Unantastbares und Heiliges mehr kennt, beschleunigt sie die Auflösung des Verfügbaren, sein Entschwinden in die unverfügbare Form. Indem sie alles der Herrschaft des sich verwertenden Werts unterwirft, entwertet sie Materie und Energie und zerstört damit den Grund, auf dem sie steht. Der Grund mag zur Zeit noch tragen und der Preis für die Perfektion der Technik noch als angemessen erscheinen. Daß dieser Schein trügt und der Preis mit jedem Tag wächst, ist die wichtigste Einsicht, die wir Friedrich Georg Jünger verdanken. »Nicht der Anfang, das Ende trägt die Last.« (157)

Der Nihilismus der Geschwindigkeit. Zum Werk Paul Virilios

Schnellere Autos, schnellere Bahnen, schnellere Flugzeuge ... unser Zeitalter ist besessen von der Geschwindigkeit. Die Straßen der Innenstädte sind zu gefährlichen Rennpisten geworden, die Vorstädte zu Park-and-Ride-Zonen, die Gebiete zwischen den Städten zu Schnellstraßen, Schienenwegen, Startbahnen. Tempo, Hektik und Streß prägen den Arbeitsalltag, und selbst in den Ferien wissen wir nichts Besseres zu tun als die Raserei fortzusetzen: als Skifahrer auf den zu schiefen Ebenen reduzierten Bergen, als Surfer auf den glatten Oberflächen der Flüsse und Seen, als Reisende, die sich gleichsam selbst zum Projektil machen und an den Ort ihrer Bestimmung schießen lassen. Kein Zweifel: Die Geschwindigkeit ist die Göttin dieser Tage, und die Zahl der Opfer, die man ihr Jahr für Jahr bringt, bewegt sich allein in Europa in der Größenordnung mehrerer Kleinstädte.

Und doch: Wie wenig wissen wir von der Geschwindigkeit! Die Soziologie befaßt sich mit dem Sinn, die Ökonomie mit dem Reichtum (oder der Armut), die Politikwissenschaft mit der Herrschaft – Phänomenen also, die mit Geschwindigkeit nichts oder wenig zu tun haben. Nur die Physiker sprechen von ihr, im selbstgewissen Tonfall derer, denen sich alle Geheimnisse in Formeln aufgelöst haben. Sollte die Gleichung $v = \Delta s/\Delta t$ alles sein, was es über ein Phänomen zu sagen gibt, von dem heute, wie der Rüstungswettlauf um immer schnellere Trägersysteme zeigt, nicht weniger abhängt als der Fortbestand dieses Planeten?

Unter den wenigen Autoren, die sich dieser Frage gestellt haben, ist Paul Virilio der wichtigste. Virilio ist der Denker der Geschwindigkeit par excellence, der Schöpfer der *Dromologie*, unter der man die Lehre vom Wesen der Geschwindigkeit, ihren Entstehungsbedingungen, Wandlungen und Auswirkungen zu verstehen hat (dromos = grch. Lauf, zugleich die Bezeichnung für den Eingang zum mykenischen Kammer- und Kuppelgrab). Das Ergebnis seiner Forschungen ist niederschmetternd. Die ständige Steigerung der Beschleunigung, so seine These, laufe auf nichts anderes hinaus als auf die »Liquidierung der Welt«, auf die Verwirklichung der einzigen originellen Idee, die das Abendland hervorgebracht habe: die des Nichts, des Nichtsseienden, der Leere (1984b, 59, 16).[54] Geschwindigkeit, das ist praktizierter »Nihilismus«, die »Niederlage der Welt als Boden, Entfernung und Materie« (1986, 78; 1980, 177). »Umweltverschmutzung, Bevölkerungsentwicklung, Rohstoffknappheit – beunruhigender als all das ist zweifellos die konstante Zunahme hoher Geschwindigkeiten; die Beschleunigung ist buchstäblich *das Ende der Welt!*« (1978, 30)

Ich möchte im folgenden einige der von Virilio entwickelten Argumente vorstellen und überprüfen. Den Auftakt bildet eine Skizze der vorindustriellen bzw. vortechnischen Formen der Geschwindigkeit und ihrer Basis, des »raumzeitlichen Dispositivs« (I). Es folgt eine Auseinandersetzung mit dem Konzept der »dromokratischen Revolution« (II) und abschließend eine Analyse des »Geschwindigkeits-Raums« und seiner Implikationen (III). Da Geschwindigkeit in ihren vortechnischen wie technischen Formen eine relationale Größe ist – das Verhältnis einer bestimmten Wegstrecke zu einem bestimmten Zeitintervall – versteht es sich von selbst, daß den Veränderungen im Verständnis von Zeit und Raum besondere Aufmerksamkeit geschenkt werden muß.

I

1. Geschwindigkeit ist keine Hexerei. Sie gehört zum menschlichen Körper, zur Conditio humana, wie der Stoffwechsel mit der Natur: »leben, *lebendig* sein heißt Geschwindigkeit sein« (1978, 20). Während des weitaus größten Teils der menschlichen Geschichte aber ist diese Geschwindigkeit begrenzt, eben weil sie nur eine Geschwindigkeit »metabolischer«, d. h. menschlicher oder tierischer Körper ist. Auch die wenigen künstlichen Transportmittel, die in den vorindustriellen Gesellschaften erfunden wurden, beruhten, wie z. B. die Segelschiffe, auf der Nutzung natürlicher Geschwindigkeiten wie Wind oder Meeresströmung und blieben deshalb über lange Zeiträume hinweg relativ unverändert. Diese »Geschwindigkeit des Lebendigen« konnte mit geringen Mitteln gebändigt werden. Rechtliche und politische Normierungen, polizeiliche Kontrollen und militärische Befestigungen unterwarfen die Bewegung im Raum einer Reglementierung, die, wenn auch nicht umfassend oder gar total, so doch äußerst wirksam war und jede Verselbständigung der Antriebskräfte verhinderte. Virilio nennt deshalb das Zeitalter der metabolischen Geschwindigkeit auch das »Zeitalter der Bremswirkung«, in dem die Mächte des Beharrens über die der Bewegung und der Veränderung dominierten (1984, 48f.).

Dem Vorrang der Beharrung entspricht ein Vorrang des Raumes – genauer gesagt: einer bestimmten Art Raum, die Virilio als »geographischen Raum« bezeichnet. Mit diesem Begriff verbinden sich eine Fülle von Assoziationen. Der geographische Raum ist substantiell und stofflich. Er besitzt Volumen, Masse, Dichte und Ausdehnung, ferner Schwerkraft und Gewicht. Er ist opak und intransparent, ganz im Gegensatz zum durchsichtigen und durchlässigen Raum des modernen Vernichtungskrieges. Er verbindet nicht, er trennt, fördert Abgrenzung und Abgeschlossenheit. »Den Raum habe ich immer schon in Unterbrechungs-Begriffen gedacht.« (1984, 117) Die Unterbrechungen teilen den Raum in unverwechselbare Orte mit einem je besonderen Hier und Jetzt. Sie erzeugen Heterogenität und Vielfalt, aber auch Distanz und Isolation. Sie setzen der Verknüpfung, der Relationierung, Hemmnisse entgegen und begünstigen Diskontinuität und lokale Fixierung. »Der Raum ist das, was verhindert, daß alles auf demselben Platz ist.« (1984a, 19)

Dem geographischen Raum ist eine bestimmte Form von Zeit zugeordnet: die historische oder extensive Zeit. Aus den ihr zugeschriebenen Merkmalen geht hervor, daß sie gegenüber dem Raum die abhängige Variable darstellt, ja geradezu selbst in Raumbegriffen gedacht werden muß. Die historische Zeit ist *longue durée* im Sinne Braudels: »ausgedehnte Zeit – Zeit, die andauert, die eingeteilt und organisiert wird, die sich entfaltet« und auf diese Weise auch als »Grenze der Bewegung« und als Garant der »Beständigkeit« fungiert (1984, 50, 73, 100). Um die enge Verklammerung dieses Zeitbegriffs mit dem Raum herauszustellen, spricht Virilio häufig von *espace-temps* bzw. vom *dispositif spatio-temporel* und signalisiert damit bereits durch die Wortstellung, welcher der beiden Größen der Vorrang zukommt.

2. Wir müssen es bei dieser kurzen Skizze des raumzeitlichen Dispositivs belassen. Sie dürfte deutlich gemacht haben, daß Virilio *ontologisch* und damit angreifbar argumentiert. Über Substanz und Materie, Raum und Zeit wird in der *intentio recta* gesprochen, ohne Reflexion auf die für das moderne naturwissenschaftliche Denken grundlegende Erkenntnis, daß es eine vom Beobachter unabhängige Objektivität nicht gibt, daß das theoretische Bezugssystem, die Kategorien und Meßverfahren das Objekt beeinflussen, und daß Raum und Zeit eher auf der Seite der ersteren als des letzteren zu suchen sind (vgl. z. B. Mittelstaedt 1972, 32f., 42). Die Verbindung von Raum, Ausdehnung und Stoff, typisch für Aristoteles und sogar noch für Descartes (allerdings unter den gänzlich anderen Voraussetzungen einer Mathesis universalis), ist seit Newton nicht mehr haltbar, und es ist kaum anzunehmen, daß der Raum vor dem Newtonschen Einschnitt anderen Gesetzen gehorchte als danach.

Die Angreifbarkeit von Virilios Konzeption ließe sich verringern, wenn sie nicht ontologisch, sondern anthropologisch begründet würde. Virilio selbst scheint bisweilen in diese Richtung zu denken, wenn er von der traditionellen Strukturierung der Erscheinungen spricht, von der gemeinsamen Wahrnehmung des Empfindungsraums, oder wenn er den geographischen Raum vornehmlich von der sinnlichen Erfahrung her definiert (1984a, 36f.; 1978, 24). In der Tat entsprechen die Kriterien des raumzeitlichen Dispositivs ziemlich genau denjenigen, die nach Cassirer für den Raum der sinnlichen Wahrnehmung und Empfindung typisch sind, für die Perspektive eines Beobachters also, dem der Euklidische Raum mit seinen Grundmerkmalen der Stetigkeit, der Unendlichkeit und durchgängigen Homogenität fremd ist (Cassirer 1973, II, 104ff.).

Diese Perspektive läßt sich mit Hilfe der Entwicklungspsychologie genauer bestimmen. Aus den Forschungen Piagets und seiner Schule geht hervor, daß sich das formallogische Denken (und damit die Fähigkeit zur Erfassung des *geometrischen* Raums und der *operativen* Zeit) erstens ontogenetisch relativ spät (etwa ab dem 11. Lebensjahr) und zweitens keineswegs entwicklungsautomatisch bildet, vielmehr wesentlich durch die Interaktion des Individuums mit einer ihrerseits durch formallogische und technische Strukturen bestimmten Umwelt gefördert wird. Woraus umgekehrt geschlossen werden kann, daß in einer Welt, in der jene Strukturen fehlen oder nur rudimentär entfaltet sind, ontogenetisch frühere Wahrnehmungs- und Denkmuster dominieren. In Piagets Schema sind dies: die sensomotorische Intelligenz, das symbolisch-vorbegriffliche Denken, das anschauliche Denken und das konkret-operative Denken (Piaget 1972, 139f.).

Obwohl diese Denkmuster Entwicklungsstufen markieren und sich vor allem durch eine fortschreitende »Dezentrierung« voneinander unterscheiden, weisen sie doch im Hinblick auf Raum und Zeit gewisse Gemeinsamkeiten auf, die sich im Sinne Virilios interpretieren lassen. Schon auf der ersten Stufe konstituiert sich eine wie immer noch egozentrische und elementare Raumerfahrung, die sich aus der rein sensorischen Koordination von Form, Entfernung und dimensionaler Bewegung beim Sehen, Hören und Tasten ergibt. Aus diesen visuellen, auditiven und taktilen Räumen formiert sich der Wahrnehmungsraum als ein gleichsam vorbegriffliches und vorsymbolisches Orientierungssystem, dessen vorherrschende Relationen das Benachbartsein, die Trennung, Reihenfolge, Umschlossenheit und Kontinuität sind. Piaget bezeichnet diesen elementaren Raum auch als »topologischen Raum« (Piaget/Inhelder 1975, 23ff.).

Mit der Entwicklung der symbolischen, anschaulichen und konkret-operativen Intelligenz wird dieser elementare topologische Raum wohl zunehmend strukturiert und systematisiert, jedoch auf eine Weise, die eng an die Gegebenheiten des Wahrnehmungsraums gekoppelt bleibt. Die räumlichen Ordnungen gründen sich auf konkrete physische Merkmale der natürlichen Umwelt und/oder des menschlichen Körpers; sie stellen Verbindungen zwischen den Erfahrungen her, suchen aber nicht, diese zu homogenisieren und in ein abstraktes Koordinatensystem einzuordnen. So wird, wie Piaget schreibt, zwar die gesamte Wirklichkeit dem Denken zugänglich: »Es ist aber noch immer nur die *vorgestellte* Wirklichkeit.« Erst mit den formalen Operationen »werden sogar die Grenzen der Wirklichkeit überschritten, denn die Welt des Möglichen eröffnet sich dem Denken, das der wirklichen Welt gegenüber frei wird.« (Piaget 1972, 171; Hervorhebung von mir, S. B.). Auf die Qualität dieser Freiheit wird noch zurückzukommen sein.

Zuvor aber gilt es festzuhalten, daß sich die präformalen Wahrnehmungs- und Denkmuster durch einen Primat des (topologischen) Raumes gegenüber der Zeit auszeichnen. Nicht daß Zeitgefühl und zeitliche Koordination auf den frühesten Stufen schlechterdings fehlten. Kinder sind schon nach Ende der sensomotorischen Phase in der Lage, Dauer und Folge von Ereignissen und Handlungen abzuschätzen und zeitliche Einordnungen vorzunehmen (Piaget 1977). Diese kognitive Fähigkeit bezieht sich indes auf konkret-spezifische Abläufe, nicht auf eine als übergreifend gedachte abstrakt-homogene Zeit – eine Beschränkung, die sich z. B. in dem Unvermögen manifestiert, relative Geschwindigkeiten (d. h. zwei oder mehrere Abläufe) miteinander zu koordinieren. Da Abläufe und Abfolgen von Ereignissen außerdem eine räumliche Dimension haben, gelangt ein an sie gebundenes Denken nicht zur Isolierung der zeitlichen Komponente. Das räumliche und zeitliche Vokabular bleiben austauschbar, ja das Zeitverständnis selbst ist in hohem Maße verräumlicht, indem es übliche und wiederkehrende Abfolgen in einer ähnlich irreversiblen und statischen Anordnung denkt wie die physischen Merkmale einer Landschaft (Hallpike 1984, 405). Dies entspricht ziemlich genau Virilios Konzept der historischen, extensiven Zeit, so wie der topologische Raum deutliche Analogien zum Konzept des geographischen Raums aufweist.

Man kann noch einen Schritt weitergehen und neben der ontogenetischen auch die historische Realität des raumzeitlichen Dispositivs demonstrieren. Damit will ich keineswegs der ebenso beliebten wie unhaltbaren Parallelisierung von Ontogenese und Phylogenese das Wort reden, denn erstens ist die Menschheit kein Subjekt, das bestimmte Entwicklungsstadien durchläuft, und zweitens verlangt, wie noch zu zeigen sein wird, der Übergang vom raumzeitlichen Dispositiv zum »Geschwindigkeits-Raum« der Moderne nach sehr viel komplexeren Erklärungen, als sie die kognitive

Psychologie oder die Lerntheorie zu bieten vermögen. Gleichwohl zeigt die anthropologische und historische Forschung, daß sich die meisten bekannten Gesellschaften innerhalb des raumzeitlichen Dispositivs bewegt haben, und daß auch in den modernen hochtechnisierten Gesellschaften ein nicht geringer Teil der Bevölkerung nicht bis in das Stadium des formalen Denkens gelangt. In seiner Studie *Die Grundlagen des primitiven Denkens* weist Hallpike nach, daß in den segmentären Gesellschaften die individuellen Denkprozesse wie auch die kollektiven Vorstellungen durchgängig durch präoperative oder konkret-operative Muster bestimmt sind, was zweifellos nichts mit einer konstitutionell verankerten, kognitiven Unzulänglichkeit zu tun hat, sondern durch das Milieu dieser Gesellschaften und ihren internen Aufbau bestimmt ist.

In diesem, wie Lévi-Strauss es nennt, »wilden Denken« sind die Raumvorstellungen in hohem Maße vom phänomenalen Aussehen und von den kontextuellen Assoziationen der physischen Welt abhängig, wobei den Achsen des menschlichen Körpers, den Stellungen der Sonne und der Struktur des Hauses eine besondere Rolle zufällt: Auf ihnen beruhen die am meisten verwendeten Gliederungsprinzipien wie innen/außen, links/rechts, hoch/tief, offen/geschlossen etc. – Prinzipien, die auf den ersten Blick sehr einfach erscheinen, gleichwohl die Konstruktion komplexer Raumordnungen erlauben (Hallpike 1984, 336ff.). Damit eng verbunden ist ein Zeitverständnis, das sich weitgehend als ein System von Koordinationen aufeinanderfolgender räumlicher Zustände darstellt. Das Grundmerkmal der primitiven Zeit besteht nach Hallpike darin, daß sie auf Abfolgen qualitativer Ereignisse, etwa von Jahreszeiten oder Alltagstätigkeiten basiert, die jeweils nur für eine bestimmte Gemeinschaft typisch sind, so daß man Dauer, Folge und Gleichzeitigkeit nicht von Ort zu Ort koordinieren kann. Zyklizität und Unveränderlichkeit dieser Ereignisse bewirken, daß auch die durch sie strukturierte Zeit irreversibel und statisch ist, insofern jedes Ereignis nur mit dem vorangehenden und dem nachfolgenden Ereignis verbunden ist. »Eine solche Abfolge von Ereignissen ist mit einer Landschaft vergleichbar, in der alle Wahrzeichen in einer feststehenden Beziehung zueinander stehen, und zeitliche Relationen können deshalb durch räumliche Begriffe wie nah, fern, darüber, dahinter usw. erfaßt werden. Die Verräumlichung, die Einverleibung in Abläufe und die fehlende Homogenität, Kontinuität und Uniformität sind die Hauptmerkmale der primitiven Zeit.« (Hallpike 1984, 405)

Für komplexere Gesellschaftssysteme gilt dies sicher nicht in gleichem Maße, insbesondere dann nicht, wenn sich z. B. im Zusammenhang mit der Landvermessung räumliche Maße und Quantifizierungsverfahren entwikkelt haben und die Zeiteinteilung an astronomische Beobachtungen geknüpft wird. Dennoch ist auffällig, im welchem Umfang die Grundlinien des raumzeitlichen Dispositivs auch für staatlich organisierte Hochkulturen eine schwer zu überwindende Schranke bilden. Bei den Inka z. B. wurden regelmäßig wiederkehrende rituelle Funktionen im Rahmen des sogenannten Ceque-Systems erfüllt, das die verschiedenen Steinheiligtümer Cuzcos in einer Reihe von Sichtlinien (ceques) organisierte, welche vom Tempel der Sonne ausstrahlten. Jeder dieser Sichtlinien waren spezielle soziale Gruppen zugewiesen, die zu bestimmten Zeiten Riten, Zeremonien oder öffentliche Aufgaben, etwa der Wasserkontrolle, zu erfüllen hatten; die gesellschaftliche Organisation war dergestalt gleichsam in den Raum projiziert, der seinerseits wiederum die Zeiterfahrung strukturierte (vgl. Zuidema 1964; 1977). In ähnlicher Weise bestimmte im alten Mexiko die magische Gliederung der Welt in vier Bezirke die Einteilung des Jahres (Mönnich 1982). Im vorkaiserlichen China wurde die Zeit als eine liturgische Ordnung vorgestellt, die untrennbar mit einem bestimmten Raum und einer bestimmten Herrschaftsordnung verbunden war. Durch seine regelmäßigen Rundreisen erneuerte der Fürst rhythmisch den Raum als einen hierarchisch gestuften Bund heterogener Bezirke und wies jedem Ort die ihm gemäßen Embleme zu, welche zugleich die kalendarische Ordnung begründeten. Die Vorstellung von der Zeit als einer »Folge geschlossener, zyklisch wiederkehrender, zusammenhangloser, in sich vollkommener Ären« entsprach dabei der Vorstellung des Raumes als eines mannigfaltigen, labilen, immer wieder vom Mittelpunkt her zu erneuernden Ganzen (Granet 1980, 70ff.). Im europäischen Mittelalter endlich war, wie Epen, Reiseberichte und Bilder zeigen, die Raumerfahrung qualitativ, seriell; sie verband empirische und symbolische Elemente zu einem »Aggregatraum« (Panofsky 1964, 109; Czerwinski 1987). Die Zeit hingegen war »spatialisiert«. Ihre Momente folgten z. B. in den Erzählungen nicht sukzessiv aufeinander, sondern bildeten vereinzelte Ereignisse, die von den Dichtern »flächig«, als nebeneinanderliegende Teile eines Bildes dargestellt wurden (Gurjewitsch 1978, 174f.). Soweit es überhaupt eine Organisation der Zeit gab, war diese theologisch, von einem Weltbild bestimmt, das dem Menschen jede Macht über die Zeit nahm, weil es sie als Eigentum Gottes und seines irdischen Sachwalters, der Kirche, verstand (Le Goff 1977).

Diese Hinweise mögen ausreichen, um zu zeigen, daß sich die Realität des raumzeitlichen Dispositivs auch anders demonstrieren läßt als bei Virilio. Virilio ist zuzustimmen, wenn er die Bedeutung des Raumes für die vormodernen Gesellschaften hervorhebt und deren Ordnung geradezu als »Raum-Ordnung« qualifiziert (1984, 116). Diese Raum-Ordnung aber und die ihr korrespondierende metabolische Geschwindigkeit resultieren nicht, wie viele seiner Formulierungen nahezulegen scheinen, aus einer wie immer gearteten *natürlichen* Beschaffenheit des Raumes und der Körper, sondern aus sozialen Bedingungen, die ein anschauliches und symbolisches Denken privilegieren – ein Denken, das es nicht gestattet, Raum und Zeit so zu formalisieren, daß eine Rationalisierung der Geschwindigkeit möglich wird. Welche Vorgänge, so müssen wir jetzt fragen, haben dazu geführt, daß diese Schranke gesprengt und die metabolische durch die technologische Geschwindigkeit ersetzt werden konnte?

II

1. Virilios Antwort auf diese Frage geht aus seinem Konzept der »dromokratischen Revolution« hervor. *Dromokratie,* die Fusion von Macht und Geschwindigkeit, ist für ihn kein spezifisch modernes Phänomen. In den meisten bekannten Gesellschaften gründete sich die Position der herrschenden Klassen nicht zuletzt darauf, daß sie im Vergleich zu den Beherrschten über größere Schnelligkeit verfügten. (»Ritter« kommt nicht zufällig von »rîten«=reiten, und »chevalier« von »caballarius«, dem »Mann zu Pferde«). Die dromokratische *Revolution* dagegen ist der Geburtsakt der Moderne. Mit ihr vollzieht sich der Übergang von der metabolischen zur technologischen Geschwindigkeit, von der Geschwindigkeit des Lebendigen zur Geschwindigkeit des Toten, vom Zeitalter der Bremswirkung zum Zeitalter der Beschleunigung (1984, 140, 49).

Im Vergleich zur industriellen Revolution, dieser Schlüsselkategorie marxistischer wie liberaler Modernisierungstheorien, erscheint die dromokratische Revolution als der bei weitem umfassendere Vorgang. Während sich die industrielle Revolution in der Einführung neuer Methoden zur massenhaften Produktion standardisierter Gegenstände erschöpfte, brachte die dromokratische Revolution Mittel hervor, um Geschwindigkeit herzustellen, genauer gesagt: um eine die Möglichkeiten des menschlichen/animalischen Körpers um ein Vielfaches übersteigende künstliche Geschwindigkeit zu erzeugen: zunächst die Dampfmaschine, dann den Verbrennungsmotor, endlich die modernen Technologien der Telekommunikation und -vision. Mit den neuen Fahrzeugen (Eisenbahn, Automobil, Flugzeug) wurde es möglich, in kurzer Zeit beliebige Räume anzusteuern und zu überwinden. Zugleich erzeugten die neuen Kommunikationstechnologien, vom Morsegerät bis zum Satellitenfunk, ein umfassendes Netzwerk, in dem »alle Oberflächen des Globus einander unmittelbar konfrontiert sind« (1986a, 83). Nicht die Revolutionierung der Produktion, sondern die der Zirkulation war somit der entscheidende Vorgang, der die für die Moderne grundlegende Deterritorialisierung einleitete und die Bedingungen für den Eintritt in den neuen technologischen Raum bereitstellte, der kein geographischer, sondern ein »Geschwindigkeits-Raum« ist. »Es gibt tatsächlich keine ›industrielle Revolution‹, sondern eine ›dromokratische Revolution‹, es gibt keine Demokratie, sondern Dromokratie, und es gibt keine Strategie mehr, sondern Dromologie.« (1980, 61f.)

Wie aber vollzog sich diese eigentümliche Revolution, die der Aufmerksamkeit der Historiker und Soziologen bisher entgangen ist? Dazu muß man wissen, daß nach Virilio die entscheidenden Umschaltungen in der Geschichte der Geschwindigkeit auf militärischem Gebiet erfolgten. Dies gilt schon für den ersten Gewinn von Bewegungs-Macht in prähistorischen Zeiten, als die Unterwerfung der Frau den Mann in die Lage versetzte, sich zum Jäger/Krieger zu spezialisieren. Es gilt mehr noch für die Bildung einer »Aristokratie der Geschwindigkeit«, die sich aus der Nutzung der metabolischen Kräfte des Pferdes und des Schiffes ergab. Und es gilt vor allem für die dromokratische Revolution der Moderne, die im Seekrieg des 17. und 18. Jahrhunderts ihren Ausgang nahm. Mittels einer neuen, maritimen Logistik *(fleet in being)* gelang es England, das traditionelle System der Festungen und Belagerungen, des direkten Kampfes um Territorien, mit einem Schlag aus den Angeln zu heben und den bis dahin lokal begrenzten Krieg zu totalisieren. Seither wurden nicht mehr nur einzelne Orte, allenfalls Regionen bedroht, sondern ganze Länder und Kontinente. Nationen und Staaten wurden von ihren Handelsverbindungen und Rohstoffquellen abgeschnitten und in den Zusammenbruch getrieben, ohne daß es noch länger jener monumentalen Entscheidungsschlachten bedurft hätte, die bis dahin das Wesen des traditionellen Krieges ausgemacht hatten (1978, 74ff., 20f.; 1980, 51ff.).

Diese neue Strategie wurde wesentlich durch die natürliche Beschaffenheit des Meeres erleichtert, die der raschen Bewegung weitaus geringere Hindernisse entgegensetzt als das durch zahllose Unterbrechungen gegliederte Land. Neben der Luft ist das Meer derjenige Teil des geographischen Raums, der den Anforderungen des neuen, technologischen Raums am ehesten entgegenkommt. In einer Welt der Orte und festen Plätze verkörpert es den »Nicht-Ort« (1978, 21), ein von statischen Gliederungen unabhängiges Organisationsfeld, in dem schnelle, geradlinige, vektorförmige Bewegungen möglich sind. Gewiß hat auch das Meer seine Tücken, wie schon ein Blick in die Odyssee lehrt. Seit den Anfängen der Schiffahrt aber wirkten diese zugleich als mächtige Stimuli für die Bildung astronomischer, optischer, chronometrischer und magnetischer Orientierungsnetze, die es schließlich ermöglichten, die Bewegung weitgehend unabhängig von der natürlichen Topographie zu machen und das Meer in die erste »Maschinenlandschaft« zu verwandeln (vgl. Bahr 1985, 105f.). Von dort bis zur Bildung weiterer Maschinenlandschaften war es dann nur noch ein kleiner Schritt:

> »Wir haben noch nicht genügend den Augenblick in der Geschichte des Abendlandes zur Kenntnis genommen, in dem der Übergang vom natürlichen Vitalismus des maritimen Elementes [...] zum unvermeidlichen technologischen Vitalismus vollzogen wurde, dieser historische Augenblick, in dem der technische Körper des Transportes das Meer verläßt wie der unvollendete lebendige Körper des Evolutionismus, der sich aus seinem ursprünglichen Milieu herausschlängelt und zur Amphibie wird; inhaltslos und als reine Idee entsteigt die Geschwindigkeit dem Meer wie Aphrodite, und wenn Marinetti ausruft, daß das Universum um eine neue Schönheit bereichert sei, die Schönheit der Schnelligkeit, und ein Rennautomobil mit der Nike von Samothrake vergleicht, vergißt er, daß es sich in Wirklichkeit um dieselbe Ästhetik handelt, die der Transportmaschine; die Verbindung der fliegenden Frau mit einem antiken Kriegsschiff wie auch die Verbindung von Marinetti, dem Faschisten, mit seinem Straßenrenner [...] entspringen diesem technischen Evolutionismus, dessen Verwirklichung bedeutsamer ist als die der lebendigen Welt: das Recht auf das Meer erzeugt das Recht auf die Fernstraße der modernen Staaten, die eben dadurch zu totalitären Staaten werden.« (1980, 60f.)

Wenn Virilio, wie in diesem Abschnitt, vom technischen Evolutionismus spricht, so müssen wir uns freilich erneut daran erinnern, daß er den militärtechnischen Evolutionismus meint, eine Entwicklung mithin, in der es nicht einfach um die Lösung irgendwelcher Sachprobleme geht, sondern auch und vor allem um die Lösung von Machtproblemen: um die Steigerung von Bewegungs-Macht, der fundamentalsten und wichtigsten Erscheinungsform der Macht. Technik ist für Virilio, nicht anders als für den historischen Materialismus, eine abhängige Variable. Aber während jener in letzter Instanz die Produktionsweise als determinierend identifiziert, postuliert Virilio, »daß die Technik ihren Ursprung im Krieg hat«, daß »die wissenschaftliche und industrielle Produktionsweise vielleicht nur ein Ausleger oder, wie wie man sagt, ein ›Niederschlag‹ der Entwicklung der Destruktionsmittel ist« (1984, 28; 1979, 78). Wie schon für Machiavelli kommen auch für Virilio die Wissenschaften nach den Waffen, vollzieht sich die dromokratische Revolution unter dem Apriori des Krieges (1984b, 87; vgl. Münkler 1982, 339). Es sind Militäringenieure, denen die entscheidenden Erfindungen auf dem Gebiet der Bewegungsmaschinen zu verdanken sind, und militärische Führer, die die Umgestaltung der Nationalgesellschaften nach den Imperativen der Logistik erzwingen. Unter ihrem Diktat wird das Universum durch den militärischen Geist neu eingerichtet: Ausbau der Infrastruktur, totale Mobilmachung der Bevölkerung, Erschließung immer neuer Energiequellen für die militärische Verschleißwirtschaft. »Der dromokratische Geist«, so Virilios Fazit, »richtet sich nicht gegen einen mehr oder weniger klar umrissenen militärischen Gegner, sondern er wirkt wie ein permanenter Angriff auf die Welt und, durch sie hindurch, wie ein Angriff auf die Natur des Menschen.« (1980, 80, 67)

2. Virilios These, es sei vor allem die Steigerung der Bewegungs-Macht durch die dromokratische Revolution gewesen, die es erlaubt habe, die Grenzen des raumzeitlichen Dispositivs zu überschreiten, kann eine Reihe von Argumenten für sich in Anspruch nehmen. Bereits 1910 hat Ernst Cassirer die Ansicht vertreten, daß »die *Bewegung* und ihre Gesetze das eigentliche Grundproblem« gewesen seien, über welches das moderne Denken zur Klarheit über sich selbst und seine Aufgabe gelangt sei (Cassirer 1969, 156). Es genügt, an Keplers Beschäftigung mit der Bewegung der Planeten zu erinnern, an Galileis Untersuchungen über die Ursachen der Geschwindigkeit frei oder gehemmt fallender Körper, an Huygens dynamische Theorie der gleichförmigen Kreisbewegung oder die von Newton entwickelten Gesetze der Inertialbewegung, um zu erkennen, daß die präzise Erfassung der Bewegung in der Tat vielleicht die zentrale Obsession des dromokratischen Geistes der Moderne gewesen ist. Ging die aristotelische Naturauffassung noch vom Vorrang der Ruhe aus, insofern sie annahm, daß die von ihrem natürlichen Ort entfernten Körper danach streben, dorthin zurückzukehren, so ist das moderne Denken davon überzeugt, die Bewegung und nicht die Ruhe sei die »natürliche Neigung« (Galilei) eines Körpers. Newtons Trägheitsgesetz formuliert geradezu, daß ein in gleichförmiger, geradliniger Bewegung befindlicher Körper in diesem Zustand verharre, soweit er nicht durch die Wirkung externer Kräfte daran gehindert werde. Vielleicht am konsequentesten ist diese virtuelle »Selbstverewigung der Bewegung« (Kondylis) bei Hobbes gedacht, für den es Ruhe als Gegensatz zur Bewegung nicht mehr gibt. Ruhe kann nach Hobbes nur durch Widerstand bewirkt werden. Widerstand aber ist seinerseits nur als Bewegung denkbar, so daß die Bewegung nunmehr die Ruhe erzeugt – ganz im Gegensatz zur aristotelischen Auffassung, nach der die Bewegung des Universums durch einen unbewegten Beweger erzeugt wird (Kondylis 1986, 110f.). Virilios Behauptung, die abendländischen Gesellschaftsformen seien von einer »Diktatur der Bewegung« beherrscht (1984b, 94), findet hier ihre volle Bestätigung.

Daß diese Verabsolutierung der Bewegung zeitgleich mit einem rasanten Aufschwung der Militärtechnologie erfolgt, ist ebenfalls nicht zu übersehen. Vor allem die Verwendung der Feuerwaffen hat wie kein anderes Phänomen dazu beigetragen, die mathematische Erfassung von Geschoßkurven, die Verwissenschaftlichung der Ballistik und die Konstruktion von

Bewegungsmaschinen voranzutreiben. Die Anwendung des Funktionsbegriffs auf physische Erscheinungen erscheint zum erstenmal in einem von Tartaglia verfaßten Handbuch für Schützen (1546); die erste Anwendung der doppelten Buchführung auf die öffentlichen Finanzen stammt von Simon Stevin, einem holländischen Experten des militärischen Ingenieurwesens. Auch eine der frühen Veröffentlichungen Galileis – die *Operazioni del compasso geometrico e militare* – beschreibt ein von ihm erfundenes Meßinstrument für militärische Zwecke. Seine größte Leistung: die Entdeckung des Gesetzes der fallenden Körper, entspringt einem Problem der zeitgenössischen Artillerie (Zilsel 1976, 82, 60f.). Es ist deshalb keineswegs abwegig, wenn Leonhard Olschki meint, die Entwicklung der Fallgesetze stehe mit den Türkenkriegen in intimerem Zusammenhang als mit den fast gleichzeitigen Handschriftenentdeckungen (zit. n. Sohn-Rethel 1976, 116).

Der Mangel von Virilios Konzeption beginnt dort, wo er diesen unbestreitbaren Zusammenhang so auslegt, daß die Wissens-Macht (pouvoir-savoir) zu einem bloßen Reflex der Bewegungs-Macht (pouvoir-mouvoir) wird (1984, 57; 1984b, 184). Sämtliche Hinweise, mit denen er diese Annahme erläutert, deuten darauf hin, daß er die Bewegungs-Macht vornehmlich historisch-empirisch als Werk von militärischen Praktikern, Organisatoren und Ingenieuren begreift, so daß die These vom Vorrang der Bewegungs-Macht zugleich eine reduktionistische Auffassung des Wissens impliziert. Wie Borkenau (1934), Grossmann (1935) oder Bernal (1970) scheint auch Virilio im modernen Wissen lediglich den Effekt bestimmter empirischer Praktiken zu sehen, nur daß es sich bei ihm um solche der Destruktion und nicht um solche der Produktion handelt.

Dieser Ansicht ist Koyré mit dem Argument entgegengetreten, daß die klassische Physik, weit davon entfernt, eine Konzeption von Handwerkern oder Ingenieuren zu sein, geradezu die Negation einer solchen verkörpere (Koyré 1978, 2; vgl. auch Greiff 1976, Kap. 6). Und zwar deshalb, weil sie, entgegen der von ihr selbst gepflegten Legende, auf einer so radikalen Absage an alle Erfahrung beruht, daß sie niemals als aus einem erfahrungsgebundenen Kontext hervorgehend gedacht werden kann, ganz gleich, wie dieser beschaffen sein mag.

Um z.B. den Inertialbegriff der Bewegung zu denken, sind nach Koyré mindestens drei Voraussetzungen erforderlich: *Erstens,* die Möglichkeit, einen Körper von seiner physischen Gesamtumgebung zu isolieren, mithin von seinem natürlichen Ort und damit zugleich von der natürlichen Gesamtordnung des Universums zu abstrahieren. *Zweitens,* eine Auffassung, die Bewegung, anstatt wie im Aristotelismus als Veränderung (als Übergang von Potenz zu Akt), als *Zustand* begreift, der den sich bewegenden

Körper nicht affiziert. *Drittens,* ein Verständnis des Raums (und, wie man hinzufügen müßte: der Zeit), das diesen aller qualitativ-mannigfaltigen Eigenschaften enteignet, ihn in ein Kontinuum verwandelt, das kein Zentrum mehr hat, kein Oben und Unten mehr kennt und überall gleichartig und gleichförmig ist: den homogenen Raum der euklidischen Geometrie (Koyré 1943, 337). Mit Burtt könnte man als vierte Voraussetzung noch die Aufwertung der solchermaßen abstraktifizierten Begriffe von Raum und Zeit nennen, welche nunmehr aus bloßen Akzidenzien der Körper zu den tragenden Koordinaten des Inertialsystems und damit in den Rang höchster Prinzipien erhoben werden (Burtt 1972, 83f.). Man ermißt die Kühnheit dieser Voraussetzungen erst richtig, wenn man sich vor Augen führt, daß sie darauf hinausliefen, »anstelle der realen, erfahrenen Welt eine Welt der realisierten Geometrie zu setzen und das Wirkliche durch das Unmögliche zu erklären« (Koyré 1943, 336; zum philosophischen Hintergrund siehe auch Böhme 1977; Kutschmann 1983).

Der Bruch mit der aristotelischen Tradition ist zu tief, der Systemcharakter der neuen *episteme* zu ausgeprägt, als daß man diese Veränderung als Ergebnis einer Akkumulation praktischer Erfindungen oder neuer Militärstrategien interpretieren könnte. Die mechanistische Philosophie beruht nach einem treffenden Wort Ernst Cassirers auf einem »Gesamtentwurf der ›Natur der Dinge‹« (Cassirer 1974, I, 346), einem Konstitutionsakt im Sinne Kants, durch den zuallererst die Bedingungen der Möglichkeit gültiger Erfahrung festgelegt werden. Noch pointierter drückt dies Martin Heidegger aus, wenn er bemerkt, daß die neuzeitliche Wissenschaft und Technik »kein bloß menschliches Tun«, »kein bloßes Gemächte des Menschen« seien (Heidegger 1978, 22; vgl. Seubold 1986, 19f). Wissenschaft und Technik im modernen Sinne transzendieren die Ebene des Empirisch-Anthropologischen, weil sie eine Erscheinungsform der Metaphysik sind. Die Metaphysik aber läßt sich nicht aus Seiendem ableiten, sie konstituiert dieses überhaupt erst, indem sie es zum Gegenstand (des Denkens, der Forschung, des technischen Zugriffs) macht. Dies geschieht im mathematischen Entwurf, wie er seit Galilei und Newton der neuzeitlichen Naturerfahrung zugrunde liegt. Der mathematische Entwurf legt fest, daß wissenschaftliche Gültigkeit nur mehr solchen Beobachtungen zukommt, die auf Axiome, auf ideelle geometrische Grundschemata beziehbar sind. Er zeichnet damit im Grundriß vor, wie die Dinge und ihre Beziehungen zueinander beschaffen sind. Und er gibt zugleich die Bedingungen an, unter denen Natur als Ganze allein noch sein kann. »Natur ist jetzt nicht mehr das, was als inneres Vermögen des Körpers diesem die Bewegungsform und seinen Ort bestimmt. Natur ist jetzt der im axiomatischen Entwurf umrissene Bereich des gleichmäßigen raumzeitlichen Bewegungszusammenhanges, in den eingefügt und verspannt die Körper allein Körper sein können.« (Heidegger 1984, 93)

Exkurs: Worin der hier angesprochene raumzeitliche Bewegungszusammenhang sich von dem im ersten Abschnitt skizzierten raumzeitlichen Dispositiv unterscheidet, läßt sich mit einem Blick auf Kant klären, auf den die Charakterisierung der modernen Naturerkenntnis als eines Entwurfs zurückgeht (vgl. Kant, Kritik der reinen Vernunft, B XIII). In seinem Werk ist der Bruch mit dem raumzeitlichen Dispositiv in aller Schärfe vollzogen. So räumt Kant zwar im Gegensatz zur rationalistischen Spekulation der sinnlichen Erfahrung einen herausragenden Platz ein, jedoch nicht ohne gleichzeitig zu betonen, daß sichere und zwingende Urteile nur von apriorischen Erkenntnissen zu erwarten sind. So konstatiert er die empirische Realität von Raum und Zeit, jedoch nicht ohne zugleich auf ihre transzendentale Idealität zu verweisen. Und so attestiert er auch dem symbolischen Denken seine Fähigkeit zur »Darstellung« des Begriffs nur, um im selben Atemzug zu verkünden, daß es sich allenfalls um eine unvollkommene, weil indirekte und *per analogiam* verfahrende Darstellung handele (*Kritik der Urteilskraft,* 255ff.). Die wahre Realisierung des Begriffs dagegen erfolgt im System der reinen Vernunft durch den transzendentalen Schematismus, der den zwischen Kategorialität und Anschauung klaffenden Abgrund durch eine Versinnlichung des reinen Verstandes überbrückt. Die nähere Erörterung dieses Verfahrens zeigt, daß dabei der Zeit eine konstitutive Rolle zukommt – und zwar der Zeit im modernen, operativen Sinne, der durch die Merkmale der Homogenität, Universalität und Uniformität bestimmt ist und eine Abkoppelung des Zeitmaßes von jedwedem anthropomorphen- oder kosmomorphen periodischen Vorgang impliziert (Kutschmann 1986, 302). Die Schemata, sagt Kant, sind »nichts als Zeitbestimmungen a priori nach Regeln, und diese gehen nach der Ordnung der Kategorien auf die Zeitreihe, den Zeitinhalt, die Zeitordnung, endlich den Zeitinbegriff aller möglichen Gegenstände« (*Kritik der reinen Vernunft,* B 184f.). Kant beschränkt diese Feststellung hier noch auf den »inneren Sinn«. Nimmt man indes die später von ihm hervorgehobene »Merkwürdigkeit« hinzu, »daß wir, um die Möglichkeit der Dinge zu Folge der Kategorien zu verstehen und also die objektive Realität der letzteren darzutun, nicht bloß Anschauungen, sondern sogar immer äußere Anschauungen bedürfen« (ebenda, B 291f.), indem wir z. B. die Zeit figürlich durch eine Linie faßlich machen, so wird deutlich, daß wir es nicht eigentlich mit einem »raumzeitlichen Bewegungszusammenhang« zu tun haben, wie Heidegger meint, sondern mit einer »zeiträumlichen« Ordnung, in der sich die abstrakte und homogene Zeit des formal-operativen Denkens selbst verräumlicht (Oetzel 1978, 152f.).

3. Der mathematische Entwurf, sagt Heidegger, läßt sich nicht auf menschliches Tun zurückführen. Aber worauf dann? Heideggers Antwort, man habe es mit einer »Schickung«, einem »Geschick« des Seins zu tun (Heidegger 1978, 28), wird heute niemand mehr befriedigen, seit klar ist, daß die so aufwendig begründete ontologische Differenz zwischen Sein und Seiendem ein Potemkinsches Dorf ist (Adorno, GS 6, 122). Weiter führt dagegen der Ansatz Sohn-Rethels, am Begriff des Entwurfs festzuhalten und ihn doch zugleich auf die »Konstitutionsgeschichte« des »*gesellschaftlichen* Seins« zu beziehen (Sohn-Rethel 1978, 24; Hervorhebung von mir, S. B.), also Autonomie und gesellschaftliche Bestimmtheit zusammenzudenken. Wie Koyré, Cassirer und Heidegger sieht auch Sohn-Rethel die Besonderheit der galileischen Methode in der Radikalität, mit der sie von der gesamten stofflichen und sinnlich wahrnehmbaren Realität der ersten Natur absieht; wie sie nimmt er »die nicht-empirische Formbestimmtheit des Inertialbegriffs der Bewegung [...] als gesichert an« (Sohn-Rethel 1976, 78).

Während aber die philosophische Interpretation bei diesem Befund stehenbleibt und eine historisch-gesellschaftliche Aufschlüsselung des Phänomens für ausgeschlossen hält, sieht Sohn-Rethel darin eine voreilige Kapitulation. Nach seiner Auffassung ist eine historisch-gesellschaftliche Dimensionierung des mathematischen Entwurfs nur dann zum Scheitern verurteilt, wenn man die Gesellschaft in ihrer oberflächlichen empirischen Erscheinungsform zum Ausgangspunkt nimmt. Sie kann dagegen mit größeren Erfolgsaussichten rechnen, wenn sie sich die Erkenntnisse von Marx über die Bedeutung nicht-empirischer, abstrakter Vermittlungsformen in der kapitalistischen Gesellschaft zu eigen macht. Marx zufolge ist die Existenz von empirischen, zweckrational handelnden Individuen nur die eine, unwesentliche Seite dieser Gesellschaft. Die andere, wesentliche Seite ist der Markt, die Zirkulation, in der sich allererst zeigt, was gesellschaftlich akzeptabel und gültig ist. Gesellschaftliche Geltung aber wird nur erreicht um den Preis der Abstraktion. Um sich auf dem Markt zu bewähren, müssen die Waren wie ihre Besitzer von ihren konkret-empirischen Eigenschaften absehen und sich als Träger von Tauschwert zeigen, der bekanntlich nichts anderes ist als abstrakte Arbeit, Arbeit in rein gesellschaftlicher Form.

Für Sohn-Rethel ist die Beziehung zwischen den Realabstraktionen der Zirkulation und den Denkabstraktionen des mathematischen Entwurfs evident. Schon die einfache Zirkulation zeigt insofern eine frappierende Parallele zum abstrakten Bewegungsbegriff, als sie im Unterschied zur Produktion oder zur Konsumtion jede physische Veränderung der Waren ausschließt, also Zustand, nicht Prozeß im Sinne Koyrés ist. Die Besitzübertragung vollzieht sich als »abstrakte (einförmige) Bewegung durch abstrakten (homogenen, kontinuierlichen und leeren) Raum und ebenso abstrakte Zeit, von abstrakten Substanzen, welche dadurch keine materiellen Veränderungen erleiden und eine ausschließlich quantitative Differenzierung zulassen« (Sohn-Rethel 1976, 75). Diese Abstraktionen bleiben nach Sohn-Rethel in der vorbürgerlichen Gesellschaft latent, weil die Zirkulation hier nur Mittel für außerhalb ihrer selbst liegende Zwecke und in der Regel nur von begrenzter Reichweite ist. Erst mit dem Übergang zur verallgemeinerten Zirkulation, in der sich das Geld auch mit der Ware Arbeitskraft austauscht, wird diese Schranke überwunden, so daß die Tausch- bzw. Geldabstraktion in das theoretische Bewußtsein Eingang finden kann. Indem sich das Denken mit den Realabstraktionen der Zirkulation identifiziert, erwächst ihm nach Sohn-Rethel die gleiche, »scheinbar transzendentale Macht«, über die nach Marx das als Geld fungierende Kapital verfügt. Es konstituiert sich als Transzendentalsubjekt im Sinne Kants und entwirft die Natur so, daß sie seinen abstrakten Kategorien entspricht. Dies ist die wahre Wurzel des mathematischen Entwurfs, dies ist die Basis des Bewegungsbegriffs der modernen Mechanik, welcher sich jetzt als »begriffliche Indikation des Bewegungsschemas der Tauschabstraktion in der Form, wie sie der Kapitalfunktion des Geldes entspricht«, offenbart (Sohn-Rethel 1974, 200).

Der Unterschied dieses Ansatzes zu demjenigen von Virilio liegt auf der Hand. Er verlagert die Erklärung der dromokratischen Revolution vom kontingenten Faktum des Krieges auf den mathematischen Entwurf und verankert diesen im Begriff der abstrakten Gesellschaft. Er ist damit überzeugender als die militärstrategische Metaphorik Virilios, die weder erklären kann, woher das für die dromokratische Revolution erforderliche neue, formal-operative Denken kommt, noch weshalb dieses Denken zwingende und gültige Urteile gestattet. Gleichwohl sollte man über dieser Differenz nicht vergessen, daß sie sich nur auf die Begründung bezieht: Das zu begründende Faktum selbst, die dromokratische Revolution und der für sie kennzeichnende »Nihilismus«, stehen außer Frage. Auch für Marx und Sohn-Rethel ist die Zirkulation ein »Jenseits« (Marx, MEW 13, 73), ein »zeitlich und örtlich bemessenes Vakuum an menschlichem Stoffwechsel mit der Natur« (Sohn-Rethel 1972, 80f.); auch für sie ist die Sphäre der Bewegung bestimmt von einer Logik des Verschwindens: »Die eine Ware wird aus ihr herausgeworfen; eine andre tritt herein. Aber dieselbe Ware ist nur verschwindend in ihr.« (Marx, MEW 42, 521)

Welche Folgen hat es, wenn sich diese Sphäre verallgemeinert, wenn sie Produktion und Konsumtion ergreift und – vermittels der Verwissenschaftlichung – auch das Denken, die Erfahrung, die »Lebenswelt« der

Gesellschaft umwälzt? Wird dadurch, wie Virilio meint, die »Bewegung unserer Kultur zum Nichts und zum Verschwinden« (1984b, 31) unwiderruflich? Muß man diese Bewegung so denken, wie Virilio sie denkt: als absolute Verflüssigung, als »Liquidierung der Welt«? Oder gibt es nicht auch andere, entgegenwirkende Tendenzen, die diese Auffassung einseitig erscheinen lassen? Wir müssen uns dazu Virilios Darstellung der Folgen der dromokratischen Revolution genauer ansehen.

III

1. Durch die dromokratische Revolution wird nach Virilio eine neue Konfiguration erzeugt: der Geschwindigkeits-Raum (espace-vitesse) oder auch »dromogene Raum«. Was ist darunter zu verstehen? Zunächst eine Ordnung, die nicht mehr, wie das raumzeitliche Dispositiv, von der metabolischen Geschwindigkeit bestimmt ist. Mit der Revolutionierung des Transport- und Kommunikationswesens schrumpfen die Entfernungen, alles ist gleich nah, in Reichweite; der Globus verwandelt sich in ein Kontinuum, in welchem alles brutal zusammengeschoben ist, in dem es keine Grenzen, keine Distanzen, keine Differenzen mehr gibt (1984a, 70; 1978, 45; 1980, 187). Auch mit der von Virilio angenommenen Substantialität des Raumes ist es vorbei. Die technologische Geschwindigkeit erfordert nicht bloß die Abwesenheit von Hindernissen, sondern die Abwesenheit von Materie schlechthin; ihr idealer Raum ist, wie auch Sohn-Rethel meint, das Vakuum. Die fortgeschrittenen Technologien streben nach völliger Transparenz, nach Aufhebung von Schwerkraft und Gewicht (1984b, 90, 199). Die Endoskopie dringt in das Zentrum der lebenden Materie ein, die Nukleartechnik strebt danach, sie in reine Energie aufzulösen. »Nachdem die Dauer und die Ausdehnung des geophysikalischen Raums durch die Beschleunigung der Transporte auf nichts oder auf beinahe nichts reduziert worden sind, scheint es, daß die Vivisektion der Geschwindigkeit jetzt selbst die Dichte der Masse angreift, als ob Dauer und Dichte der Gesamtheit der physischen Körper plötzlich selbst das Ziel der Verfolgung geworden wären [...] Besessen davon, die Leere zu erzeugen, ertragen wir nicht länger die Dichte der Materie.« (1984b, 174f.)

Mit dem geographischen Raum verschwindet die ihm entsprechende extensive Zeit. Die *longue durée* wird beseitigt, mit ihr die Zeit der Chronologie und der Geschichte. Während aber der Raum mit den Eigenschaften der Extensität und Substantialität offenbar auch seine strukturbestimmende Kraft schlechthin einbüßt, gilt dies für die Zeit nicht in gleichem Maße. Je mehr sie die Merkmale abstreift, die ihr im raumzeitlichen Dispositiv zukamen, desto mehr wird sie zur eigentlich maßgebenden Dimension, in der sich die Expansion der modernen Gesellschaft vollzieht. Die Bevölkerung bewohnt nicht mehr ein bestimmtes Territorium, etwa eine Stadt, »sondern die Zeit der Ortsveränderung« selbst. Die Städte werden zu bloßen Funktionsräumen für zeitlich begrenzte Aktivitäten, ihre Bewohner zu Passagieren, »entorteten«, »utopischen« Bürgern, deren wahre Heimat die Transportmaschinen und Transitstätten sind. Anstelle der Seßhaftigkeit im Raum tritt eine neue Seßhaftigkeit in der Zeit, anstelle der Gesellschaften des Beharrens eine »Gesellschaft des Verschwindens«. Auch die soziale Integration vollzieht sich seit dem Aufkommen der Telekommunikation zunehmend in der Zeit, etwa der Zeit der Sendung, die physisch Abwesende zu einer »Stadt für den Augenblick« versammelt. Die alte Tiefe des topologischen Raums wird durch die Tiefe der Zeit ersetzt, die Territorialität durch die Temporalität (1984, 62, 76, 88f.).

> »Der Raum ist nicht mehr in der Geographie zu suchen; er ist in der Elektronik verankert. Die Einheit besteht in den Terminals, im augenblickshaften Zeittempo an den Schaltstellen, an den Schreibtischen multinationaler Konzerne, in den Kontrolltürmen etc. Von nun an spielt sich Politik weniger im geographischen Raum ab, als vielmehr in technologisch bestimmten Zeitsystemen: Bildschirmtext, Intercity, Flugzeug etc. Geopolitik wird durch Chronopolitik ersetzt. Man bewirtschaftet nicht mehr ein Territorium, sondern die Zeit. Die Raum-Ordnung ist überholt; sie ist minimal.« (1984, 116)

Wie bestimmt Virilio diese neue, technische Zeit? Vor allem drei Merkmale werden immer wieder genannt: Die technische Zeit ist tote Zeit, sie ist intensive Zeit, und sie ist knappe Zeit. Tote Zeit: denn es handelt sich um die »Zeit der Fortbewegung«, um Zirkulationszeit also, in der der Körper von jeder Interaktion mit seiner eigentlichen Umwelt abgeschnitten ist und gleichsam nur einen Wechsel auf ein Leben nach der Ankunft darstellt. Intensive Zeit: denn sie ist bestimmt durch sofortige und schlagartige Allgegenwärtigkeit, durch den plötzlichen Eintritt des Abwesenden, wie er sich ebenso im Schlagabtausch der Vernichtungsmittel und im Informationsabtausch der Kommunikationsmittel manifestiert (1984, 50; 1984a, 168; 1988, 150). Knappe Zeit: denn die ungeheure Beschleunigung, die z.B. in der Laserwaffe bereits Lichtgeschwindigkeit erreicht, führt allenthalben zu einer Verknappung der Fristen und der Bedenkzeiten. In der Epoche der Marschflugkörper und der strategischen »Verteidigungs«-Initiativen geht es primär um Vorwarnzeiten, um die Ausnutzung knappster Zeitintervalle, um Erstschlags- und Präventivschlagskapazitäten, mit einem Wort: um den »Krieg um Zeit«

(1980, 61): »L'espace territorial s'est évanoui, seul demeure le Temps – mais le temps qui reste.« (1984b, 67)

Für den einzelnen wie auch die Gesellschaft hat diese Veränderung im Raum-Zeit-Gefüge grundstürzende Folgen. War das raumzeitliche Dispositiv Basis und Schauplatz vielfältiger Regulierungen, so ist der Geschwindigkeits-Raum durch eine umfassende Deregulierung bestimmt. Der animalische Körper mitsamt seiner Sinnesapparatur wird entwertet. Die Geschwindigkeitstechnologien bewirken einen »Umsturz in der Ordnung der Perzeption«, eine »Entregelung der Sinne«, indem sie den einzelnen in einen Jenseits-Raum katapultieren, in welchem er sich nur mittels eines komplizierten Netzes von Meßapparaten, von Wahrnehmungsprothesen zu behaupten vermag. Diese Prothesen wiederum forcieren ihrerseits die Entrealisierung, indem sie, wie z. B. der Film, durch Überproduktion von Bewegung die alten Wahrnehmungsfelder zerstören. Das Kino, schreibt Virilio, beruht auf einer systematischen psychotropischen Verrückung, einer Zerstörung der Chronologie; die permanente Überflutung mit Bildern führt zu einem Zusammenbruch der Erinnerungsfähigkeit (1986a, 49; 1988, 25). Anstelle der transzendentalen Ästhetik, welche die Sinnesdaten in eine raumzeitliche Ordnung brachte und an die Kategorien des Verstandes zur Produktion einer gültigen Erkenntnis weiterreichte, tritt die »Ästhetik der Schnelligkeit«, in der die Geschwindigkeit den Sieg über Zeit und Raum davonträgt (1984b, 149; 1988, 151). »Seit es Geschwindigkeit gibt, bricht die Welt unaufhörlich herein; der Gegenstand löst sich auf in den Anfang einer Informationskette. Und gerade diese Verkehrung zerstört die Welt, wie wir sie wahrnehmen; die Technik reproduziert letztendlich ununterbrochen die Gewalt des Unfalls.« (1986, 112)

So auch im Bereich der sozialen Beziehungen. Vielzahl und Tempo der Interaktionen verleiten dazu, aus dem Zusammenkommen immer mehr ein Zusammenprallen zu machen – von daher der Abbau der Umgangsformen, der Verfall von Höflichkeit, die Brutalität und Aggressivität der sogenannten »offenen Kommunikation«, die ein Werk wie dasjenige von Norbert Elias heute eher als Schwanengesang einer bereits untergegangenen Epoche erscheinen läßt.

Aber auch die rechtlichen und politischen Regelungen erliegen im Geschwindigkeitsraum der Erosion. Mit der Zerstörung des geographischen Raums verschwinden die Bürgerrechte, die stets an ein bestimmtes Territorium gebunden waren. Die Orte und Städte werden austauschbar, Nationen und Staaten verlieren ihre Identität. Die hohe Mobilität der Bevölkerung, die durch die Telekommunikation gegenwärtig noch um eine Stufe gesteigert wird, macht einen Abbau der bisherigen Formen urbaner Verdichtung möglich, eine Bewegung zu einer neuen Konfiguration, die »nodal« anstatt »zentral« ist, Knotenpunkt »in einer vorwiegend elektronischen Umwelt, in der die ›Tele-Lokalisierung‹ die Entfaltung einer generellen Exzentrizität bewirkt, einer grenzenlosen Peripherie – Vorzeichen dafür, daß die Form der industriellen Stadt überholt ist, vor allem aber auch dafür, daß es mit der metropolitanen Seßhaftigkeit zu Ende geht.« (1984a, 156) Kapital und Arbeitskräfte verlassen die alten Zentren und bevorzugen eine neue, zerstreute Ansiedlung; ganze Großstädte verwandeln sich in Elendsquartiere, in denen überzählige und unproduktive Bevölkerungen hausen: Wirtschafts- und Sozialbrachen, wie ein eher noch euphemistischer Ausdruck lautet. Aus dem Wohlfahrtsstaat mit seinen komplexen sozialpolitischen Regulierungen wird der von den Monetaristen propagierte Minimalstaat, der sich auf den traditionellen Kern der Staatlichkeit zurückzieht und die Gesellschaft in allem übrigen sich selbst überläßt. »Minimalstaat – das heißt für mich Verelendung, und genauer noch: innere Kolonisierung. Es sieht fast so aus, als könnten die Gesellschaften sich nicht mehr selbst regulieren.« (1984, 101)

Soweit die postindustrielle Gesellschaft überhaupt noch eine Einheit hat, existiert sie neben und über ihr: in der Kriegsmaschine, die immer gigantischere Mittel für ihren Unterhalt verlangt. Dabei geht es längst nicht mehr um die Verteidigung der territorialen Integrität, der nationalen Souveränität oder irgendwelcher Prinzipien des Gemeinwesens – Ziele, die im Zeitalter der absoluten Waffe ohnehin sehr relativiert worden sind (um es milde auszudrücken). Der Kriegsmaschine bzw. der sie verwaltenden Militärklasse geht es nach Virilio primär um ihre eigene Erhaltung. Um den reibungslosen Fluß der dafür erforderlichen Ressourcen sicherzustellen, wird die zivile Ökonomie immer enger mit der Rüstungsproduktion verflochten und die Gesellschaft einem zunehmend dichter werdenden Netz polizeilicher Kontrollen unterworfen (1984, 97). Die ökonomische und soziale Dezentrierung geht auf diese Weise parallel mit einer Hyperkonzentration der militärischen Macht, wie sie in der Dritten Welt bereits vorgebildet ist. »Das Afrika der Dritten Welt ist nicht im Rückstand gegenüber Europa, sondern ihm voraus: beinahe überall regiert schon die Armee; die postindustrielle Gesellschaft ist die militärische Gesellschaft.« (1978, 53)

2. Diese knappe Skizze läßt die Stärken, aber auch die Schwächen von Virilios Diskurs deutlich hervortreten. Zu den Stärken gehört die dichte Beschreibung der technologischen Geschwindigkeit und ihrer »nihilistischen« Auswirkungen auf das raumzeitliche Dispositiv, die Verknüpfung solcher Phänomene wie Deurbanisierung und Denationalisierung mit den neuen Medien, die brillante Analyse des Films und der filmischen Wahrnehmung. In keinem anderen Werk der Gegenwart ist mit solcher Intensi-

tät und solch bohrender Schärfe dargestellt, was der Beschleunigungszustand aus den Individuen und ihren Beziehungen macht.

Ebenso unübersehbar sind aber auch die Schwächen in der Begründung, durch die Virilio seine Diagnosen in unnötiger Weise angreifbar macht. Zu ihnen gehört, erstens, die Behauptung, der Geschwindigkeits-Raum sei seinem Wesen nach ein militärischer Raum, in dem die Gesetze der politischen Ökonomie ihre Gültigkeit verloren hätten und in dem die Kriegsökonomie zur Ökonomie überhaupt geworden sei (1984, 9). Virilio zeigt hier – wie der von ihm häufig zitierte Ernst Jünger – eine Faszination für das Extreme, für den Ausnahmezustand, die ihn nicht selten dazu verführt, Einzelerscheinungen zu hypostasieren und die Frage nach der Vermittlung auszuklammern.

Zu welchen Verzerrungen dieses Verfahren führt, zeigt nicht nur der oben zitierte Satz, daß die postindustrielle Gesellschaft die militärische Gesellschaft sei, sondern vor allem auch ein Umgang mit dem Faschismusbegriff, der jedes Gefühl für ein verantwortliches Denken vermissen läßt. »Was immer man sagt«, lautet z. B. eine Schlüsselpassage aus *Geschwindigkeit und Politik*, »der Faschismus ist niemals gestorben, er brauchte nicht wiedergeboren zu werden [...], denn er repräsentierte im dromokratischen Abendland eine der vollständigsten kulturellen, politischen und sozialen Revolutionen [...] Der Faschismus lebt, weil der totale Krieg und später der totale Frieden die Generalstäbe der großen nationalen Korps (die Armeen, die Produktivkräfte) in einen neuen raum-zeitlichen Prozeß eingespannt haben, in ein historisches Universum in einer kantischen Welt, wobei das Problem nicht mehr in einer Geschichtlichkeit innerhalb der (chronologischen) Zeit oder im (geographischen) Raum liegt, sondern in der Frage: in welchem Zeit-Raum?« (1980, 143f.)[55]

Von der bemerkenswerten Reminiszenz an Kant einmal abgesehen, glaube ich nicht, daß diesen Behauptungen irgendein Erkenntniswert zukommt – ganz davon zu schweigen, daß ein Überlebender der Konzentrationlager einen derart leichtfertigen Umgang mit der Geschichte wohl zu Recht als Verhöhnung empfinden könnte. Zwar ist es richtig, Faschismus und Kriegswirtschaft in Zusammenhang zu bringen, da sich der konjunkturelle Aufschwung unter dem NS-Regime in der Tat einer staatlich organisierten Umlenkung des Wertprodukts und der Profite in die Rüstungsindustrie verdankte. Doch muß man sogleich hinzufügen, daß damit die Gesetze der politischen Ökonomie keineswegs außer Kraft gesetzt wurden, wie Virilio unterstellt. Die faschistische Investitionskonjunktur hatte eine gewaltige Verzerrung des Wirtschaftsgefüges zur Folge, die über kurz oder lang zu einem inflationären Zusammenbruch führen mußte. Der Krieg war von daher gesehen der verzweifelte Versuch des Regimes, in einer Art Hasardspiel die Begleichung der Zeche auf andere abzuwälzen (vgl. Sohn-Rethel 1973). Das faschistische Projekt einer nationalstaatlich beschränkten Ausschaltung der regulativen Funktionen des Wertgesetzes blieb bislang ein vereinzeltes Unternehmen, dem von vornherein auf der Stirn geschrieben stand, daß es in der Katastrophe enden mußte. Mit ihm ging nicht nur eine Clique von Führern zugrunde, sondern zugleich der Versuch, eine den Gesetzen des Weltmarktes enthobene Militärgesellschaft zu schaffen. Niemand kann ausschließen, daß sich ein solcher Versuch wiederholt. Diese *spezifische*, allein aus den besonderen Bedingungen der deutschen Wirtschaft zu erklärende Form der Krisenlösung aber zum allgemeinen Prinzip zu erklären, welches die sogenannte postindustrielle Gesellschaft beherrscht, ist ungefähr so überzeugend, wie wenn ein Zoologe von einer Albinoform auf die farblichen Merkmale der Spezies schließen wollte. Man muß im übrigen nur einen Blick auf die blühenden Exportgeschäfte mit Waffen werfen, um zu erkennen, daß von einem »Ende der ökonomischen Rationalität« (1984, 14) keine Rede sein kann.

Virilios Darstellung des Geschwindigkeits-Raums bereitet indes nicht nur wegen der Überakzentuierung außerökonomischer Faktoren Schwierigkeiten. Mindestens ebenso problematisch ist seine Neigung, Prozesse der Entregulierung und Entrealisierung so zu verabsolutieren, daß der Geschwindigkeits-Raum als Jenseits nicht nur des raumzeitlichen Dispositivs, sondern auch des mathematischen Entwurfs erscheint. Davon kann in dieser Allgemeinheit, auch und gerade im Hinblick auf die modernen Informationstechnologien, keine Rede sein. Die Entwicklung des Computers markiert in der Geschichte des formalen Denkens keinen Bruch, sondern ist lediglich die gerätetechnische Conclusio aus der Prämisse, daß jede formalisierbare Prozedur als Operation einer »symbolischen Maschine« dargestellt und – im Prinzip – von einer wirklichen Maschine ausgeführt werden kann. Diese Prämisse aber ist in der Geschichte der Mathematik bereits mit der Erfindung der Buchstabenlogik durch Vieta, in der Geschichte der Logik mit dem Aufbau logischer Kalküle durch Leibniz erreicht, in eben jenem Stadium also, in dem auch der oben skizzierte mathematische Entwurf entstand (Krämer 1988, 3, 176). Die Computerisierung bedeutet nichts anderes, als daß der mechanische Symbolgebrauch – der schematische, interpretationsfreie Umgang mit schriftlichen Zeichen – nicht mehr auf die Köpfe einer kleinen Gruppe von Mathematikern und Logikern beschränkt, vielmehr in einer rasch wachsenden Zahl von Apparaten präsent ist.

Da die Computer-Technik mittlerweile, wie keine andere Technik zuvor, sowohl in die berufliche als auch in die private Sphäre Eingang gefunden hat, heißt dies, daß wir es eher mit einer Expansion des regelgebundenen

Denkens zu tun haben als mit einer allgemeinen Deregulierung. Zwar gibt es zwischen dem Operationsmodus des Computers und dem der menschlichen Intelligenz grundlegende Unterschiede, die auch durch noch so verfeinerte Digitalisierung nicht aufzuheben sind: Computer, wie alle maschinellen Systeme, arbeiten Algorithmen ab, d. h. sie transformieren Anfangswerte in Endwerte, in strenger Reihenfolge und aufgrund eindeutiger Regeln; die Regeln selbst sind ihnen unzugänglich, denn um sie zu verändern, müßten sie einen Standpunkt außerhalb ihrer selbst beziehen, was ihnen wegen ihrer Input-Determiniertheit verwehrt ist, im übrigen auch von den grundlegenden Eigenschaften formalisierter Systeme her ausgeschlossen ist (Krämer 1988, 156). Menschliche Intelligenz dagegen verarbeitet Sinn auf der Basis einer Simultanpräsenz von aktuellem Zustand und Verweisungshorizont und ist grundsätzlich in der Lage, auch die System/Umwelt-Grenze zum Thema zu machen, Programme und Regeln ggf. außer Kraft zu setzen (Krämer 1988, 181; Hartmann 1990, 251).

In der alltäglichen Arbeit am Computer kommen indes weniger diese letzteren Fähigkeiten zum Tragen als vielmehr Übersetzungsleistungen, bei denen maschinell produzierte Ereignisse in sinnhafte Zusammenhänge integriert wie umgekehrt sinngesteuerte Systemprozesse in Ereignisse des maschinellen Systems transformiert werden müssen – Aktivitäten, die weitgehend durch die Eigengesetzlichkeit des Programms bestimmt sind, dessen Logik sich dem Benutzer aufdrängt und ihm nur einen mittelbaren Zugriff erlaubt (Hartmann 1990, 274, 130f.). Um mit der durch die maschinellen Systeme bereitgestellten Überfülle von Informationen Schritt zu halten und nicht »abzustürzen«, wie es im Fachjargon heißt, bedarf es einer hochgezüchteten, formal-operativen Intelligenz, einer so extremen Konzentrationsfähigkeit, daß fast jeder zweite Informatik-Student daran scheitert. Der Programmierer, schreibt Johnson, muß »nicht nur über ein Repertoire von logisch-technologischen Fähigkeiten verfügen, sondern eine sich in mancher Hinsicht asketisch anmutende Lebensdisziplin auferlegen« (Johnson 1980, 793; Rosemann 1986, 57f.); die Bindung an die syntaktische Struktur der Programmiersprachen und an die Erfordernisse von Prozessen der Fehlereliminierung, des *debugging,* tragen ein übriges dazu bei, eine strikte Regularität zu erzwingen. Von einem generellen Ordnungsschwund, einer Ersetzung der von Leibniz und Kant behaupteten »Zeitordnung der Abfolge« durch eine »Ordnung der Exposition«, »in der Zukunft, Gegenwart und Vergangenheit zu miteinander verbundenen Figuren der Unterbelichtung, der Belichtung und der Überbelichtung werden« (Virilio 1987, 250f.), kann man vor *diesem* Hintergrund nicht sprechen. Auch im Beschleunigungszustand ist das grundlegende Signum der Moderne die Rationalität, nicht die Irrationalität.

3. Freilich: So ganz von der Hand zu weisen sind Virilios Überlegungen deshalb noch nicht, wissen wir doch seit Max Weber, daß Rationalisierung mitunter höchst irrationale Formen zu zeitigen vermag. Die Autoren der *Dialektik der Aufklärung,* die Webers Einsicht systematisch entfalteten, machten dies vor allem an der Kulturindustrie fest, die bei ihren Konsumenten eine Zerstörung von Erinnerung, Erfahrung und Reflexion, ja von Individualität schlechthin bewirke. Noch schärfer formulierte es wenig später Günther Anders, der mit dem neuen Medium Fernsehen eine Aufhebung des Unterschieds zwischen Schein und Sein, zwischen Wirklichkeit und Bild gekommen sah und eine Fragmentierung und Punktualisierung des Bewußtseins konstatierte. Raum und Zeit, schrieb Anders, würden in den neuen Medien durch Omnipräsenz und Simultaneität ersetzt, die Kontinuität des Daseins durch einen »Pointillismus des Existierens« abgelöst; das Ergebnis sei eine »künstlich erzeugte Schizophrenie«, durch die der Mensch gleichsam zum Bürger zweier Welten werde: des — expandierenden — technischen Universums und des — schrumpfenden — Raum-Zeit-Gefüges der sinnlichen Erfahrungswelt (Anders 1956, 111ff., 132ff.; ders. 1980, 335ff.).

Seit den vierziger und fünfziger Jahren, als solche Gedanken noch eine kühne Antizipation waren, die von den kurzsichtigeren Zeitgenossen leicht als übertrieben und abwegig abgetan werden konnte, hat sich diese künstlich erzeugte Schizophrenie fortwährend verstärkt. Die mikroelektronische Revolution führt wohl einerseits zu einer Steigerung der formalen Rationalität, doch treibt sie diese andererseits so weit, daß sie, wie Anders sehr gut gesehen hat, eine nachgerade surrealistische Konfiguration erzeugt, in der »völlig disparate, ja einander widersprechende, sogar einander tödliche Elemente dennoch zugleich, ja zusammen, sogar in gegenseitig lähmender Interdependenz auftreten« (Anders 1956, 16). Während nämlich die menschlich-sinnverarbeitenden Systeme an ihren Körper und damit an das raumzeitliche Dispositiv gebunden bleiben, gehorchen die maschinell-symbolverarbeitenden Systeme einer Entwicklungslogik, die sich immer konsequenter von allen derartigen Beschränkungen emanzipiert.

Im Gegensatz zu den »klassischen«, mechanischen Maschinen, die einen bestimmten Algorithmus *verkörperten* und auf diese Weise an die sinnlich-konkrete, stofflich erfahrbare Materie dieser Verkörperung fixiert waren, handelt es sich bei den »transklassischen«, informationstechnologischen Maschinen um materielle Umsetzungen immaterieller, formaler Systeme, deren Grenzen nicht mehr durch die Besonderheiten des Materials, sondern allein durch die Geschwindigkeit und Endlichkeit des Speichervermögens definiert werden (Bammé u.a. 1983, 149, 266; Holling/Kempin 1989, 112). Als eine Maschine, die beliebig viele Maschinen im Sinne von materiellen Modellen bestimmter Transformationen darstellen kann, repräsentiert der Computer ein neues Stadium in der Geschichte der Formalisierung – ein Stadium, in dem die reine Form weder nur gedachte Ordnung der Wirklichkeit (wie in der griechischen Geometrie) noch Entwurf für die Strukturierung der Realität (wie in der klassischen Mechanik) ist, vielmehr selbst Realität erzeugt: Bilder und Töne, Texte und Programme, die zwar durch Zahlenoperationen hervorgebracht, aber nichtdestoweniger sinnlich-anschaulich sind. Mit der Simulation ergibt sich etwas völlig Neues:

> »Wir haben jetzt einen sinnlich erfahrbaren Inhalt vor uns, der zugleich die ersehnten Eigenschaften des Formalen besitzt: Ewigkeit, Raum- und Zeitlosigkeit, Universalität und Absolutheit. Die Schranken des ›natürlichen‹ Materials sind überwunden. Bisher bestanden die Versuche der Formalisierung in der Sisyphusarbeit, natürliche Stoffe, Tiere und Menschen an die Eigenschaften des Formalen anzupassen. Aber die Stoffe verwittern, die Lebewesen werden krank, sterben oder entwickeln Eigensinn. Die Form war reiner Gegensatz des Seins, das Nichts. Dieses Nichts ist zum konkreten, anschaulichen Inhalt geworden und hat trotzdem nichts von seinen Eigenschaften eingebüßt. Es ist raum- und zeitlos, eindeutig und reproduzierbar.« (Holling/Kempin 1989, 190)

Diese Aussage ist sicher nur cum grano salis zu nehmen. Computer imitieren, wie Sibylle Krämer in ihrer instruktiven Geschichte der Formalisierung gezeigt hat, die Turingmaschine, die ihrerseits als eine lineare, endliche Folge von Symbolkonfigurationen in einem typographischen Medium beschrieben werden kann (Krämer 1988, 180); die lineare Anordnung von Zeichen aber ist nichts anderes als jener oben dargestellte transzendentale Schematismus, der durch die operative Zeit bestimmt ist. Nicht die Zeit schlechthin, allenfalls die historische oder extensive Zeit im Sinne Virilios wird durch die mikroelektronische Revolution obsolet.

Davon abgesehen, läßt die Analyse der transklassischen Maschine erkennen, inwiefern Virilios Theorie des Geschwindigkeits-Raums bei allen Schwächen doch einen entscheidenden Sachverhalt trifft: die Überlagerung und virtuelle Marginalisierung der ersten Realität durch eine zweite, eine »Hyperrealität«, die sich durch eine völlig neue Konstellation von Raum und Zeit auszeichnet. In ihr ist der Raum virtualisiert und gleichsam verflüssigt, da die neuen Simulationsverfahren Omnipräsenz und Ubiquität ermöglichen. Die Zeit ist zwar keineswegs verschwunden, doch erlebt auch sie im Vergleich mit dem von Kant beschriebenen Modus noch insofern eine Transformation, als die transklassische Maschine eine ungeheure Beschleunigung der linearen Operationen ermöglicht. Die von den digitalen Codes erzeugten Bilder sind überall gleichzeitig gegenwärtig, sie sind jederzeit abrufbar und beliebig umkehrbar (Burckhardt 1990a); sie erscheinen nicht mehr auf der Achse eines starren, von der Vergangenheit in die Zukunft gerichteten Pfeils, sondern kommen, als kontingente Auswahl aus einer unendlichen Fülle von Möglichkeiten, gleichsam aus der Zukunft der Gegenwart entgegen. »›Zukunft‹ und ›Möglichkeit‹ werden Synonyme, ›Zeit‹ wird synonym mit ›Wahrscheinlichwerden‹ und ›Gegenwart‹ wird zur Verwirklichung von Möglichkeiten in Form von Bildern.« (Flusser 1987, 147) Die transklassische Maschine bildet damit den vorläufigen Höhepunkt in jener Bewegung der okzidentalen Zivilisation zum Nihilismus, dessen Gesetz nach Nietzsche lautet: »Nichts ist wahr, alles ist erlaubt.« (Nietzsche 1966, II, 889)

Virilio neigt dazu, diese neue Hyperrealität zu totalisieren und die nach wie vor bestehenden Vermittlungsprobleme unterzubelichten, die sich zwischen ihr und der ersten Realität ergeben. Er vermengt darüber hinaus diesen aus der Entwicklung der neuzeitlich-experimentellen Wissenschaften resultierenden Prozeß mit politischen Kategorien und verstellt sich auf diese Weise ein angemessenes Verständnis. Die Schlaglichter indes, die er, aus wechselnden Perspektiven und mit unterschiedlichen Mitteln, auf die Gesellschaft des Verschwindens wirft, tauchen diese in ein so grelles Licht, daß ihr nihilistischer Grundzug nicht länger zu übersehen ist. Die neuen Technologien, sagt Vilém Flusser zu Recht, sind nicht mehr dialektisch zu fassen, sondern allenfalls mit dem Kuhnschen Begriff des Paradigmas, der den plötzlichen und zuvor unvorstellbaren Sprung von einer Ebene auf eine andere signalisiert (Flusser 1987, 147). Das Werk Paul Virilios muß als eine Warnung gelesen werden, daß dieser Sprung nicht auf eine neue Ebene führt, sondern – ins Nichts.

Technik und Wissenschaft als Hierophanie

Die Idee der Kritik, im 19. Jahrhundert mit Pathos verkündet und seitdem in zahlreichen Varianten reaktualisiert, zeigt deutliche Verschleißerscheinungen. Mochte angesichts der Fetische von Religion, Politik und Ökonomie noch ein Programm plausibel erscheinen, das diese als Formen menschlicher Selbstentfremdung zu dechiffrieren versprach, so haben die Fetische von Wissenschaft und Technik allen derartigen Bemühungen bislang standgehalten. Unbeeindruckt von forschen Parolen, die die Beherrschbarkeit der Innovation (Peter Glotz) oder die Aufhebung der herrschenden Unmündigkeitskultur (Ulrich Beck) verkünden, geht die wissenschaftlich-technische Entwicklung ihren Gang und läßt sich weder von Gesetzen noch von Moratorien hindern, von archaischeren Mitteln wie Zwillen oder Brandsätzen ganz zu schweigen.

Ob Kritik im ursprünglichen emphatischen Sinne des Wortes überhaupt noch möglich ist, erscheint ungewiß. Gewiß ist nur, daß die bisherigen Versuche es sich zu leicht gemacht haben, indem sie Technik und Wissenschaft zu bloßen Erscheinungsformen eines konstitutiven, wie immer gearteten *humanum* reduzierten – ein Verfahren, an dem schon die humanistische Religionskritik des Vormärz gescheitert ist. Wenn es richtig ist, daß auf diesem Weg kein Weiterkommen möglich ist – warum es nicht einmal nach Kantschem Vorbild mit einer »Umänderung der Denkart« probieren? Vielleicht begreift man mehr, wenn man Wissenschaft und Technik nicht länger auf den Menschen bezieht, sondern auf Strukturen und Kräfte, die jenseits seiner Verfügungsgewalt liegen, mögen sie sich auch zunächst nur durch menschliche Aktivität manifestieren. Das ganz eigentlich Unmenschliche aber ist, nach Nietzsches Einsicht – das Heilige (Nietzsche 1966, II, 222).

Diesen Begriff ins Spiel zu bringen, mag bei nicht wenigen Befremden auslösen, da in ihm die Aufforderung zu Anbetung und Unterwerfung, zum *sacrificium intellectus*, notwendig mitgedacht zu sein scheint. Aber muß man denn vom Heiligen nur in kultischer oder theologischer Absicht reden? Hat nicht schon Marx in einem ganz unreligiösen Diskurs demonstriert, daß die kapitalistische Ökonomie im Zeichen des Heiligen steht, eine »Religion des Alltagslebens« verkörpert, die sich in einer Personifizierung der Sachen und einer Versachlichung der Personen darstellt? Könnten davon nicht auch Wissenschaft und Technik betroffen sein, ohne die heute kaum noch ein kapitalistischer Betrieb auskommt? Wäre es nicht denkbar, daß das Heilige, weit davon entfernt, sich zurückzuziehen, in Technik und Wissenschaft eine neue Daseinsform gefunden hätte? Daß es, anstatt eine marginale und intermittierende Existenz zu führen, in die Kernstruktur der Gesellschaft eingewandert und somit eher *in* die Welt gekommen als *aus* ihr verschwunden wäre? Die Industriegesellschaft besitze die Mittel, das Metaphysische ins Physische zu überführen, hat Herbert Marcuse einmal, obschon in eher utopischer Absicht, gemeint. Wie, wenn er damit, ohne es zu ahnen, das Geheimnis der Moderne ausgesprochen hätte?

I

Eine solche Vermutung wird freilich sogleich auf den Widerspruch der Religionswissenschaftler stoßen. Obwohl deren Ansichten über das Wesen des Heiligen weit auseinandergehen, gibt es doch insofern eine Übereinstimmung, als das Heilige vor allem als Kontrastbegriff verwendet wird: es ist das »Ganz Andere« (R. Otto), das Fremdartige schlechthin, dem man nur *per viam negationis* näherkommen kann. Je nachdem, wie das Bekannte verstanden wird, zeigt auch die Negation entsprechende Züge. Gilt die gegebene Welt als das Regelhafte, so ist das Heilige das Irreguläre (Durkheim); gilt sie als das Profane, allgemein Benutzbare, so ist es das Unzugängliche, Herausgenommene, Verbotene (Caillois, van der Leeuw). Gilt sie als das Begrenzte, Endliche, so ist es das Unbegrenzte, Unendliche (Bataille). Gilt sie als Erfahrungszusammenhang, so ist es das Überempirische, welches wiederum verschieden ausgelegt werden kann: vom rationalistischen Standpunkt aus als Vernunftwirklichkeit, als Geltung der absoluten Werte (Windelband); vom ontologischen Standpunkt aus als Kraft, Realität, Sein (Eliade); vom kommunikationstheoretischen Standpunkt aus als konsensuell zu erzielende Sozialintegration (Habermas).

Mit Ausnahme der zuletzt genannten Position, die das Heilige versprachlicht und damit zugleich verharmlost, betonen die meisten Autoren primär die Aspekte des Geheimnisvollen, Mächtigen und Bedrohlichen, die beim Menschen Furcht und Schrecken auslösen, das Gefühl »schlechthinniger Abhängigkeit« (Schleiermacher, Otto). In seiner elementaren

Erscheinungsform, schreibt Caillois, stelle das Heilige vor allem »eine gefährliche, undurchschaubare, kaum zu steuernde Energie von außerordentlicher Wirkungskraft dar [...] Das Individuum kann sich ihr nicht nähern, ohne Kräfte zu wecken, die es nicht beherrscht und denen gegenüber es sich schwach und hilflos fühlt. Ohne deren Beistand aber wäre jede Bestrebung zum Scheitern verurteilt. Sie sind der Quell allen Erfolges, aller Macht, allen Glücks. Doch wer sie beschwört, muß befürchten, ihr erstes Opfer zu werden.«[56]

Das Heilige ist also das ganz Andere, Fremdartige, Außergewöhnliche – das »transcendens schlechthin«, wie Mircea Eliade, Heideggers Bestimmung des Seins aufnehmend, sagt. Das ist die eine Seite. Die andere ist: Diese Transzendenz muß erscheinen, erfahrbar werden, einen Ort bzw. einen Träger in der Welt erhalten, den es transzendiert. Dies geschieht in den Hierophanien, den Formen, in denen sich das Heilige verkörpert. In ihnen »erwählt« das Heilige ein Objekt, eine Person, indem es sie von dem sie umgebenden Rest absondert, wobei jede, auch die abwegigste Form, in Frage kommt. »Wir müssen uns angewöhnen«, schreibt Eliade, »Hierophanien überall zu akzeptieren, in jedem Bereich des physiologischen, ökonomischen, geistigen oder sozialen Lebens«, und er fügt hinzu, daß es wohl keinen Gegenstand, keine Handlung, kein Lebewesen gebe, »die nicht im Laufe der Geschichte am Sakralen Anteil gehabt hätte[n]«. Diese relative Beliebigkeit ist möglich, weil das Heilige an seinem Träger eine Transsubstantiation bewirkt, wodurch er an sich selbst zu einem anderen wird. »Ein Gegenstand wird sakral in dem Maß, in dem er etwas *anderes* als sich selbst verkörpert.« Die Inkarnation des Heiligen bewirkt einen »ontologischen Einbruch«. Das Natürliche wird zur Verkörperung des Übernatürlichen, das Werdende zum Zeugnis des Seins, das Zeitliche zur Erscheinung des Ewigen, und hört doch nicht auf, das Natürliche, Werdende und Zeitliche zu sein. Die Hierophanie verleiht somit der Welt eine zutiefst paradoxe Struktur (Eliade 1986, 34f., 24, 37, 56; 1985, 14f.).

Der Gegensatz zum modernen wissenschaftlich-technischen Denken könnte kaum größer sein. Seit seinen Anfängen ist dieses Denken damit beschäftigt, die Welt zu entparadoxieren, sie eindeutig und berechenbar zu machen. Mit dem Sieg des kopernikanischen Systems setzt sich der Gedanke von der Gleichartigkeit aller Teile des Universums durch, und mit ihm das Prinzip der Identität, das nur ein Entweder-Oder zuläßt. Herausgenommene oder gar unzugängliche Bereiche, wie sie der Begriff des Heiligen fordert, kann dieses Denken nicht anerkennen. War es bei Bacon nur erst eine Forderung, durch methodische Forschung »endlich einmal aus den Vorhallen der Natur, welche schon von einer Unzahl von Besuchern erfüllt sind, in ihr innerstes Heiligtum einzudringen« (Bacon 1974, 25), so ist diese Forderung bei Galilei und Kepler bereits erfüllt. Für Galilei ist das Weltall ein offenes Buch, das für jedermann lesbar ist, der die Sprache kennt, in der es geschrieben ist – die Mathematik; für Kepler eröffnet die Geometrie nicht nur Einblicke in irgendeine Formbestimmtheit des Geschaffenen, sondern in jene Gedanken Gottes, die mit ihm »gleichewig« (coaeterna) sind (Blumenberg 1986, 74; Rombach 1965, 296). Überraschungen kann es in diesem geometrischen Universum prinzipiell nicht geben. Bei Galilei erhält die Erde denselben Rang und dieselbe Reinheit, die früher nur den Sternen zugebilligt waren und dort den absolut notwendigen Ablauf der Geschehnisse verbürgten. Die Erde, schreibt Rombach, wird gewissermaßen astralisiert, sie erhält eine Notwendigkeit, Klarheit und Durchsichtigkeit, wie sie zuvor nur den Himmelskörpern zugedacht war. »Die gesamte Natur wird in dieser Weise struktural, kristallin.« (Rombach 1965, 331)

Nicht zufällig wird die Uhr zur Metapher dieses neuen Weltverständnisses. Für Kepler ist der Bau der Welt nicht wie ein göttliches Lebewesen, sondern wie ein göttliches Uhrwerk zu begreifen; Descartes und Leibniz ziehen bei ihren Versuchen, die Struktur der Schöpfung zu beschreiben, ebenfalls immer wieder das Beispiel der Uhr heran (Cassirer 1974, I, 355; Mayr 1987, 88ff.; Burckhardt 1990). Das Naturgeschehen wird als ein Kontinuum von stetigen und differenzierbaren Funktionen gefaßt, als eine Ordnung, die vollständig determiniert und deshalb auch vollständig berechenbar ist. »Weil der gegenwärtige Zustand der Welt«, schreibt Christian Wolff, »im vorgehenden und der zukünftige in dem gegenwärtigen gegründet ist, so erhalten dadurch die Gegebenheiten in der Welt ihre Gewißheit. Und solchergestalt und dadurch, daß die Welt eine Maschine ist, alle Begebenheiten darinnen gewiß gemacht.« (Wolff 1747, § 561)

Gänzlich fern liegt denn auch den exakten Wissenschaften jenes Gefühl der Wehrlosigkeit und Abhängigkeit, wie es das Heilige bei den Gläubigen hervorruft. Typisch für sie ist statt dessen der Gestus der Verfügung, der Bemächtigung, ja der Herstellung. Gegenstand der Philosophie, lehrt Hobbes, sei jeglicher Körper, dessen Erzeugung wir begrifflich erfassen, also rational nachkonstruieren können (Hobbes 1967, 11f.). Von hier aus ist es nur ein Schritt bis zu jener Lehre, nach der die höchste Form der Erkenntnis dann erreicht ist, wenn die Definition eines Gegenstands eine Vorschrift zur möglichen Erzeugung desselben einschließt (Leibniz 1966, I, 43ff.). Der Empirismus von Locke bis Hume schien dann zwar den Akzent wieder stärker auf die Rezeptivität zu legen, doch machte alsbald die *Kritik der reinen Vernunft* deutlich, daß Erfahrung in den modernen Erfahrungswissenschaften nur eine sehr marginale, genauer gesagt: vollständig von den Vorgaben des wissenschaftlichen Verstandes abhängige Rolle spielt. Der Verstand ist nach Kant »Urheber der Erfahrung« (B 127), eine aktive Instanz, die die Ordnung, auf deren Folie Erfahrung überhaupt erst wirksam werden kann, in die Natur hineinarbeitet. Die modernen Naturwissenschaften, so Kants vielzitiertes Resümee, »begriffen, daß die Vernunft nur das einsieht, was sie selbst nach ihrem Entwurfe hervorbringt« (B XIII).

In einer derart konstruierten und eben dadurch auch kontrollierten Welt ist für das Heilige im Sinne eines Irregulären, nicht nach Belieben Lenkbaren und Eingrenzbaren kein Platz mehr. Nicht daß die experimentellen Wissenschaften an der Existenz Gottes gezweifelt und etwa atheistische Lehren verkündet hätten. Die Tötung Gottes, des »Heiligsten und Mächtigsten, was die Welt bisher besaß«, zu verkünden, blieb Nietzsches tollem Menschen vorbehalten (Nietzsche 1966, II, 126f.). Die Naturwissenschaft entthront Gott nicht, aber sie neutralisiert und instrumentalisiert ihn so nachhaltig, bis er jede eigenständige Bedeutung verliert. Indem sie ihr System nach dem Prinzip des *etsi Deus non daretur* entwickelt – also so, als ob Gott nicht dazugehörte –, erzeugt sie einen Bereich, über den Gott zwar herrschen darf, aber nur so, wie später der konstitutionelle Monarch über den Gesetzesstaat: *Le roi regne, mais il ne gouverne pas.* Für Kepler ist Gott an die Gesetze der Geometrie gebunden, für Leibniz an den Satz des Widerspruchs. Selbst wenn Gott der Welt im Anfang nur die Form des Chaos verliehen hätte, so hätte sich nach Descartes daraus mit Hilfe der Naturgesetze jene Ordnung gebildet, welche wir heute sehen (Descartes 1960, V, 3). Es ist deshalb folgerichtig, wenn Hobbes aus der Wissenschaft die Lehre von der Natur, den Attributen und der Verehrung Gottes ausschließt oder Bacon das Übernatürliche und Unbegreifliche für eine Angelegenheit des Glaubens erklärt (Hobbes 1967, 11f; Windelband 1900, 328).

Das Heilige wird in die Sphäre des subjektiven Meinens und Glaubens gedrängt, die Welt aber soweit entzaubert, rationalisiert und technisiert, daß es »prinzipiell keine geheimnisvollen unberechenbaren Mächte« mehr gibt (Weber 1973, 594). Vor dem Hintergrund solcher Überzeugungen scheint Heideggers Folgerung zwingend, daß die *via moderna* geradewegs zum Verschwinden des Heiligen führt: »Das Wesen der Technik kommt nur langsam an den Tag. Dieser Tag ist die zum bloß technischen Tag umgefertigte Weltnacht. Dieser Tag ist der kürzeste Tag. Mit ihm droht ein einziger endloser Winter. Jetzt versagt sich dem Menschen nicht nur der Schutz, sondern das Unversehrte des ganzen Seienden bleibt im Finstern. Das Heile entzieht sich. Die Welt wird heil-los. Dadurch bleibt nicht nur das Heilige als die Spur zur Gottheit verborgen, sondern sogar die Spur zum Heiligen, das Heile, scheint ausgelöscht zu sein.« (Heidegger 1977, 295)

II

Aber so einfach liegen die Dinge nicht. Sieht man genauer zu, so entdeckt man am Heiligen wie an der Wissenschaft eine Bewegung, die den Gegensatz abschwächt und alle Merkmale von Hegels gedoppeltem Übergang aufweist. Das sei für das Heilige nur mit wenigen Stichworten, für die Wissenschaft hingegen etwas ausführlicher gezeigt.

Das Heilige, so sahen wir weiter oben, ist das ganz Andere, Fremdartige, Geheimnisvolle – ein Etwas, das aus der alltäglichen Welt herausfällt, nicht in sie eingeordnet werden kann. Ferner zeigte sich, daß die Religionswissenschaft diesem Etwas die Fähigkeit zuschreibt, die Kluft zu überspringen und sich in der Alltagswelt zu inkarnieren, zu verkörpern. Wenn dies so ist, dann gehört die Geschichte der großen Religionen einschließlich der Bildung religöser Institutionen in die Dialektik der Hierophanien mit hinein; und tatsächlich betont etwa Eliade, daß es von einem gewissen Standpunkt aus keinen Bruch der Kontinuität zwischen dem »Primitiven« und dem Christentum gebe (Eliade 1986, 536). Die Geschichte der monotheistischen Religionen, insbesondere des Christentums, ist aber zugleich die Geschichte einer Rationalisierung, die sich auf mehreren Ebenen vollzieht: in der Diskursivierung und Verschriftlichung des Heiligen; in der Sublimierung und zunehmenden Abstraktifizierung der Gottesidee; in der Konstruktion universalistischer Prinzipienethiken; in elaborierten kosmologischen Spekulationen; und nicht zuletzt auch im Aufbau hierarchisch strukturierter Großorganisationen wie der katholischen Kirche. In den Weltreligionen drückt sich deshalb von Anfang an nicht nur die Heteronomie des Menschen in bezug auf das Heilige aus, das Faktum, »daß etwas Fremdartiges den Weg seiner eigenen Mächtigkeit durchquert« (van der Leeuw 1956, 780), sondern stets auch seine wachsende Autonomie, seine Fähigkeit, das Heilige zu begrenzen, zu organisieren und zu domestizieren – eine Entwicklung, die die immer wieder von neuem unternommenen Versuche rechtfertigt, die geistigen Wurzeln der Moderne schon in religiösen Phänomenen wie der Spätscholastik oder dem Arbeitsethos der Zisterzienserklöster aufzuspüren (Burckhardt 1990). Rudolf Otto hatte deshalb durchaus recht, als er das Heilige als eine zusammengesetzte Kategorie begriff, die ebensosehr rationale wie irrationale Momente enthält.

Für die exakten Wissenschaften gilt dies sicher nicht. Sie sind exakt oder sie sind gar nichts. Tertium non datur. Daraus folgt aber nicht, daß sie der Metaphysik so strikt entgegengesetzt wären, wie es die diversen Strömungen des Positivismus gerne hätten. Entgegengesetzt sind die exakten Wissenschaften nur einer bestimmten Form der Metaphysik, der Substanzmetaphysik, die ihre klassische Ausprägung im Aristotelismus und Thomismus besitzt (Rombach 1965, 57ff.). Diese wird in der Neuzeit wohl abgelöst, aber nicht durch ein Denken, das sich vorurteilslos den Sachen selbst zuwendet, sondern durch eine andere Metaphysik, die, wie alle Metaphysik, eine bestimmte Auslegung des Seienden und der Wahrheit enthält, diese nun aber vom mathematischen Funktionsbegriff her entwirft, anstatt, wie zuvor, vom Substanzbegriff her.[57] Niemand hat dies klarer gesehen als Heidegger, für den die neuzeitlichen Wissenschaften aus dem »Geiste des Mathematischen« entspringen, der seinerseits nur die Verwirklichung eines bestimmten metaphysischen »Entwurfs« ist (Heidegger 1977, 75ff.; 1984, 66ff., 96ff.).

Heideggers These, daß sich dieser metaphysische Grundzug in einem vorwegnehmenden Entwurf, einem »vorherigen mathematischen Überspringen aller Tatsachen« manifestiert, wird durch die Selbstbeschreibungen des neuzeitlichen Denkens auf eindrucksvolle Weise bestätigt. Diese werden verfehlt, wenn man in ihnen nur Dokumente der humanen Selbstbehauptung gegenüber dem theologischen Absolutismus des Spätmittelalters sieht (Blumenberg 1966, 75ff.). Was sich in ihnen offenbart, ist ganz im Gegenteil ein dezidierter Antihumanismus, der sämtliche bislang gültigen Formen der Wahrnehmung und der Gewißheitsverbürgung unter Verdacht stellt und eine radikale Desanthropomorphisierung der Erkenntnis verlangt. Der Mensch als körperlich-leibliches Wesen, als empfindende Kreatur, gilt diesem Denken nur mehr als Hindernis für ein objektives, unverstelltes Wissen; anstelle seiner einseitigen, verzerrenden und unzulänglichen Perzeption wird eine exakte, methodisch kontrollierte Erfahrung etabliert, die auf artifiziellen, in ihren Wirkungen jederzeit überprüfbaren Instrumenten beruht (Kutschmann 1986, 149ff., 249).

Hinter dieser Entwertung des Körpers aber steht letztlich nichts anderes als eine Usurpation der absoluten Omnipotenz Gottes durch die sich entfaltende Wissenschaft. Schon Nikolaus von Kues bezeichnet den Menschen als einen »zweiten Gott«, weil er der Urheber des gedanklichen Seins und der künstlerischen Formen sei; Leonardo da Vinci erklärt die Wissenschaft zur »zweiten Schöpfung«, die mit dem Verstande gemacht sei (Cassirer 1974a, 170). Nach Galilei stehen wir hinsichtlich unserer mathematischen Erkenntnisse nur der Quantität, nicht aber der Qualität nach hinter Gott zurück; und nach Kepler erhebt sich der menschliche Geist mit Hilfe von Mathematik und Astronomie in eine Region, in der er die göttlichen Schöpfungsgedanken nachzudenken und dadurch seiner Gottähnlichkeit innezuwerden vermag (Cassirer 1987, 145f.). Der gleiche Omnipotenzanspruch steht hinter dem radikalen Zweifel, der Descartes dazu führt, alle Wirklichkeit mit Ausnahme des Cogito für eine mögliche Täuschung zu erklären und damit alles Seiende ebenso zu entwerten, wie dies der Nominalismus getan hatte. Er steht erst recht hinter Hobbes' Idee einer – wenn auch nur gedanklichen – Weltvernichtung, die nur vom Standpunkt einer allmächtigen Instanz aus (religionsgeschichtlich: dem Gotte Noahs) möglich ist (Hobbes 1967, 77). Aus der Wissenschaft vom Absoluten wird die absolute Wissenschaft, die dem Menschen verspricht, ihn zum »Herrn und Eigentümer der Natur« zu machen und ihn vor Krankheiten des Geistes und des Körpers, ja wohl sogar vor dem Tode zu bewahren (Descartes 1960, 50f.). Heinrich Rombach trifft daher einen zentralen Punkt der modernen Weltauffassung, wenn er mit Blick auf Descartes' ontologischen Gottesbeweis bemerkt: »Demnach ist es eigentlich falsch zu sagen: der Geist hat die Idee Gottes. Vielmehr muß man sagen: er *ist* diese Idee.«[58]

Dieser Omnipotenzanspruch der Vernunft ist später durch Kant eingeschränkt worden. Metaphysik im dogmatischen Sinne des Rationalismus, als apriorische Erkenntnis der Dinge an sich, ist der Kritik der reinen Vernunft zufolge nicht möglich. Für die theoretische Vernunft bleibt das Übersinnliche stets »ein wahres Geheimnis« (Kant 1968, VI, 377), das sich auch durch noch so große Anstrengungen niemals enthüllen läßt. Daß das Übernatürliche vom Natürlichen her nicht erschlossen werden kann, ist für Kant jedoch nur die halbe Wahrheit. Die andere Hälfte ist, daß das Natürliche umgekehrt sehr wohl vom Übernatürlichen bestimmt wird – einmal durch die praktische Vernunft, auf die Kant seine Metaphysik vor allem gründet, dann aber auch im Bereich der theoretischen Vernunft, indem nämlich die zunächst aus der Erkenntnis ausgeschlossenen Gegenstände der rationalen Ontologie gleichsam aus der Transzendenz der intelligiblen Welt zurückgeholt und in die Transzendentalität des wissenschaftlich-technischen Entwurfs verlagert werden.

Dieser entspringt, wie die Kritik der reinen Vernunft zeigt, nicht aus der Erfahrung. Er geht ihr voraus. Er legt fest, daß wissenschaftliche Gültigkeit nur mehr solchen Beobachtungen zukommt, die sich auf den homogenen Raum der Euklidischen Geometrie und eine operativ gedachte Zeit beziehen lassen. Er konzipiert die Natur als systematischen Zusammenhang physischer und psychischer Erscheinungen, deren Einheit und Struktur durch die Gesetzlichkeit des Verstandes vorgegeben ist. Er überspringt damit die Dinge in Richtung auf einen Grundriß, der nicht erfahrungsgemäß aus ihnen selbst geschöpft ist, gleichwohl all ihren Bestimmungen zugrunde liegt, ihre Erscheinung determiniert. Mit vollem Recht hat Heidegger deshalb eine Interpretation abgelehnt, die die Kritik der reinen Vernunft nur als Theorie der Erfahrung oder der positiven Wissenschaften versteht. Daß Kant, der den Ertrag der Gedankenbewegung von Galilei bis Newton formuliert, der alten, statischen, von der Empirie absehenden

Metaphysik den Boden entzieht, bedeutet keineswegs das Ende der Metaphysik schlechthin; vielmehr die Grundlegung einer neuen, tragfähigeren Metaphysik, die deswegen nicht mehr an der Empirie scheitert, weil sie als Bedingung der Möglichkeit aller Empirie fungiert.

Wenn aber die Kritik der reinen Vernunft geradezu als Grundlegung der Metaphysik gelesen werden muß, geht es nicht an, die experimentellen Wissenschaften, die auf dieser Grundlage ruhen, nur als Gegensatz zum Heiligen zu fassen. Gewiß wäre es absurd, die »Verluste der Metaphysik durch ihre Fusion mit der Erkenntnistheorie« zu leugnen (Adorno o.J., 175). Das Heilige büßt das Moment des Geheimnisvollen ein und verwandelt sich in einen durchsichtigen, rational explizierbaren Zusammenhang, es verliert seine Bindung an ausgewählte natürliche Objekte und erscheint nicht mehr an besonderen Trägern, sondern in der »Erscheinungswelt« im ganzen. Seine wichtigste Wirkung aber bleibt erhalten, ja wird ausgeweitet. Das Natürliche – in Kants System: die empirische Synthesis von Subjekt und Objekt – wird vom Übernatürlichen – der transzendentalen Synthesis – in Regie genommen und transformiert; das Übernatürliche seinerseits objektiviert sich, inkarniert sich vermittels des transzendentalen Schematismus.

Wenn es zum Wesen des Heiligen gehört, der Welt eine paradoxe Struktur zu oktroyieren, dann gehört die Spaltung von Empirie und Transzendentalität zweifellos in die Geschichte der Hierophanien. Wer die Marxsche Warenanalyse kennt, weiß, daß diese Spaltung nicht nur in der Erkenntnistheorie, sondern ebenso in der Gesellschaft anzutreffen ist, in der die Gebrauchswertproduktion unter die Herrschaft des Geld/Kapitals als des »Gottes der Waren« gerät. »Wenn in der einfachen Zirkulation der Wert der Waren ihrem Gebrauchswert gegenüber höchstens die selbständige Form des Geldes erhält, so stellt er sich hier plötzlich dar als eine prozessierende, sich selbst bewegende Substanz, für welche Ware und Geld beide bloße Formen. Aber noch mehr. Statt Warenverhältnisse darzustellen, tritt er jetzt sozusagen in ein Privatverhältnis zu sich selbst. Er unterscheidet sich als ursprünglicher Wert von sich selbst als Mehrwert, als Gott Vater von sich selbst als Gott Sohn, und beide sind vom selben Alter und bilden in der Tat nur eine Person, denn nur durch den Mehrwert von 10 Pfd.St. werden die vorgeschossenen 100 Pfd.St. Kapital, und sobald sie dies geworden, sobald der Sohn und durch den Sohn der Vater erzeugt, verschwindet ihr Unterschied wieder und sind beide Eins, 110 Pfd.St.« (Marx, MEW 23, 169f.)

III

Während die Transzendenz noch bei Kant ganz an das transzendentale Subjekt gebunden bleibt, gewinnt sie in der Folgezeit eine objektive Daseinsform in den Meßapparaten der Physik oder der Großchemie – eine Möglichkeit, die Kant übrigens selbst in seinem Spätwerk vorwegnimmt, in welchem er die naturwissenschaftlichen Instrumente als Weiterentwicklungen und Konkretisierungen der transzendentalen Schemata interpretiert. Von der Transzendentalphilosophie her gesehen ist diese Objektivierung ein Verlust, weil die Wissenschaften sich jetzt zu ihrer Begründung nicht mehr auf die Sphäre des Transzendentalen beziehen müssen, vielmehr im Bezug auf die Gesetze ihrer Meßinstrumente sich selbst direkt explizieren können. Vom Heiligen her gesehen aber handelt es sich um einen Gewinn, weil es die Zahl seiner Brückenköpfe in der Realität vermehren, die Macht des Jenseits über das Diesseits vertiefen kann. Wie einst in der Welt der ersten Natur die Religion ihre Position ausbaute, als man den Göttern feste Wohnstätten in heiligen Bezirken, Tempeln oder Kathedralen zuwies, so konsolidiert sich in der Welt der zweiten Natur das Novum sacrum der Wissenschaften mit dem Bau jedes Labors, Speicherrings und Computers.

Gemessen an den herkömmlichen, ästhetisch zweifellos anspruchsvolleren Manifestationen des Heiligen mögen diese Geräte profan erscheinen. Macht man sich indes klar, daß ihr Inhalt und ihre Funktion jede normale menschliche Erfahrung überschreitet, so wird man sein Urteil revidieren müssen. Profan waren eher die Tempel und Kirchen, weil sie dem Übersinnlichen nur einen höchst unvollkommenen, von zoo- und anthropomorphen Einschüssen durchsetzten symbolischen Ausdruck zu verleihen vermochten. Wohingegen in den Teilchenbeschleuniger-Kathedralen von heute das Übersinnliche rein und ungetrübt gegenwärtig ist. Le Corbusier war also noch zu bescheiden, als er die Form von Automobilen unmittelbar derjenigen der griechischen Tempel gegenüberstellte. Weitaus näher kommt der Futurismus der Sache, wenn er die Maschine als das neue Heiligtum anspricht und konstatiert, »daß die *Maschine* die ganze alte, geistige und menschliche Welt vernichtet hat, um eine andere, übermenschliche und mechanische zu beginnen, in der der *Mensch* seine individuelle Überlegenheit verliert, indem er sich mit dem Ambiente vereint.« (zit. n. Hinz 1985, 193)

Das Heilige erweitert sich also, indem es sich objektiviert. Es erweitert sich jedoch auch, indem es seinen Gegensatz, die bloße Natur, die auf sinnliche Wahrnehmung gegründete Erfahrung, die naturwüchsige Lebenswelt des Menschen, wegarbeitet oder marginalisiert. Schon die klassische

Mechanik war ein entscheidender Schritt in diese Richtung, weil sie die unmittelbare Wahrnehmung und Empfindung zur reinen Privaterfahrung herabsetzte und allgemeingültige Urteile von der mathematischen Formierung abhängig machte; die hierauf fußende Mechanisierung und Rationalisierung des beginnenden Industriezeitalters zog daraus nur die praktische Konsequenz, indem sie die subjektive Arbeitserfahrung entwertete und die Produzenten in Anhängsel der Maschinerie verwandelte.

Während sich die Gesetze der Mechanik jedoch noch auf eine empirisch-gegenständliche Welt bezogen, auf Anziehungs- und Abstoßungskräfte zwischen Körpern, die den menschlichen Sinnen zugänglich sind, stoßen die modernen Technologien in Bereiche vor, in denen diese Sinne vollkommen nutzlos sind. Die Atomphysik arbeitet mit Größen, die nicht mehr vorstellbar, geschweige denn mit Alltagsmaßstäben erfahrbar sind; ähnliches gilt für die genetischen Prozesse, mit denen sich die Molekularbiologie befaßt. Vollends in der Subnuklearphysik ist Erfahrung eine reine Funktion der Energien, die zum Beschuß von Teilchen aufgewendet werden; denn je kleiner die Objekte sind, die es zu entdecken gilt, desto größer ist der Energiebedarf, der zu ihrer Erzeugung erforderlich ist. Der gesamte Teilchen-Zoo, den man unterhalb der einst für elementar gehaltenen Protonen, Elektronen und Neutronen ausfindig gemacht hat, ist in Speicherring-Experimenten produziert worden, eine Kunst-Natur, die sich nur der künstlichen Wahrnehmung enthüllt. – Auch im mesokosmischen Bereich finden sich Beispiele für die Antiquiertheit der sinnlichen Erfahrung, etwa im zunehmenden Einsatz von computergestützten Simulationsverfahren, mit deren Hilfe im Flugzeugbau oder in der Automobilindustrie die Anzahl der Versuchsserien, Tests und Probeläufe reduziert wird. Was Kant als »Erfahrungsantizipation quoad materiale« bezeichnet hat – die Bestimmung nicht nur der kategorialen Form, sondern auch des materialen Inhalts durch die Wissenschaft – scheint mit der mikroelektronischen Revolution Wirklichkeit zu werden. Und wieder ist es der Futurismus, der diese Entwicklung als erster registriert hat. »Wir sind auf dem äußersten Kap der Jahrhunderte«, heißt es in dem von Marinetti verfaßten Gründungsmanifest. »Raum und Zeit sind gestorben. Wir leben schon im Absoluten, denn wir haben die ewige, omnipräsente Geschwindigkeit erschaffen.« (zit. n. Hinz 1985, 43)

Je mehr sich nun aber das Übersinnliche verselbständigt, desto deutlicher treten an ihm jene Momente der Fremdartigkeit und Gefährlichkeit hervor, die die Religionswissenschaft als Wesensmerkmale des Heiligen herausgestellt hat. Die klassische Mechanik hatte das Übersinnliche behandelt wie die katholische Kirche das Charisma. Sie hatte es in einer objektiven Ordnung materialisiert und dadurch alltäglich und vertraut gemacht; die Annahme neuer, gänzlich unbekannter Kräfte war ihr ebenso Anathema wie Dostojewskis Großinquisitor die plötzliche Wiederkehr Christi. Mit der Öffnung des Mikrokosmos aber begann auch für die Physik das Zeitalter der Reformation. Sie mußte erkennen, daß die von ihr bislang für verbürgt gehaltene Ordnung der Natur nur der Grenzfall anderer, weitaus komplizierterer Verhältnisse war, die sich vollständiger Berechnung ebenso entziehen wie der Deus absconditus Calvins. Beruhte die Mechanik auf der Möglichkeit einer Isomorphie zwischen einem mathematischen Modell und einem realen Vorgang, so scheitert in der Teilchenphysik schon der erste Schritt, der für eine Bewegungsgleichung nötig ist, nämlich das Messen von Ort und Geschwindigkeit der sich bewegenden Partikel. Man kann zwar den Ort exakt messen, doch verwischt sich dabei durch den Eingriff des Beobachtungsinstruments die Kenntnis der Geschwindigkeit; oder man konzentriert sich auf den Impuls, kann dann aber den Ort nicht erfassen. Ähnliche, nach ihrem Entdecker Heisenberg benannte »Unschärferelationen« existieren für das Verhältnis von Drehung und Drehimpuls sowie dasjenige von Zeit und Energie. Letzteres ist von besonderer Bedeutung, denn bei Prozessen, die mit genügender Geschwindigkeit vor sich gehen, kann man nicht mehr nach der genauen Energie fragen, so daß der Energieerhaltungssatz, eine der tragenden Säulen der Mechanik, zumindest für kurze Zeitintervalle, nicht mehr gültig ist (Höfling/Waloschek 1988, 162).

Auch andere Prinzipien der Mechanik sind durch die Fortschritte der Mikrophysik relativiert worden. Die von Planck entdeckte unstetige und stoßweise Energieabgabe bei Strahlungen nötigte zur Preisgabe des Kontinuitätsmodells und zur Entwicklung der Quantenmechanik; die mathematische Formulierung der quantentheoretischen Sätze aber zeigte, daß sich das physikalische Geschehen nicht ausschließlich durch Gesetze des klassischen Typs darstellen läßt und durch statistische Gesetze ergänzt werden muß. Die Entdeckung, daß das Licht gleichzeitig sowohl Wellen- als auch Korpuskeleigenschaften aufweist, stellte die Anwendbarkeit eines zentralen Axioms der zweiwertigen Logik in Frage – des Identitätsprinzips.

In die gleiche Richtung weist das neue Standardmodell, nach dem die Materie aus rund zwei Dutzend Ur-Teilchen besteht, von denen manche über die merkwürdige Eigenschaft verfügen, die eigene Identität »vergessen« und sich in andere Teilchen verwandeln zu können (Höfling/Waloschek 1988, 394): »Wenn zum Beispiel ein negatives Pi-Meson mit einem Proton zusammenstößt und beide Teilchen verschwinden, statt dessen ein Lambda-Teilchen und ein K-Meson entstehen, das Lambda-Teilchen seinerseits nun wieder in ein negatives Pi-Meson und ein Proton zerfällt, während das K-Meson wiederum in zwei andere Teilchen zerfällt, die ihrerseits wieder... usw., also ständig Teile in andere übergehen, ja sogar aus dem ›leeren‹ Raum (Vakuum) entstehen, also aus dem Nichts, und dorthin wieder verschwinden, so ist die Identität dieser ›Gegenstände‹ im Sinne der formalen Logik grundsätzlich fraglich. Darüber hinaus verliert auch ihr Charakter als ›Gegenstand‹ oder ›Objekt‹ sowie die Unterscheidung zwischen etwas und nichts an Sinn.« (Holling/Kempin 1989, 65)

Dies alles bedeutet nicht, daß nunmehr Regellosigkeit und Willkür anstelle der exakten Wissenschaften träten. Ernst Cassirer hat zu Recht darauf beharrt, daß die Heisenbergschen Unbestimmtheitsrelationen und die Anerkennung der statistischen Gesetze als gleichursprünglich und gleichwertig mit den dynamischen Gesetzen nicht das Kausalitätsprinzip aufheben, sondern nur zeigen, daß im Mikrobereich Bedingungen herrschen, von denen man im Makrobereich absehen kann. Auch die Quantenphysik verfährt nicht nach dem Prinzip *anything goes,* sondern setzt gewisse letzte, objektiv-gültige Grundbestimmungen an, auf denen sie den eigentlichen Besitzstand der Erkenntnis gründet – Meßverfahren, universelle Naturkonstanten wie die Lichtgeschwindigkeit, das Prinzip systematischer Verknüpfung der Aussagen etc. (Cassirer 1987, 264f.). Gleichwohl hat auch Cassirer keine Zweifel daran gelassen, daß mit der neuen Physik die Bindung der Wissenschaft an die menschliche Lebenswelt eine weitere entscheidende Lockerung erfährt. Durch die Entdeckung der Nicht-Euklidischen Geometrie sowie durch die spezielle und allgemeine Relativitätstheorie, so seine These, verlieren die Anschauungsformen von Raum und Zeit ihre universelle Bedeutung, die transzendentale Logik wird von ihrer Verpflichtung auf die transzendentale Ästhetik befreit, damit aber auch von jener Instanz, die nach Kant die Vernunft vom Ausschweifen in intelligible Welten allein abhalten kann. Das empirische Restmoment, das die Erkenntnis einschränkt, verschwindet. Den Gegenständen der Quantenphysik kann keine empirische Realität mehr zugesprochen werden, ohne daß sie dadurch zu »Nichts« würden; sie sind nicht mehr als »Einzelnes« individuierbar und identifizierbar, sondern nur noch Schnittpunkte von Beziehungen und Systemaussagen (Cassirer 1987, 319, 334f., 342, 348).

Cassirer sieht darin einen Fortschritt, weil jetzt das Sein aus einem Absolut-Bestimmten zu einem ohne Ende Bestimmbaren geworden ist und uns nicht länger als ein geheimnisvolles Absolutum bedroht, in dessen letzte Gründe wir nicht dringen können (Cassirer 1987, 279). Der Sache näher scheint mir indes Ernst Bloch zu kommen, der »das Unerwartete, ja Unheimliche« dieses Vorgangs betont und den diametralen Kontrast der *nuova scienza* zu jener Welt hervorhebt, »worin der Mensch lebt und woran sich ihm seine Kategorien gebildet haben. Die neu andrängende Materie ist aus einer verschobenen, einer verrückten Welt, aus einer außerhalb des bisher mesokosmischen, menschlichen Arbeitsradius gerückten und total unmenschlichen, so daß dann, paradoxester Weise, ein Stück physikalischer Idealismus gerade – realistisch diskutierbar wäre, nicht nur aus Gründen der Gesellschaftskritik, sondern der ›Randnatur‹ selbst.« (Bloch 1972, 344)

Die bedrohlichen Züge dieses Bildes werden von Bloch freilich sofort wieder zugedeckt. Entschlossen, die Geschichte gut enden zu lassen, reklamiert er die Erkenntnisse der Mikrophysik als eine Bestätigung der Dialektik der Natur, womit er der Dialektik allerdings eher einen Bärendienst erweist: daß sie im Widerspruch zu den Gesetzen der zweiwertigen Logik stünde, hat zumindest Marx nie behauptet. Um ganz sicher zu gehen, erklärt Bloch Mikro- und Makrokosmos darüber hinaus zur »Randnatur«, zu »abnormen Saumgürteln«, zwischen denen die mittlere Welt, der Mesokosmos, »als Blume (oder auch Anti-Blume)« blühe (Bloch 1972, 332, 337).

Ein solches Drei-Schichten-Modell hat nun fraglos insoweit seine Berechtigung, als die im Mesokosmos zu beobachtenden Phänomene zwar aus der Überlagerung vieler mikrophysikalischer Vorgänge entstehen, jedoch unter so hohen Quantenzahlen, daß die Quantelung der einzelnen Prozesse nicht mehr sichtbar ist und ohne große Nachteile vernachlässigt werden kann. Gleichwohl muß doch auch gesehen werden, daß die Grenze zwischen den Schichten durch die wissenschaftlich-technische Entwicklung durchlässig wird. Schon die Religionen hatten eine ihrer Hauptaufgaben darin gesehen, die erfahrbare Welt nach oben und nach unten hin zu öffnen. Die Heiligtümer waren Bindeglieder zwischen Himmel und Erde, Ober- und Unterwelt, über die die heiligen Kräfte hereinströmten; sie waren, mit Günther Anders zu reden, »Götterfallen«, in die man die Götter hineinlockte, um sich ihrer Kraft zu bemächtigen (Anders 1965, 38).

Dieselbe Funktion wird heute von Kernkraftwerken, Hochenergiebeschleunigern und Genlaboratorien erfüllt. Durch sie werden Makro- und Mikrokosmos in den Mesokosmos hineingeholt, werden Kräfte, Energien, Potenzen geweckt, die im normalen Erfahrungsraum bisher nur in nicht nennenswertem Umfang aufgetreten sind – genauer: deren minimale Bedeutung die Conditio sine qua non für die Entwicklung pflanzlichen, tierischen und menschlichen Lebens auf der Erde war. Die Kerntechnologie bringt die in der Masse sedimentierte Energie zum Vorschein, die nach Einsteins berühmter Formel $E = mc^2$ makrokosmische Dimensionen hat; sie instrumentalisiert zugleich die radioaktiven Zerfallsketten des Urans und der künstlich erzeugten transuranischen Elemente und macht damit zumindest partiell den für den Mesokosmos grundlegenden Weg von der Instabilität zur Stabilität rückgängig. In gleicher Weise schickt sich die Molekularbiologie an, durch Manipulationen auf der Mikroebene der DNA den in Milliarden von Jahren gewachsenen Stammbaum zu zerstören, indem sie Querverbindungen zwischen den verschiedenen Ästen und Verzweigungen herstellt und gleichsam Quantensprünge in der Evolution induziert. Die wissenschaftlich-technische Revolution ist dabei, die Vorstellung vom »Einbruch des Heiligen« (Eliade) zu verwirklichen. Die Apparaturen für die Parusie stehen bereit, und mit ihnen jene Pforten, durch welche die Götter auf die Erde herab- und die Menschen in den Himmel hinaufsteigen können. Friedrich Dessauer hat etwas davon geahnt, als er die Technik einen »Boten Gottes« nannte, der dem Menschen den Eintritt in ein »Viertes Reich« eröffne, das Reich der Ideen, des Intelligiblen, der Dinge an sich. Worüber er sich nur täuschte, war, daß der »Übertritt der Gestalten aus dem Reich der Ideen in das Reich der sinnlichen Erfahrung« nicht vom Nichtsein zum Sein, sondern gerade umgekehrt vom Sein zum Nichtsein führt (Dessauer 1928, 94, 146f.).

Denn mit der ungeheuren Macht, die durch die Öffnung der Pforten des »Vierten Reiches« geweckt wird (Dessauer 1928, 51), wächst auch die Gefahr ins Ungeheure. Aus der Geschichte der Religionen wissen wir, daß es niemals auf Dauer gelang, das Heilige durch Riten oder durch den Bau sakraler Monumente zu fixieren. Es entzog sich immer wieder, verschwand auf unvorhergesehene Weise und kehrte plötzlich an ebenso unvorhergesehenen Stellen zurück, das Profane zerstörend und sich selbst, nach Caillois, nutzlos verströmend. Nichts spricht dafür, daß das Heilige diese Fähigkeit eingebüßt hat, nur weil es sich jetzt technisch realisiert. Je komplexer die Anlagen, in denen man es einzufangen versucht, desto größer die Zahl der unerwarteten, nicht vorab planbaren Interaktionen. Je enger die Koppelung der verschiedenen Apparate und das Netz der automatischen Sicherungen, desto gewaltiger die Katastrophe, wenn sich das Unvorhergesehene ereignet (Perrow 1989).

Mochte es noch zu Zeiten der Mechanik den Anschein haben, als könne man Gefahren restlos in Risiken – also benennbare, berechenbare und auf dem Assekuranzwege regulierbare Schäden – verwandeln, so haben die neuen Technologien das Illusionäre dieser Erwartung erwiesen. Anstatt auf dem Weg in eine Risikogesellschaft, in der Unsicherheit bestimmbar und kalkulierbar wäre, sind wir auf dem Weg in eine Hochgefahrenzivilisation, in der uns das Heilige wieder seine elementare Erscheinungsform zukehrt: die einer gefährlichen, undurchschaubaren, kaum zu steuernden Energie von außerordentlicher Wirkungskraft (Caillois). Der Schatten der Gefahren, die von Gen-, Kern- und Chemotechnologien erzeugt werden, fällt auf das Alltagsleben und erzeugt eine Atmosphäre der Furcht und des Verdachts, wie sie nach der Durchsetzung der Aufklärung nicht mehr denkbar erschien: »Die Bedrohungen der Zivilisation lassen eine Art neues ›Schattenreich‹ entstehen, vergleichbar mit den Göttern und Dämonen der Frühzeit, das sich hinter der sichtbaren Welt verbirgt und das menschliche Leben auf dieser Erde gefährdet [...] Die Rolle der Geister übernehmen unsichtbare, aber allgegenwärtige Schad- und Giftstoffe. Jeder hat seine privaten Feindschaftsbeziehungen zu speziellen Untergiften, seine Ausweichrituale, Beschwörungsformeln, seine Wetterfühligkeit, Vorahnungen und Gewißheiten. Ist das Unsichtbare erst einmal hereingelassen, gibt es bald nicht mehr nur die Schadstoffgeister, die das Denken und Leben der Menschen bestimmen.« (Beck 1986, 96f.; Hervorhebung im Original gestrichen, S. B.).

Dies wäre denn am Ende die eigentliche Dialektik der Aufklärung: daß gerade das Streben nach Sicherheit und vollständiger Beherrschbarkeit des Seins in eine Unsicherheit umschlägt, die in der Menschengeschichte ohne Vorbild ist, weil sie diese selbst zu dementieren droht. Das Übernatürliche, so hatte einst der materialistische Strang der Aufklärung gewarnt, ist nicht für Menschen geschaffen (Holbach, *Lettres à Eugenie*). Indem sie diese Warnung in den Wind schlug und das Übernatürliche in Technik und Wissenschaft übersetzte, schuf die Aufklärung die Voraussetzung für ihre Selbstzerstörung. Nicht Wiederaufnahme und Fortsetzung der Aufklärung kann deshalb das Gebot der Stunde sein. Sondern allenfalls: Aufklärung über eine Aufklärung, die diese Wiederkehr des Heiligen zu verantworten hat.

Götterdämmerung

Das 20. Jahrhundert, das Jahrhundert der großen Beschleunigung, geht zu Ende. Etwas voreilig hat man es zum Jahrhundert Nietzsches erklärt, denn es sah nicht nur den Tod des alten, christlichen Gottes, sondern auch die Geburt eines neuen – der Gesellschaft. Hegel hatte dies bereits geahnt, obschon er noch irrtümlicherweise den Staat als Ort der Theophanie bestimmte. Marx war der Wahrheit sehr viel näher gekommen, und Durkheim schließlich sprach nur mehr ein offenes Geheimnis aus, als er die Idee Gottes als Chiffre der Gesellschaft enthüllte. Und in der Tat hatte er damit genau den entscheidenden Punkt getroffen: die Konstituierung eines von allen externen Bindungen und Begrenzungen abgekoppelten, allein nach selbsterzeugten Kriterien prozedierenden Gesellschaftssystems, das im vollen Sinne des Wortes »absolut« war.

Angesichts der gewaltigen Kräfte, die dabei entfesselt wurden, war es wohl unvermeidlich, daß sich die Gesellschaftstheorie über die Richtung und die Konsequenzen dieses Prozesses nicht sogleich im klaren war. Die folgenreichste Fehleinschätzung unterlief dem revolutionären Marxismus, der der Entwicklung die Tendenz zur Bildung eines Makrosubjekts unterschob und sich anschließend zu dessen Stellvertreter erklärte – ein Unternehmen, das zunächst Europa, dann die Welt in einen ebenso verheerenden wie sinnlosen Bürgerkrieg stürzte. Sein Versuch, die Probleme des 20. mit den Mitteln des 18. Jahrhunderts – des aufgeklärten Despotismus – zu lösen, war von vornherein zum Scheitern verurteilt und konnte überhaupt nur deshalb geschichtswirksam werden, weil er die Machtmittel eines real existierenden aufgeklärten Despotismus usurpierte und modernisierte.

Die nichtmarxistische Gesellschaftstheorie unterlag solchen Täuschungen nicht. Daß sie indes bei der Vermessung des neuen sterblichen Gottes erfolgreicher gewesen wäre, läßt sich nicht behaupten. Die Theoretiker der Zivilisation und der Disziplinargesellschaft schrieben ebenfalls Positionen des 18. Jahrhunderts fort – der eine, indem er die Vision einer Zivilisierung der Sitten und einer Umwandlung von Fremdzwang in Selbstzwang verkündete, die ihre Herkunft aus den Arsenalen der deutschen Gelehrtenrepublik nur schlecht verbergen konnte; der andere, indem er das »gesellschaftliche Göttliche« (Maffesoli) mit Fidelios Kerker verwechselte. Gewiß: Zivilisierung und Disziplinierung sind unentbehrliche Begriffe für jeden, der dem Konstitutionsprozeß der Moderne nachspürt. Aber sie sind doch zugleich unverkennbar irreführend, indem sie den Blick allein auf die Herausbildung von Ordnungen lenken, ohne deren Selbstzerstörungsdynamik zu thematisieren. Immer geht es um Regulierung und Kontrolle, um die Beherrschung von Affekten, die Objektivierung von Diskursen, die Stabilisierung von Institutionen, selten aber um die nicht minder wichtigen Tendenzen des Zerfalls, der Dekomposition, des Absturzes – als könnte das gesellschaftliche Netz nur immer dichter und umfassender werden. Soweit die entgegengesetzte Richtung, etwa zur Entzivilisierung, überhaupt benannt wird, pflegt sie vormodernen Rudimenten wie einem archaischen Kriegerethos oder ähnlichem zugeschrieben zu werden, nicht aber der Dialektik der Zivilisation selbst. Für die Theoretiker der Zivilisation wie der Disziplinargesellschaft ist der sterbliche Gott immer noch der alte Gott der Theologen, ein gesetzgebender, ordnungsstiftender Gott, der nur zu sprechen braucht und das Tohuwabohu endet.

Die Alternative dazu kann nicht der postmoderne Atheismus sein. Er unterschätzt die Zerstörungskraft der Moderne und huldigt einem Pluralismus, der so naiv ist wie Feuerbachs Versuch, die Hegelsche Spekulation durch die Beschwörung des natürlichen Menschen zu überwinden. Es gibt das Absolute, nur muß es anders gedacht werden – nicht als Großsubjekt oder als Geist, auch nicht als in sich ruhende Ordnung oder als Gefüge von Normen und Institutionen, vielmehr als autopoietischer Prozeß mit katastrophalem Ausgang. Seit es sich nicht mehr in den verhimmelten Formen des religiösen Bewußtseins erschöpft, die im nachhinein – allen Menschenopfern und Ketzerverfolgungen zum Trotz – vergleichsweise harmlos erscheinen, folgt das Absolute einer Logik, die nur in Orwellschem *newspeak* beschrieben werden kann. Es erzeugt Unordnung durch Ordnung, Destruktion durch Konstruktion, Krieg durch Frieden. Das soziale System, in dem es sich manifestiert, ist nicht die Überwindung des Chaos, als die es sich so gerne präsentiert, sondern nur die Methode, es schneller herbeizuführen, als dies nach den Gesetzen der spontanen Evolution der Fall wäre.

Die Theorie sozialer Systeme, zumal in ihren jüngsten Versionen, kommt dieser Logik sehr nahe, indem sie den riskanten, aleatorischen Grundzug der modernen Wissenschaften herausstellt und auf den jederzeit möglichen Kollaps des von ihr errichteten Kartenhauses verweist. Auch in ihr ist aber noch zuviel 18. Jahrhundert, vielleicht auch zuviel spielerische Freude an der Architektonik der künstlichen Welten, als daß sie dem vollen Ausmaß der in Gang gekommenen tektonischen Verschiebungen Rechnung tragen könnte. Daß diese Gesellschaft eine Gesellschaft des Verschwindens ist, haben bisher nur Autoren gesehen, die, wie Adorno, F. G. Jünger oder Virilio, abseits des *Mainstream* soziologischer Theoriebildung angesiedelt sind. Von ihnen kann eine dialektische Entropologie am meisten profitieren.

Vielleicht aber kann sie auch von Richard Wagner lernen, der im *Ring des Nibelungen* das Schicksal des sterblichen Gottes, auf wie immer auch mythisierende Weise, vorweggenommen hat. Die Welt der Götter ist eine durch Vertrag und Gesetz gestiftete Ordnung, aus der jedoch nichts anderes entspringt als fortschreitend sich verstärkende Unordnung und Zerstörung. Am Ende sind es die Götter selbst, die ihr eigenes Werk vernichten und im Tod Erlösung von dem Fluch suchen, unter dem sie stehen. Dem gesellschaftlichen Göttlichen wird man keine Absichten und Ziele unterstellen können, doch daß es an seinem Untergang arbeitet, ist unverkennbar. Anders als im Musikdrama aber werden die Menschen diesem nicht bloß als ergriffene Zuschauer beiwohnen. Die Götterburg, die am Ende von den Flammen verschlungen wird, ist – ihre eigene Welt.

Anhang

Anmerkungen

1 Vgl. Elias 1983, 185ff.; 1971, 154f. Sein Verhältnis zu Comte hat Elias ebenda, 32ff., ausführlicher erörtert. Ähnlich systematische Äußerungen zu Spencer fehlen, doch ist die konzeptionelle Nähe leicht aus der Übernahme der beiden Grundbegriffe Differenzierung und Integration sowie der Kontrastierung von kriegerisch-militärischen und industriell-zivilen Gesellschaften zu ersehen. Auch für zentrale Theoreme wie die größere Affektnähe und Impulsivität präzivilisatorischer Epochen, die grundlegende Bedeutung des Zeremoniells oder die Tendenz der Zivilisation zum dauerhaften Frieden könnte Spencer Pate gestanden haben: vgl. Spencer Bd. II, §§ 37, 38, Zusatz (S. 180); Bd. III, §§ 343ff.

2 Schriften von Norbert Elias werden im folgenden unter Weglassung des Namens zitiert: entweder mit dem Erscheinungsdatum oder – bezogen auf *Über den Prozeß der Zivilisation* – mit der Bandnummer.

3 Daß diese Sichtweise zu erheblichen Verkürzungen führt, zeigt Jaeger 1985. Danach liegen die Ursprünge des Zivilisationsprozesses nicht im hochmittelalterlichen Frankreich, sondern im frühmittelalterlichen Deutschland, dessen Kaisertum in der imperialen Tradition Roms stand. Eine zentrale Rolle kam dabei der Hofkapelle und der Bischofsschule zu, die unter den Ottonen zum Kern eines höfischen Erziehungszentrums wurde. »Courtliness«, so Jaegers These, »went hand in hand with empire«; und da die Reichsidee im Mittelalter auf Deutschland überging, war es hier, und nicht in Frankreich, daß die »Zivilisation« entstand: »Germany was the country from which the impulses to civilizing emerged and spread« (Jaeger 1985, 264, 272).

4 Informativ hierzu Haferland 1988, der auch die Unterschiede zu den späteren, stärker standardisierten Formen der Interaktion am absolutistischen Hof herausarbeitet.

5 Erst in den jüngsten Veröffentlichungen wird diese Perspektive durch eher skeptische Töne relativiert: vgl. z.B. Elias 1983, 121, wo von der möglichen »Abtrift zu einem Atomkrieg« die Rede ist sowie davon, »daß die Standards zivilisierten Verhaltens nicht aus einem Guß, daß sie gespalten und widersprüchlich sind« (ebenda, 172: analog auch Elias 1985). Ein prinzipieller Bruch mit der aufklärerischen Geschichtsphilosophie liegt jedoch nicht vor, denn wie Sieyes oder Kant lokalisiert Elias die Rudimente des Naturzustands vorrangig auf zwischenstaatlicher Ebene und setzt auf ihre allmähliche Überwindung durch friedliche Kooperation und Intensivierung des Selbstzwangs.

6 Ich beschränke mich im folgenden auf theoretische Einwände. Für eine stärker historisch orientierte Kritik siehe van Krieken 1989.

7 Vgl. Maffesoli 1988, demzufolge der »Neotribalismus«, die Bildung »dionysischer« Gefühlsgemeinschaften, die funktionalen und zweckrationalen Strukturen allenthalben überlagert – eine Diagnose, die im Unterschied zu Sennett jedoch nicht kritisch, sondern affirmativ gemeint ist, als Bestätigung der Wendung zur Postmoderne.

8 Zu Sennett vgl. kritisch Vowinckel 1985. Ein gutes Beispiel für die hier nur angedeutete Tendenz zur Privatisierung von Öffentlichkeit ist das Absterben des öffentlichen Raums. Während die Straßen und Plätze des 18. Jahrhunderts noch Orte des geselligen Verhaltens waren, sind sie heute zu bloßen Durchgangszonen für individuelle Bewegungsabläufe geworden, deren Rhythmus vom unerbittlichen Termindruck der Ladenschlußzeiten, der Arbeitszeiten, der Fahrpläne der öffentlichen Verkehrsmittel etc. diktiert wird. Daher die weitverbreitete Neigung, diesen toten Raum möglichst zeitökonomisch zu durchqueren, daher auch der von Günther Anders beobachtete Hang, ihn in eine »Elephantiasis der Privatsphäre« zu verwandeln: vorzugsweise mit Hilfe von Transistorradios oder Walkmen, die es ermöglichen, gleichzeitig anwesend und nichtanwesend zu sein. Auch daß an öffentlichen Badestränden der Unterschied zum heimischen Badezimmer oder Solarium inzwischen weitgehend eingeebnet ist, paßt in diese Tendenz (Duerr 1988, 158ff.). Duerr hat diese Beobachtung zum Anlaß eines Gegenentwurfs genommen, der Elias' These einer langfristigen Zunahme der Affektkontrolle genau umkehrt, eine theoretische Fundierung allerdings bislang noch vermissen läßt: siehe die Kritik von Schröter 1990.

9 Zum Begriff der Konditionierung vgl. 1987, 51; ferner I 88, 109, 182, 250, 259f., 280, 282 u. ö.; auf S. 319 nennt Elias die Quelle dieses Konzepts: den amerikanischen Behaviorismus.

10 Lowenfeld/Lowenfeld 1970, 711. Ob man aus diesen sehr allgemeinen Hinweisen freilich einen neuen ›narzißtischen‹ Sozialcharakter bzw. einen neuen Sozialisationstypus ableiten kann (Lasch 1986; Ziehe 1975), ist fraglich; siehe dazu die kritischen Einlassungen von Kuzmics 1989. Ich habe an anderer Stelle zu zeigen versucht, daß die psychoanalytische Narzißmustheorie komplexere sozialpsychologische Modelle nahelegt, als sie bisher entwickelt worden sind: vgl. Breuer 1992.

11 Dieser Einwand gilt in strengem Sinne nur für das Zivilisationsbuch. In späteren Arbeiten haben Elias und seine Schüler angesichts wachsender Kritik die Möglichkeit von Entzivilisierungsprozessen eingeräumt (siehe den Überblick bei Mennell 1989, 227ff.) – am weitestgehenden für die moderne englische Gesellschaft E. Dunning u. a. (1979, 288f.; 1988, 242ff.). Die von Adorno vorgeschlagene Erklärung einer Dialektik der Zivilisation hat Elias indes nicht aufgegriffen. Die Entzivilisierungsschübe, die er z. B. für die deutsche Gesellschaft in der ersten Hälfte des 20. Jahrhunderts konstatiert, erscheinen ihm weit mehr als Folge einer unzureichenden Durchführung der Aufklärung, der mangelnden Durchsetzung eines mittelständischen Wertekanons und der größeren Nähe zu archaischen Kriegergesellschaften (1989, 69, 145, 235ff.).

12 Vgl. Goody/Watt 1981, 89ff. Als Engländer, die den Extremen abhold sind, ziehen die Autoren nicht die Konsequenz Nietzsches: »Die allerallgemeinste Bildung ist eben die Barbarei« (Nietzsche 1966, III, 192). Daß Nietzsche möglicherweise doch nicht ganz unrecht hatte, zeigen die jüngsten Forschungen von Ulrich Beck, nach denen sich ganze Teile des vom Arbeitsmarkt abgekoppelten Bildungssystems zunehmend in »Geisterbahnhöfe« und Aufbewahrungsorte für überschüssige Arbeitskräfte verwandeln (Beck 1986, 237ff.).

13 Vgl. Luhmann 1982, 12f. Die daraus entspringende Dialektik, wonach die organisiert betriebene Vernichtung von Zeit zu einem »hydraartigen Anwachsen von Zeit« führt – nun aber von »freier« im Sinne von leerer Zeit – hat Günther Anders plastisch herausgearbeitet: »Gerade durch Aktionsverkürzung gewinnen wir massenhaft Zeit, mit der wir nichts anzufangen wissen, so viel Zeit, daß wir, von horror vacui erschreckt, gezwungen werden, dieses Vakuum in möglichst viele zeitauslöschende Aktivitäten zu zerteilen bzw. mit solchen zeitauslöschenden Aktivitäten vollzustopfen.« (Anders 1980, 349) Mit der Entsorgung dieser Art von Zeitmüll sind heute ganze Großindustrien beschäftigt: von der Do-it-yourself-Branche über die Sportwarenhersteller bis hin zur Kulturindustrie.

14 Luhmann 1985, 456. Selbst auf Standard Island, dessen Bewohner weder an Zeit noch an Geld Mangel leiden, ist der eigens zur Verbesserung der Umgangsformen eingestellte (natürlich französische) Tanzlehrer – beschäftigungslos: siehe Jules Verne, L'ile à hélice, Paris 1895.

15 Hobbes 1966, 113f. Wie wenig übertrieben dies ist, zeigen die Städte in den Vereinigten Staaten, in denen mittlerweile bürgerkriegsähnliche Zustände herrschen. New York verzeichnete 1990 mehr als tausend Gewaltverbrechen mit Todesfolge, Washington mehr als vierhundert. Los Angeles wird von zweitausend Gangs terrorisiert, die etwa hunderttausend Mitglieder haben sollen. Nahezu ein Viertel aller Schwarzen im Alter von fünfzehn bis dreißig Jahren sitzt entweder hinter Gittern oder steht unter polizeilicher Aufsicht. In Kampfzonen wie Harlem ist die Wahrscheinlichkeit für einen Schwarzen, vierzig Jahre alt zu werden, geringer als für einen Jugendlichen in Bangladesh (*Frankfurter Allgemeine Zeitung* Nr. 298 vom 22.12. 1990). Die von Elias vorgeschlagene Erklärung, die auf einen Rückstand der USA in der Durchsetzung des staatlichen Gewaltmonopols abstellt, überzeugt nicht. Wie die zunehmenden Spannungen in westeuropäischen Großstädten zeigen, verkörpern die USA weniger eine vergangene Stufe des Zivilisationsprozesses als dessen nahe Zukunft (vgl. Elias/Scotson 1990, 302ff.).

16 Foucaults Schriften werden im folgenden unter Weglassung des Namens nur mit dem Erscheinungsjahr zitiert.

17 Zur Bibliographie siehe Clark 1983. Für die seitdem erschienene englischsprachige Literatur vgl. die kritischen Überblicke von Gane 1986; Megill 1987; Roth 1988. Unter den neueren deutschen Arbeiten ragen hervor: Marti 1988; Fink-Eitel 1989; Dauk 1989.

18 Zu den Parallelen zwischen Foucault und Weber vgl. Breuer 1978; 1986; Gordon 1987; Turner 1987. Zu den Parallelen mit der Kritischen Theorie: Burger 1978; Jay 1984, 22; Dews 1984; Honneth 1985, 219ff. Weitere Bezüge sind hergestellt worden zu Heidegger und Hannah Arendt (Dallmayr 1984), Freud (Fraser 1985), Kant (Gordon 1986), Sartre (Poster 1984). Natürlich fehlen auch Postmodernismus und Feminismus nicht (Arac 1988).

19 Habermas 1985, 340; ähnlich Honneth 1985, 218. Von Foucaults »bracketing of the normative« spricht schon Fraser 1981/82. Ihr Vorwurf, Foucaults Kritik der Moral beruhe auf unausgesprochenen moralischen Postulaten, übersieht freilich, daß Foucault nicht moralisch gegen die Macht an sich argumentiert, sondern allenfalls lebensphilosophisch gegen deren Verfestigung zur »Herrschaft« (1985, 25). Im übrigen ist Foucaults Haltung zu normativen Problemen erheblich ambivalenter, als es die Kritik von Fraser – wie auch die von White (1986) – zulassen möchte. Siehe dazu Keenan 1987.

20 Honneth 1985, 191. Abweichend hierzu argumentieren Dreyfus/Rabinow 1987, 145, 191ff., Foucault habe die Beziehung von Macht und Wissen vor allem für die Human- und Sozialwissenschaften behauptet, hingegen Wissenschaften wie die theoretische Physik oder die organische Chemie als Disziplinen betrachtet, die sich aus ihrer Verstrickung mit der Macht befreit hätten. Sie können für diese Ansicht jedoch nur eine eher beiläufige Bemerkung in einem Interview anführen, in der Foucault die Frage aufwirft, ob man nicht die Ebene der möglichen Erklärungen zu hoch ansetze, wenn man an diese Wissenschaften das Problem ihrer Beziehungen zu den politischen und ökonomischen Strukturen herantrage (1978, 21f.). Daraus zu folgern, daß sich in Foucaults Augen die Naturwissenschaften von der Matrix der Macht gelöst hätten, ist eine Überinterpretation.

21 Diese Übersetzung bildet, zusammen mit einem bisher nicht publizierten Kommentar, die *thèse complémentaire* zu *Folie et deraison,* Foucaults philosophischer Doktoratsthese von 1961. Vgl. Gordon 1986, 85; Marti 1988, 11.

22 Die »Disziplin der reinen Vernunft« gehört, zusammen mit dem Kanon, der Architektonik und der Geschichte der reinen Vernunft, zur Transzendentalen Methodenlehre. Kant lehnt hier zwar die in der »Schulsprache« übliche Gleichsetzung von Disziplin und Unterweisung ab und fordert kategorisch, »man möge es niemals erlauben, jenes Wort in anderer als negativer Bedeutung zu gebrauchen«, doch ist dies nicht sehr überzeugend, weil er zugleich verkündet, »daß auch die ganze Philosophie der reinen Vernunft bloß mit diesem negativen Nutzen zu tun hat.« Disziplin wird hier gleichbedeutend mit der Lehre von den Grenzen der reinen Vernunft – was positiv ausgedrückt nichts anderes ist als die Lehre von der Struktur der reinen Vernunft. Typisch für sie ist, im Gegensatz zum Disziplinbegriff der Pädagogik, die Autonomie: die Errichtung eines »System[s] der Vorsicht und Selbstprüfung« (Kant, 1968, IV, B 737ff., 823f.), das sich mitnichten in Ausschluß und Prohibition erschöpft. In der Tat könnte man sich keine bessere Illustration für Foucaults Begriff der produktiven Disziplin denken als Kants *Kritik der reinen Vernunft.*

23 Vgl. Weisbrod 1986 m. w. N.. Zur Entwicklung der Kriminalitätsraten und deren Ursachen vgl. Gurr 1976; Wilson 1984; Davies 1984. Weitere Überlegungen zur Theorie der Moralisierung, die weitgehend den Vorgaben Foucaults folgen, ohne deren Reduktionismus zu teilen, finden sich bei Donzelot 1980, 71ff.

24 Erst in den kurz vor seinem Tod erschienenen Fortsetzungsbänden der *Histoire de la sexualité* scheint Foucault diese Gleichsetzung von Moralisierung und Disziplinierung aufgegeben zu haben. Begriffe wie Disziplin, Macht oder Technologie spielen hier keine Rolle mehr, dafür findet man eine von Faszination und unverkennbarer Sympathie getragene Eloge auf die antike *techne erotike* als eine »zur Ethik orientierte Moral«, welche im Unterschied zur späteren christlichen Moral nicht um die Forderung nach Selbstverzicht, sondern um die nach Selbstsorge (epimeleia/cura sui/souci de soi) zentriert gewesen sei. Diese Öffnung des kategorialen Rahmens bleibt indes auf die antike Moral beschränkt. Die christliche Auffassung erscheint auch in den neueren Arbeiten als eine Variante der Disziplinierung: als eine primär »zum Code orientierte Moral«, in welcher der Akzent auf den Operationen liegt, vermittels derer sich die Autoritätsinstanzen Geltung verschaffen, und »in der sich das Moralsubjekt auf ein Gesetz oder ein Ensemble von Gesetzen bezieht, denen es sich unterwerfen muß, widrigenfalls es einer Bestrafung verfällt« (1986, 41). – Wie immer man diese letzten Arbeiten Foucaults im einzelnen beurteilen mag, sie sind der kon-

sequente Endpunkt einer Denkbewegung, die sich spätestens seit dem Nietzsche-Aufsatz von 1971 als Erneuerung des Nietzscheanismus begreift: denn daß die antike Moral eine Herren-Moral, eine vornehme, auf dem »triumphierenden Ja-sagen zu sich selbst« (Nietzsche) beruhende Ethik gewesen sei, wohingegen mit dem Christentum der Sklavenaufstand in der Moral begonnen habe, die Abwertung des Selbst und der Beginn des *assujettissement,* ist keine Entdekkung Foucaults, sondern der Kerngedanke von Nietzsches *Genealogie der Moral.* Eine scharfe Kritik der methodischen und inhaltlichen Schwächen des Sexualitätsprojekts findet sich bei Schlesier 1984; Daraki 1985.

25 Vgl. Habermas 1985 341;, Honneth 1985, 220. Honneth unterscheidet sich allerdings insofern von Habermas, als er den machttheoretischen Ansätzen Foucaults weitaus positiver gegenübersteht und dies gegen Habermas kritisch zu wenden versucht. Der von ihm unterstellte Gegensatz zwischen handlungs- und systemtheoretischen Motiven bei Foucault erscheint mir freilich stark überakzentuiert.

26 Gehlen 1970, 57ff.; 1973, 141ff. Die heute modische Rede von Individualisierung, die sich zugleich polemisch gegen eine bloße Kulturkritik abgrenzt (Haferkamp 1989), übersieht, daß die ältere Soziologie nicht einfach von Uniformierung und Standardisierung sprach, sondern sehr wohl das Aufkommen eines willkürbestimmten Subjektivismus registrierte: Individualisierung im bloß quantitativen Sinne, wie es bei Simmel hieß, oder »Pseudoindividualität« (Adorno). Siehe dazu Dahme/Rammstedt 1984, 470ff. sowie S. 89ff. dieses Buches.

27 Luhmann 1978, 90. In einer neueren Studie bezeichnet Luhmann diese Disprivilegierung als »Dekonditionierung« der Achtungskommunikation: »nur noch der Code, eben diese Unterscheidung von gut und schlecht, wird oktroyiert; und die Programme der richtigen Besetzung dieser Werte werden dem Meinungsmarkt, der neutralen Beobachtung oder auch den Resultaten eines herrschaftsfreien Diskurses überlassen« (Luhmann 1989, 426).

28 Sohn-Rethels Theorie der Zeitökonomie ist am ausführlichsten im dritten Teil von *Geistige und körperliche Arbeit* (1972) entwickelt. Zur Modifikation dieser Theorie vgl. Benz-Overhage u. a. 1982, 24ff.; dies. 1983, 19ff.; Schmiede 1980; ders. 1983; Brandt 1990 (zuerst 1981), 145ff. Sohn-Rethel hat die Einwände gegen sein Konzept weitgehend akzeptiert. In der Fassung letzter Hand von *Geistige und körperliche Arbeit* (1989) ist der o.g. Abschnitt nicht mehr enthalten.

29 Vgl. Deutschmann 1983, der im übrigen gut die Gegenbewegungen aufzeigt, die von der Expansion der Systemzeit evoziert werden. Zum ganzen auch Rinderspacher 1985.

30 Vgl. in diesem Sinne Poster 1984, 164ff., der als Leistung Foucaults den Übergang von einem an der »Produktionsweise« orientierten Diskurs zu einer Theorie der »Informationsweise« herausstellt.

31 Schriften von Luhmann werden im folgenden nur mit dem Erscheinungsdatum zitiert, Schriften von Adorno mit der Abkürzung GS. Nicht in der Gesamtausgabe enthaltene Schriften werden nach dem sonst in diesem Buch üblichen Verfahren ausgewiesen.

32 Der übliche, von marxologischer Seite erhobene Einwand, Adorno übersehe die fundamentale Differenz zwischen dem Austausch von Äquivalenten auf der Ebene der einfachen Warenzirkulation und dem Tausch von Nichtäquivalenten auf der Ebene des Austauschs von Kapital und Arbeit, übersieht zweierlei: Er-

stens, daß Adorno diese Differenz sehr wohl kennt (vgl. GS 6, 150, 291), und zweitens, daß diese Differenz nicht überbewertet werden darf, denn der Arbeiter wird, wie Marx nicht müde wurde zu betonen, keineswegs übervorteilt, sondern erhält exakt den Gegenwert für die von ihm angebotene Ware Arbeitskraft (»normale« Ausbeutungsverhältnisse unterstellt). Der Kapitalismus ist für Marx nicht deswegen problematisch, weil der Arbeiter unter seinem Wert bezahlt wird, sondern weil die Ware Arbeitskraft die Eigenschaft hat, unter voller Wahrung der Tauschsymmetrie Asymmetrien zu produzieren: Sie schafft mehr Wert, als sie wert ist. Wenn man schon Marx gegen die Kritische Theorie ausspielt, so wäre dies im Hinblick auf ihre Orientierung am bürgerlichen Ideal des gerechten Tausches angebracht, nicht aber im Hinblick auf ihre Identifizierung der »Wesensgesetzlichkeit« mit dem Äquivalenzprinzip.

33 Vgl. 1974, 226f.; 1982, 58, 79, 96, 115; 1981a, 32, 150, 374, 382f.; 1975, 135. Dieser These stehen allerdings ebensoviele Stellen gegenüber, wo Luhmann bestreitet, daß in der modernen Gesellschaft noch sinnvoll von einem Funktionsprimat gesprochen werden könne: vgl. 1982, 63, 82f.; 1981, 220ff., 310; 1979, 35f.; 1977, 50; 1980, 27f.

34 Der Begriff stammt bekanntlich aus der kybernetisch inspirierten Biologie Maturanas und Varelas und bezeichnet dort ein Netzwerk, das die Komponenten, aus denen es besteht, selbst hervorbringt. Ob dieser Begriff, der bisher nur für die Zelle operational definiert ist, auf andere als biologische Systeme übertragen werden kann, ist umstritten, da schon mehrzellige Organismen beim Zusammenschluß entscheidende Merkmale ihrer Autonomie verlieren (Bühl 1987). Roth (1987) schlägt deshalb vor, von Autopoiesis nur mit Bezug auf biologische Systeme zu sprechen, dagegen kognitive und soziale Systeme als selbstreferentielle bzw. synreferentielle Systeme zu bezeichnen. Luhmann hat sich mit diesen Einwänden bisher nicht auseinandergesetzt.

35 Vgl. Hegel III, 190; VIII, 368, 389. Nur partiell ist diese Übereinstimmung deswegen, weil Luhmann auf dem Umweltbezug des Systems insistiert und absolute Versöhnung für ausgeschlossen hält. Die Formel der Systemtheorie lautet deshalb: Differenz von Identität und Differenz, die der idealistischen Dialektik: Identität von Identität und Differenz (1985, 607). Ob dieser Gegensatz auch dann noch festgehalten werden kann, wenn das Sozialsystem eine Tendenz zur Zerstörung seiner Umwelt hat und sich damit gleichsam als Negativ-Absolutes entpuppt, wird weiter unten noch zu erörtern sein.

36 Vgl. 1974, 145f.; 1982, 182; 1985, 614. Am Rande sei vermerkt, daß die Theorie der symbolisch generalisierten Kommunikationsmedien bislang zu den am wenigsten ausgereiften Teilen der Systemtheorie gehört. Dafür dürfte nicht zuletzt der Umstand verantwortlich sein, daß unter dem Oberbegriff »Medium« höchst heterogene Kommunikationsformen zusammengefaßt werden. Liebe z. B. bezeichnet zwar einen für alle Intimbeziehungen möglichen Kommunikationsstil und ist insofern zweifellos etwas Gesellschaftliches. Sie zum *generalisierten* Medium zu erheben und damit in Analogie zur abstrakten Universalität des Geldes zu bringen, unterschlägt jedoch die wichtigste Eigenschaft der Liebe: ihren hochgradig selektiven Charakter. Liebe ist, wie klassisch am Tristan-Epos zu studieren, immer auch *anti*-sozial, nicht-generalisierend; wo sie diese ihre Schranke überspringt, kommt etwas so Verunglücktes wie die allgemeine Menschenliebe des Christentums heraus. Ähnliche Bedenken macht Habermas in seiner Parsons-Kritik hinsichtlich des Mediums Macht geltend, von dem er zu Recht betont, daß es in bezug auf Quantifizierbarkeit und Zirkula-

tionsfähigkeit weitaus geringer entwickelt sei als Geld; eine weitere Schranke sieht er in der stärkeren Organisationsabhängigkeit von Macht (vgl. Habermas 1981, II, 402ff.). Echte Generalität i.S. der Indifferenz gegenüber Besonderem scheinen lediglich die Medien Geld und Wahrheit zu besitzen – und von ihnen kann man mit guten Gründen bezweifeln, ob sie als »symbolische Medien« angemessen bezeichnet sind. Das Geld ist kein Symbol, das die Bedeutung »Wert« trägt oder vorstellt, sondern es ist der Wert selbst; und es begnügt sich durchaus nicht mit seiner Funktion als (Zirkulations-)Mittel, sondern hat die fatale Neigung, »aus einem Mittel zum Zweck zu werden«. »Das Geld ist ursprünglich der Repräsentant aller Werte; in der Praxis dreht sich die Sache um, und alle realen Produkte und Arbeiten werden die Repräsentanten des Geldes.« (Marx 1974, 69, 67f.) Für die wissenschaftlich begründete Wahrheit und ihr Verhältnis zur Erfahrung ließe sich Ähnliches geltend machen.

37 Vgl. Lenin 1960, 211: »Das Herrschaftsverhältnis und die damit verbundene Gewalt – das ist das Typische für die ›jüngste Entwicklung des Kapitalismus‹, das ist es, was aus der Bildung allmächtiger wirtschaftlicher Monopole unvermeidlich hervorgehen mußte und hervorgegangen ist.« Angesichts der Übereinstimmung zwischen dieser Diagnose und dem herrschaftstheoretischen Strang in der Kritischen Theorie muß man sich fragen, ob die marxistisch-leninistische Polemik gegen Adorno nicht vielleicht deshalb so vehement ist, weil er bestimmte Konsequenzen aus dem gemeinsamen Ansatz zieht, die die Kritiker selbst aus politischen Gründen nicht ziehen können (und dürfen).

38 GS 8, 283. Das »nicht nur, sondern auch« deutet allerdings auf eine bemerkenswerte Unsicherheit in Adornos Bestimmung der neuzeitlichen Wissenschaft hin. Diese schwankt durchgängig zwischen einer von Horkheimer beeinflußten Identifizierung von Wissenschaft und Arbeit (etwa GS 6, 178f.) und einer Sichtweise, die im Anschluß an Sohn-Rethel die Beziehung des wissenschaftlichen Denkens zur gesellschaftlichen *Form* der Arbeit akzentuiert (GS 6, 57, 149, 379f.). Zur Kritik der ersten Variante siehe Müller 1977, 190ff.; die zweite Variante beleuchten Sohn-Rethel/Breuer/v. Greiff 1986.

39 Vgl. GS 4, 259ff.; GS 8, 137. Ein wichtiges Beispiel für die zerstörerischen Auswirkungen des Gesellschaftssystems auf die psychischen Systeme liegt im Bereich der Massenmedien, insbesondere im Fernsehen, das durch seinen egalitären und nivellierenden Kommunikationsmodus sowie durch die permanente Enthüllung zuvor tabuisierter Themen den Schutzraum »Kindheit« zerstört und dadurch eine Angleichung von Kindern und Erwachsenen bewirkt: die Kinder werden zu kleinen Erwachsenen, die Erwachsenen zu Riesenbabies (Postman 1983). Ein anderes Beispiel ist der Einzug des Computers ins Kinderzimmer, wodurch sowohl der Erwerb der formal-operativen Rationalität im Sinne Piagets zeitlich vorverlagert als auch der Zeitraum eingeschränkt wird, in dem die Ausbildung von Phantasie, Spielfähigkeit, Reziprozität und Kooperation erfolgen soll. Dazu ausführlicher: Turkle 1984; Eurich 1985.

40 Neuere Äußerungen klingen schon wesentlich skeptischer. In *Die Wissenschaft der Gesellschaft* erzeugt die Reflexion nicht mehr eine Erkenntnis und damit die Möglichkeit einer Steuerung des Systems, »sondern nur ein Zusatzmoment zur Dynamik des Systems«, das sich selbst als solches intransparent bleibt (1990, 483).

41 Ebenfalls nur am Rande sei darauf hingewiesen, daß die Systemtheorie durchaus die Möglichkeit einer anderen Bewertung des Protests enthält. In einer seiner neueren Schriften greift Luhmann beispielsweise Hegels Gedanken auf, daß

Widersprüche eine höchst positive Funktion haben können, insofern sie das System vor der Erstarrung in eingefahrenen, aber nicht mehr umweltadäquaten Verhaltensmustern schützen: Widersprüche dienen als »Alarmsignale«, als ein »Immunsystem im System«, das die Reproduktion des Systems auf andere, weniger gefahrenträchtige Bahnen lenkt und dadurch eine Fortsetzung der Autopoiesis ermöglicht (1985, 506ff.). Luhmann erörtert die Funktion dieses Immunmechanismus nur am Rechtssystem; da aber das Recht gewöhnlich nur solche Erwartungen positiviert, die sich in der gesellschaftlichen Kommunikation bereits herauskristallisiert haben, ist nicht einzusehen, warum nicht auch die Angstkommunikation einen legitimen Platz in der »sozialen Immunologie« beanspruchen kann.

42 Der Text entstand im Sommer 1939. Eine Veröffentlichung wurde durch die Bombenangriffe auf Hamburg und Freiburg verhindert, denen das erste Mal der Satz, das zweite Mal die fertiggestellte Auflage zum Opfer fiel. Das Buch konnte deshalb erst 1946 erscheinen. Ein weiterer, thematisch eng verbundener Band, *Maschine und Eigentum,* folgte drei Jahre später. 1953 wurden beide Bücher in erheblich erweiterter Fassung unter dem gemeinsamen Obertitel *Die Perfektion der Technik* vereinigt und in dieser Fassung noch zweimal aufgelegt (1968, 1980).

43 Vgl. besonders F.G. Jünger 1926, 1930. Die zahlreichen kleineren Pamphlete sind bibliographisch erfaßt bei des Coudres 1963. Zur Publizistik des Jünger-Kreises in den zwanziger Jahren vgl. Hietala 1975; zur Biographie F.G. Jüngers siehe Richter 1982, 9f.

44 Welch großen Eindruck die Werke Spenglers in der Nachkriegszeit auf ihn machten, hat Jünger später bekannt: vgl. F.G. Jünger 1978, 217.

45 F.G. Jünger 1968, 38. Alle folgenden Angaben ohne nähere Spezifizierung beziehen sich auf diesen Text.

46 So vor allem bei Paul Virilio und Peter Sloterdijk (1989). Zu Virilio vgl. meine in diesem Band abgedruckte Studie.

47 Es gibt Züge in der Marxschen Theorie, die diesen Vorwurf keineswegs aus der Luft gegriffen erscheinen lassen. So etwa, wenn Marx die historische Bestimmung des Kapitals dann als erfüllt bezeichnet, »sobald einerseits die Bedürfnisse soweit entwickelt sind, daß die Surplusarbeit über das Notwendige hinaus selbst allgemeines Bedürfnis ist, aus den individuellen Bedürfnissen selbst hervorgeht, – andrerseits die allgemeine Arbeitskraft durch die strenge Disziplin des Kapitals, wodurch die sich folgenden Geschlechter durchgegangen sind, entwickelt ist als allgemeiner Besitz des neuen Geschlechts.« (Marx 1974, 231) Die »arbeitende Gesellschaft«, die »sich wissenschaftlich zu dem technischen Prozeß ihrer fortschreitenden Reproduktion« verhält, ist von Jüngers Kollektiv tatsächlich kaum zu unterscheiden.

48 Vgl. Leithäuser 1950/51, 475, 478; Hermlin 1947, 110; Münster 1946, 92; Stürner 1947, 64f., 57.

49 Aus der Fülle der Prognosen und Szenarien seien hervorgehoben: Global 2000 (1980); BUND 1989; Streich 1989; Club of Rome 1990.

50 Nach einer Schätzung des Worldwatch Institute würde es bis zur Jahrtausendwende rund 770 Mrd. $ kosten, den allgemeinen Trend zur Zerstörung umzukehren – eine Summe, die ungefähr den Militärausgaben aller Staaten entspricht (*Der Spiegel* Nr. 29/1989, 121).

51 Das bekannteste Beispiel sind die klassischen Maya. Aufschlußreich hierzu: Santley/Killion/Lycett 1986.

52 Grundlegend ist die Arbeit von Georgescu-Roegen 1971. Auf ihr fußen der Essay von Schütze 1989 sowie das Buch von Rifkin (1989), das allerdings zu einem energetischen Materialismus nach der Art von Leslie White neigt und die Erklärungskraft des Entropiegesetzes für geschichtlich-gesellschaftliche Prozesse überschätzt. Diese Schwächen wiegen jedoch wenig gegenüber dem überzeugenden Grundgedanken: daß maßlose Arbeit (also: abstrakte Arbeit) die Entropie (also: die Energiemenge, die nicht mehr in Arbeit umgesetzt werden kann) erhöht.

53 In seinem Roman *Heliopolis* (1949) nimmt Ernst Jünger viele Gedanken aus *Die Perfektion der Technik* auf – die Welt des Landvogts und Messer Grandes, in der eine absolute Bürokratie auf die Bildung von intelligenten Insektenstaaten hinarbeitet, ist deutlich nach dem Muster des technischen Kollektivs gezeichnet. Die Form des Automatismus – nach der Diagnose des »Bergrats« das zweite Stadium der Technik – ist jedoch nur eine Zwischenetappe. Ihr folgt ein drittes Stadium, in dem der Automatismus mit magischem Sinn belebt wird. »Die Technik nimmt zauberhaften Charakter an; sie wird den Wünschen homogen.« (Ernst Jünger 1949, 220) Wie schon in *Der Arbeiter*, so ist auch in *Heliopolis* die Perfektion der Technik nur ein Medium im Zusichselbstkommen des Geistes, eine Apokalypse, die die Rückkehr des Sinns vorbereitet: »Im Augenblick, in dem die niederen Mächte völlig triumphieren, wird für den Menschen, insofern er noch Größe in sich empfindet, immer der Rückzug jenseits der Hesperiden möglich sein. Dort gibt es Schlösser von wahrer Dauer, die den romantischen Chateaubriands weit überlegen sind. Die alte Heimat der Dichter und Helden bleibt ewig blühend bis zum letzten Tag. Die Eingangstore leuchten herrlich im Schein der Brände und Untergänge auf, im Schweigen der Wüsten, wie sie Jesaja sah. Von dort kehrt immer wieder die Ordnung in die Welt zurück, sowohl in Worten als auch in der Tat.« (Ernst Jünger 1949, 360f.)

54 Die Schriften Virilios werden im folgenden nur mit Jahreszahl zitiert.

55 Daß es sich bei solchen Sätzen nicht um eine Entgleisung, sondern durchaus um eine feste Überzeugung Virilios handelt, zeigt an anderer Stelle die Bemerkung, die Schnellstraße sei kein Verbindungsweg, sondern das Konzentrationslager der Schnelligkeit (1984b, 67).

56 Caillois 1988, 23, 26. Die übrigen im Text erwähnten Bestimmungen finden sich bei Durkheim 1981, 62ff.; van der Leeuw 1956, 32f., 527, 780; Bataille 1974, 86; Windelband 1924, 295ff.; Habermas 1981, II, 118ff.; Otto 1947. Einen guten Überblick über die Diskussion über das Heilige gibt Colpe 1987.

57 Anders dagegen Rombach (1965), für den mit der Substanzmetaphysik die Metaphysik schlechthin zu Ende geht.

58 Rombach 1965, 483, im Original gesperrt. Vgl. auch Husserl 1969, 66f., für den der Kern der neuen Wissenschaft im Anspruch auf – wenn auch nur approximativ erreichbare – Allwissenheit besteht. Aus psychoanalytischer Perspektive interessant dazu Richter 1990, 32 ff., für den die Moderne durch einen narzißtischen Allmacht-Ohnmacht-Komplex gekennzeichnet ist, der sich in der Einverleibung des omnipotenten Gottes der monotheistischen Tradition manifestiert.

Literaturverzeichnis

Adorno, Th. W.: Gesammelte Schriften, hrsg. von Gretel Adorno und Rolf Tiedemann, 20 Bde., Frankfurt/M. 1970ff.
– 1956: Soziologische Exkurse, hrsg. vom Institut für Sozialforschung, Frankfurt/M.
– 1970: Erziehung zur Mündigkeit. Vorträge und Gespräche mit H. Becker 1956-1969, hrsg. von G. Kadelbach, Frankfurt/M.
– 1971: Kritik. Kleine Schriften zur Gesellschaft, Frankfurt/M.
– 1973: Vorlesung zur Einleitung in die Soziologie, Frankfurt/M.
– 1974: Philosophische Terminologie, 2 Bde., Bd. 2, Frankfurt/M.
– o.J.: Vorlesung zur Einleitung in die Erkenntnistheorie, Frankfurt/M.
Anders, G. 1956: Die Antiquiertheit des Menschen, Bd. I, München
– 1965: Philosophische Stenogramme, München.
– 1980: Die Antiquiertheit des Menschen, Bd. II, München.
– 1986: Lieben gestern, München.
Arac, J. (Hg.) 1988: After Foucault. Humanistic Knowledge, Postmodern Challenges, New Brunswick/London.
Bach, H. 1987: Wieviele verhaltensauffällige Schüler gibt es tatsächlich? in: O. Ludwig u.a. (Hg.): Unterrichtsstörungen - Dokumentation, Entzifferung, Produktives Gestalten. Friedrich Jahresheft V, Seelze, 56-62.
Bacon, F. 1974: Neues Organon der Wissenschaft, Darmstadt.
Baecker, D. u.a. (Hg.) 1987: Theorie als Passion. Niklas Luhmann zum 60. Geburtstag, Frankfurt/M.
Baethge, M./Oberbeck, H. 1986: Zukunft der Angestellten. Neue Technologien und berufliche Perspektiven in Büro und Verwaltung, Frankfurt/New York.
Bahr, H.-D. 1969: Kritik der ›politischen Technologie‹, Frankfurt/Wien.
– 1983: Über den Umgang mit Maschinen, Tübingen.
– 1985: Sätze ins Nichts. Versuch über den Schrecken, Tübingen.
Bambach, R. 1984: Ein ›glücklicher Positivist‹. Bemerkungen zu Michel Foucaults ›Erneuerung‹ der Theoriegeschichte, in: U. Bermbach (Hg.): Politische Theoriegeschichte, PVS-Sonderheft 15, Opladen, 194-222.
Bammé, A. u.a. 1983: Maschinen-Menschen, Mensch-Maschinen. Grundrisse einer sozialen Beziehung, Reinbek.
Bataille, G. 1974: Der heilige Eros, Frankfurt/Berlin/Wien.
Bauer, L./Mathis, H. 1988: Geburt der Neuzeit. Vom Feudalsystem zur Marktgesellschaft, München.

Beck, U. 1986: Risikogesellschaft. Auf dem Weg in eine andere Moderne, Frankfurt/M.
— 1988: Gegengifte, Frankfurt/M.
Benz-Overhage, K. u.a. 1982: Neue Technologien und alternative Arbeitsgestaltung, Frankfurt/New York.
— 1983: Computergestützte Produktion. Fallstudien in ausgewählten Industriebetrieben, Frankfurt/M.
Bergmann, J. u.a. 1986: Rationalisierung, Technisierung und Kontrolle des Arbeitsprozesses, Frankfurt/M.
Bernal, J. D. 1970: Die Entstehung der Wissenschaft, 2 Bde., Reinbek.
Bette, K. H. 1987: Wo ist der Körper? in: Baecker u.a., 600-628.
Blanke, B./Jürgens, U./Kastendiek, H. 1975: Kritik der politischen Wissenschaft, 2 Bde., Frankfurt/M.
Bloch, E. 1972: Das Materialismusproblem, seine Geschichte und Substanz, Frankfurt/M.
Blumenberg, H. 1966: Die Legitimität der Neuzeit, Frankfurt/M.
— 1986: Die Lesbarkeit der Welt, Frankfurt/M.
Böhle, F. 1989: Körper und Wissen. Veränderungen in der sozio-kulturellen Bedeutung körperlicher Arbeit, in: Soziale Welt 40, 497-512.
Böhme, G. 1977: Die kognitive Ausdifferenzierung der Naturwissenschaft — Newtons mathematische Naturphilosophie, in: ders./W. van den Daele/W. Krohn: Experimentelle Philosophie: Ursprünge autonomer Wissenschaftsentwicklung, Frankfurt/M., 237-263.
Borkenau, F. 1934: Der Übergang vom feudalen zum bürgerlichen Weltbild, Paris.
Brandt, G. 1990: Arbeit, Technik und gesellschaftliche Entwicklung, Frankfurt/M.
Braverman, H. 1977: Die Arbeit im modernen Produktionsprozeß, Frankfurt/New York.
Breuer, S. 1978: Die Evolution der Disziplin. Zum Verhältnis von Rationalität und Herrschaft in Max Webers Theorie der vorrationalen Welt, in: Kölner Zeitschrift für Soziologie und Sozialpsychologie 30, 409-437.
— 1986: Sozialdisziplinierung. Probleme und Problemverlagerungen eines Konzepts bei Max Weber, Gerhard Oestreich und Michel Foucault, in: Sachße/Tennstedt, 45-69.
— 1992: Sozialpsychologische Implikationen der Narzißmustheorie, in: Psyche 46, 1-31.
Brown, L. R. (Hg.) 1989: Worldwatch Institute Report: Zur Lage der Welt 1989/1990, Frankfurt/M.
Bühl, W. L. 1987: Grenzen der Autopoiesis, in: Kölner Zeitschrift für Soziologie und Sozialpsychologie 39, 225-254.
BUND 1989: Umweltbilanz. Die ökologische Lage der Bundesrepublik Deutschland, Hamburg.
Burckhardt, M. 1990: Im Innern der Uhr, in: Leviathan 18, 293-306.
— 1990a: Im Arbeitsspeicher - Zur Rationalisierung geistiger Arbeit, in: H. König u.a. (Hg.): Sozialphilosophie der industriellen Arbeit, Leviathan Sonderheft 11, Opladen, 287-300.
Burger, R. u.a. 1978: Statt eines Interviews. Michel Foucault und das Gefängnis, in: Kriminalsoziologische Bibliografie 5, H. 19/20, 1-16.
Burtt, E. A. 1967: The Metaphysical Foundations of Modern Physical Science, London.

Caillois, R. 1988: Der Mensch und das Heilige, München/Wien.
Canguilhem, G. 1977: Das Normale und das Pathologische, Frankfurt/Berlin/Wien.
Cassirer, E. 1969: Substanzbegriff und Funktionsbegriff, 3. unv. Aufl., Darmstadt.
– 1973: Philosophie der symbolischen Formen, 3 Bde., Darmstadt.
– 1974: Das Erkenntnisproblem in der Philosophie und Wissenschaft der neueren Zeit, 4 Bde., Darmstadt.
– 1974a: Individuum und Kosmos, Darmstadt.
– 1987: Zur modernen Physik, Darmstadt.
Chasseguet-Smirgel, J. 1981: Das Ichideal, Frankfurt/M.
Clark, M. 1983: Michel Foucault. An Annotated Bibliography. Tool Kit for a New Age, o.O.
Cloer, E. (Hg.) 1982: Disziplinkonflikte in Erziehung und Schule, Bad Heilbrunn.
– 1987: Das Disziplinproblem in der Schule, in: Die deutsche Schule 79, 305-319.
Club of Rome (Hg.) 1990: Die Herausforderung des Wachstums. Globale Industrialisierung: Hoffnung oder Gefahr?, Bern/München/Wien.
Colpe, C. 1987: Die wissenschaftliche Beschäftigung mit ›dem Heiligen‹ und ›das Heilige‹ heute, in: Kamper/Wulf, 33-61.
Coudres, H. P. des 1963: Friedrich Georg Jünger-Bibliographie, in: Philobiblon 7, 160-182.
Czerwinski, P. 1987: Das Ganze ist die Summe seiner Teile. Über nicht-systematische Räume in spätmittelalterlichen Texten und Bildern, Ms., Berlin.
Dahme, H. J./Rammstedt, O. 1984: Die zeitlose Modernität der soziologischen Klassiker. Überlegungen zur Theoriekonstruktion von Emile Durkheim, Ferdinand Tönnies, Max Weber und besonders Georg Simmel, in: dies. (Hg.): Georg Simmel und die Moderne, Frankfurt/M. 449- 478.
Dallmayr, F. 1984: Polis and Praxis: Exercises in Contemporary Political Theory, Cambridge/Mass.
Daraki, M. 1985: Le voyage en Grèce de Michel Foucault, in: Esprit 4, No. 100, 55-83.
Dauk, E. 1989: Denken als Ethos und Methode. Foucault lesen, Berlin.
Davies, C. 1984: Das Verbrechen in einer bürokratisierten Welt, in: Der Monat 293, 47-67.
Descartes, R. 1960: Von der Methode, Hamburg.
Dessauer, F. 1928: Philosophie der Technik, Bonn.
Deutschmann, C. 1983: Systemzeit und soziale Zeit, in: Leviathan 11, 494-514.
Dews, P. 1984: Power and Subjectivity in Foucault, in: New Left Review 144, 72-95.
Donzelot, J. 1980: Die Ordnung der Familie, Frankfurt/M.
Dreßen, W. 1982: Die pädagogische Maschine. Zur Geschichte des industrialisierten Bewußtseins in Preußen/Deutschland, Frankfurt/Berlin/Wien.
Dreyfus, H. L./Rabinow, P. 1987: Michel Foucault: Jenseits von Strukturalismus und Hermeneutik, Frankfurt/M.
Duerr, H. P. 1988: Der Mythos vom Zivilisationsprozeß, Bd. 1: Nacktheit und Scham, Frankfurt/M.
Dunning, E./Sheard, K. 1979: Barbarians, Gentlemen and Players, Oxford.
– /Murphy, P./William, J. 1988: The Roots of Football Hooliganism, London.
Durkheim, E. 1981: Die elementaren Formen des religiösen Lebens, Frankfurt/M.
Eichberg, H. 1986: Die Veränderung des Sports ist gesellschaftlich. Diskussionsband, hrsg. von W. Hopf, Münster.

Eliade, M. 1985: Das Heilige und das Profane, Frankfurt/M.
– 1986: Die Religionen und das Heilige, Frankfurt/M.
Elias, N. 1971: Was ist Soziologie, 2. Aufl., München.
– 1975: Die höfische Gesellschaft, 2. Aufl., Neuwied.
– 1976: Über den Prozeß der Zivilisation, 2 Bde., Frankfurt/M.
– 1978: The Civilizing Process Revisited. Interview with S. Fontaine, in: Theory and Society 5, 243-253.
– 1983: Engagement und Distanzierung. Arbeiten zur Wissenssoziologie I, hrsg. von M. Schröter, Frankfurt/M.
– 1985: Humana conditio, Frankfurt/M.
– 1987: Die Gesellschaft der Individuen, Frankfurt/M.
– 1989: Studien über die Deutschen, Frankfurt/M.
– /**Scotson, J. L.** 1990: Etablierte und Außenseiter, Frankfurt/M.
Eurich, C. 1985: Computerkinder. Wie die Computerwelt das Kindsein zerstört, Reinbek.
Ferguson, A. 1986: Versuch über die Geschichte der bürgerlichen Gesellschaft, Frankfurt/M.
Fink-Eitel, H. 1980: Michel Foucaults Analytik der Macht, in: F. A. Kittler (Hg.): Austreibung des Geistes aus den Geisteswissenschaften, Paderborn, 38-78.
– 1989: Foucault zur Einführung, Hamburg.
Flusser, V. 1987: Die Schrift, Göttingen.
Foucault, M. 1973: Archäologie des Wissens, Frankfurt/M.
– 1974: Von der Subversion des Wissens, München.
– 1976: Überwachen und Strafen, Frankfurt/M.
– 1977: Sexualität und Wahrheit, Bd. I: Der Wille zum Wissen, Frankfurt/M.
– 1978: Dispositive der Macht, Berlin.
– 1982: Der Staub und die Wolke, Bremen.
– 1983: Structuralism and Post-Structuralism. An Interview with G. Raulet, in: Telos 55, 195-211.
– 1985: Freiheit und Selbstsorge, Frankfurt/M.
– 1986: Sexualität und Wahrheit, Bd. II: Der Gebrauch der Lüste, Frankfurt/M.
– 1987: Das Subjekt und die Macht, in: Dreyfus/Rabinow, 243-261.
Fraser, N. 1981/82: Foucault on Modern Power: Empirical Insights and Normative Confusions, in: Praxis International 1, 272-286.
– 1985: Michel Foucault: A Young Conservative? in: Ethics 96, 165-184.
Freud, S.: Studienausgabe, hrsg. von A. Mitscherlich/A. Richards/J. Strachey, 10 Bde., Frankfurt/M. 1969ff.
– 1964: Abriß der Psychoanalyse. Das Unbehagen in der Kultur, Frankfurt/M.
Freudenthal, G. 1982: Atom und Individuum im Zeitalter Newtons, Frankfurt/M.
Freyer, H. 1925: Der Staat, Leipzig.
– 1933: Herrschaft und Planung, Hamburg.
– 1987: Herrschaft, Planung und Technik. Aufsätze zur politischen Soziologie, hrsg. von E. Üner, Heidelberg.
Fritz, H. J. 1982: Menschen in Büroarbeitsräumen, München.
Gane, M. 1986: The Form of Foucault, in: Economy and Society 15, 110-122.
Ganßmann, H. 1986: Geld – ein symbolisch generalisiertes Medium der Kommunikation? Zur Geldlehre in der neueren Soziologie, in: Prokla 63, 6-22.
– 1986a: Kommunikation und Reproduktion, in: Leviathan 14, 143-156.
Gehlen, A. 1970: Die Seele im technischen Zeitalter, Reinbek.
– 1973: Moral und Hypermoral, Frankfurt/M.

Georgescu-Roegen, N. 1971: The Entropy Law and the Economic Process, Cambridge/Mass.
Georgieff, A. 1987: Nackte Körper und die Gloriole des Heiligen, in: Kamper/Wulf, 387-399.
Gerhards, J. 1988: Soziologie der Emotionen, München.
Giegel, H. J. 1975: System und Krise. Kritik der Luhmannschen Gesellschaftstheorie, Frankfurt/M.
Girtler, R. 1989: Die feinen Leute. Von der vornehmen Art, durchs Leben zu gehen, Frankfurt/New York.
Gleichmann, P. u.a. (Hg.) 1979: Materialien zu Norbert Elias' Zivilisationstheorie, Frankfurt/M.
– (Hg.) 1984: Macht und Zivilisation, Frankfurt/M.
Global 2000 (1980): Der Bericht an den Präsidenten, Frankfurt/M.
Goffman, E. 1972: Asyle, Frankfurt/M.
Goody, J./Watt, I. 1981: Konsequenzen der Literalität, in: J. Goody (Hg.): Literalität in traditionalen Gesellschaften, Frankfurt/M., 45-104.
Gordon, C. 1986: Question, Ethos, Event: Foucault on Kant and Enlightenment, in: Economy and Society 15, 71-87.
– 1987: The Soul of the Citizen: Max Weber and Michel Foucault on Rationality and Government, in: Lash/Whimster, 293-316.
Granet, M. 1980: Das chinesische Denken. Inhalt, Form, Charakter, München.
Greiff, B. v. 1976: Gesellschaftsform und Erkenntnisform. Zum Zusammenhang von wissenschaftlicher Erfahrung und gesellschaftlicher Entwicklung, Frankfurt/New York.
Grossmann, H. 1935: Die gesellschaftlichen Grundlagen der mechanistischen Philosophie und die Manufaktur, in: Zeitschrift für Sozialforschung 4, 161-231.
Gurjewitsch, A. J. 1978: Das Weltbild des mittelalterlichen Menschen, Dresden.
Gurr, T. R. 1976: Rogues, Rebels and Reformers, Beverley Hills/London.
Habermas, J. 1968: Strukturwandel der Öffentlichkeit, Neuwied/Berlin.
– 1976: Zur Rekonstruktion des Historischen Materialismus, Frankfurt/M.
– 1981: Theorie des kommunikativen Handelns, 2 Bde., Frankfurt/M.
– 1985: Der philosophische Diskurs der Moderne, Frankfurt/M.
Haferkamp, H. 1989: ›Individualismus‹ und ›Uniformierung‹ – Über eine Paradoxie in Max Webers Theorie der gesellschaftlichen Entwicklung, in: J. Weiß (Hg.): Max Weber heute, Frankfurt/M., 461-496.
Haferland, H. 1988: Höfische Interaktion. Interpretationen zur höfischen Epik und Didaktik um 1200, München.
Hage, J. 1980: Theories of Organizations: Form, Process, and Transformation, New York.
Hallpike, C. 1984: Die Grundlagen des primitiven Denkens, Stuttgart.
Hartmann, C. 1990: Technische Interaktionskontexte. Aspekte einer sozialwissenschaftlichen Theorie der Mensch-Computer-Interaktion, Phil. Diss. Hannover.
Hegel, G. W. F.: Werkausgabe in 20 Bdn., hrsg. von K. M. Michel und E. Moldenhauer, Frankfurt/M. 1969ff.
Heidegger, M. 1977: Holzwege. Gesamtausgabe Bd. 5, Frankfurt/M.
– 1978: Vorträge und Aufsätze, Pfullingen, 4. Aufl.
– 1984: Die Frage nach dem Ding. Gesamtausgabe Bd. 41, Frankfurt/M.
Herf, J. 1984: Reactionary Modernism: Technology, Culture, and Politics in Weimar and the Third Reich, Cambridge.

Hermlin, S. 1947: Friedrich Georg Jünger: Perfektion der Technik, in: ders./H. Mayer: Ansichten über einige neue Schriftsteller und Bücher, Wiesbaden, 106ff.
Hietala, M. 1975: Der neue Nationalismus in der Publizistik Ernst Jüngers und des Kreises um ihn, 1920-1933, Helsinki.
Hinz, M. 1985: Die Zukunft der Katastrophe. Mythische und rationalistische Geschichtstheorie im italienischen Futurismus, Berlin/New York.
Hobbes, Th. 1966: Leviathan: or, the Matter, Form and Power of a Commonwealth ecclesiastical and Civil, in: The English Works, vol. III, ed. W. Molesworth, 2nd. repr. Aalen.
– 1967: Vom Körper, Hamburg.
Höfling, O./Waloschek, P. 1988: Die Welt der kleinsten Teilchen. Vorstoß zur Struktur der Materie, Reinbek.
Holling E./Kempin, P. 1989: Identität, Geist und Maschine. Auf dem Weg zur technologischen Zivilisation, Reinbek.
Honneth, A. 1985: Kritik der Macht, Frankfurt/M.
– 1989: Soziologie. Eine Kolumne, in: Merkur 43, Nr. 481, 235-240.
Horkheimer, M. 1939/40: Die Juden und Europa, in: Zeitschrift für Sozialforschung 8, 115-137.
– 1942: Autoritärer Staat, in: ders.: Gesammelte Schriften Bd. 5, Frankfurt/M. 1987, 293-319.
– **/Adorno, Th. W.** 1947: Dialektik der Aufklärung, Amsterdam.
Hubatsch, W. 1973: Friedrich der Große und die preußische Verwaltung, Köln/Berlin.
Husserl, E. 1969: Die Krisis der europäischen Wissenschaften und die transzendentale Phänomenologie. Husserliana Bd. VI, Den Haag, 2. Aufl.
Jacobson, E. 1978: Das Selbst und die Welt der Objekte, Frankfurt/M.
Jaeger, C. S. 1985: The Origins of Courtliness. Civilising Trends and the Formation of Courtly Ideals, 939-1210, Philadelphia.
Jay, M. 1984: Adorno, London.
Johnson, F. Grant 1980: Der Computer und die Technologisierung des Inneren, in: Psyche 34, 780-811.
Jones, E. 1978: Die Grenzen des Überichs, in: ders.: Die Theorie der Symbolik und andere Aufsätze, Frankfurt/Berlin/Wien, 383-392.
Jünger, E. 1949: Heliopolis, Tübingen.
– 1981: Der Arbeiter. Sämtliche Werke Bd. 8, Stuttgart.
– 1989: Strahlungen Bd. I, München.
Jünger, F. G. 1926: Aufmarsch des Nationalismus, hrsg. von E. Jünger, Berlin.
– 1930: Krieg und Krieger, in: E. Jünger (Hg.): Krieg und Krieger, Berlin, 51-67.
– 1968: Die Perfektion der Technik, 5. Aufl., Frankfurt/M.
– 1978: Grüne Zweige. Ein Erinnerungsbuch, Stuttgart.
Kamper, D./Wulf, C. (Hg.) 1987: Das Heilige: Seine Spur in der Moderne, Frankfurt/M.
Kant, I.: Werke in 12 Bdn., hrsg. von W. Weischedel. Theorie-Werkausgabe, Frankfurt/M. 1968.
Keenan, T. 1987: The ›Paradox‹ of Knowledge and Power. Reading Foucault on a Bias, in: Political Theory 15, 3-37.
Kern, H./Schumann, M. 1970: Industriearbeit und Arbeiterbewußtsein, in: Wirtschaftliche und soziale Aspekte des technischen Wandels in der Bundesrepublik Deutschland, hrsg. vom RKW, Bd. 8 und 9, Frankfurt/M.

– 1984: Das Ende der Arbeitsteilung? Rationalisierung in der industriellen Produktion, München.
Kernberg, O. F. 1978: Borderline-Störungen und pathologischer Narzißmus, Frankfurt/M.
Kittsteiner, H. D. 1984: Von der Gnade zur Tugend, in: Spiegel und Gleichnis: Festschrift für J. Taubes, hrsg. von N. W. Bolz/W. Hübener, Würzburg, 135-148.
Klein, M. 1973: Die Psychoanalyse des Kindes, München.
– 1985: Frühe Schriften 1928-1945, hrsg. von J. Stork, Frankfurt/M.
Kohut, H. 1976: Narzißmus, Frankfurt/M.
Kondylis, P. 1986: Die Aufklärung im Rahmen des neuzeitlichen Rationalismus, München.
Koyré, A. 1943: Galileo and the Scientific Revolution of the Seventeenth Century, in: The Philosophical Review 310, 333-348.
– 1978: Galileo Studies, Atlantic Highlands, N. J.
Krämer, S. 1988: Symbolische Maschinen. Die Idee der Formalisierung in geschichtlichem Abriß, Darmstadt.
Kraus, K. 1916: Die Historischen und die Vordringenden. Ein Wort an den Adel, in: Die Fackel, Nr. 418-422, 6-9.
Krieken, R. van 1989: Violence, Self-Discipline and Modernity, in: Sociological Review 37, 193-218.
Krumrey, H.-V. 1984: Entwicklungsstrukturen von Verhaltensstandarden, Frankfurt/M.
Künzel, W. 1985: Foucault liest Hegel. Versuch einer polemischen Dekonstruktion dialektischen Denkens, Frankfurt/M.
Kutschmann, W. 1983: Die newtonsche Kraft: Metamorphose eines wissenschaftlichen Begriffs, Wiesbaden.
– 1986: Der Naturwissenschaftler und sein Körper, Frankfurt/M.
Kuzmics, H. 1989: Der Preis der Zivilisation, Frankfurt/New York.
Lasch, C. 1985: Historical Sociology and the Myth of Maturity. Norbert Elias's ›Very Simple Formula‹, in: Theory and Society 14, 705-720.
– 1986: Das Zeitalter des Narzißmus, München.
Lash, S./Whimster, S. (Hg.) 1987: Max Weber, Rationality, and Modernity, London.
Leeuw, G. van der 1956: Phänomenologie der Religion, 2. Aufl., Tübingen.
Le Goff, J. 1977: Zeit der Kirche und Zeit des Händlers im Mittelalter, in: C. Honegger (Hg.): Schrift und Materie der Geschichte, Frankfurt/M., 393-414.
Leibniz, G. W. 1966: Hauptschriften zur Grundlegung der Philosophie, 2 Bde., Hamburg.
Leipert, C. 1989: Die heimlichen Kosten des Fortschritts, Frankfurt/M.
Leites, E. 1988: Puritanisches Gewissen und moderne Sexualität, Frankfurt/M.
Leithäuser, J. 1950/51: Im Gruselkabinett der Technik, in: Der Monat 3, 474-486.
Lenin, W. I. 1960: Der Imperialismus als höchstes Stadium des Kapitalismus. Werke Bd. 22, Berlin (DDR).
Lévi-Strauss, C. 1970: Traurige Tropen, Köln/Berlin.
Lorenzer, A. 1970: Sprachzerstörung und Rekonstruktion, Frankfurt/M.
Lowenfeld, H./Lowenfeld, Y. 1970: Die permissive Gesellschaft und das Überich, in: Psyche 24, 706-719.
Luhmann, N. 1972: Rechtssoziologie, 2 Bde., Reinbek.
– 1974: Soziologische Aufklärung, Bd. 1, 4. Aufl., Opladen.
– 1974a: Rechtssystem und Rechtsdogmatik, Stuttgart etc.

– 1975: Macht, Stuttgart.
– 1977: Funktion der Religion, Frankfurt/M.
– 1978: Soziologie der Moral, in: ders./S.H. Pfürtner (Hg.): Theorietechnik und Moral, Frankfurt/M., 8-116.
– 1980: Gesellschaftsstruktur und Semantik, Bd. 1, Frankfurt/M.
– 1980a: Die Ausdifferenzierung von Erkenntnisgewinn, in: N. Stehr/V. Meja (Hg.): Wissenssoziologie. Kölner Zeitschrift für Soziologie und Sozialpsychologie, Sonderheft 22, Opladen, 102-139.
– 1981: Soziologische Aufklärung, Bd. 3, Opladen.
– 1981a: Ausdifferenzierung des Rechts, Frankfurt/M.
– 1981b: Politische Theorie im Wohlfahrtsstaat, München/Wien.
– 1982: Soziologische Aufklärung, Bd. 2, 2. Aufl., Opladen.
– 1982a: Liebe als Passion, Frankfurt/M.
– 1983: Politische Planung, 3. Aufl., Opladen.
– 1983a: Bürgerliche Rechtssoziologie. Eine Theorie des 18. Jahrhunderts, in: Archiv für Rechts- und Sozialphilosophie LXIX, 431-445.
– 1984: The Self-Description of Society: Crisis Fashion and Sociological Theory, in: International Journal of Comparative Sociology 25, 59-72.
– 1985: Soziale Systeme, 2. Aufl., Frankfurt/M.
– 1985a: Die Autopoiesis des Bewußtseins, in: Soziale Welt 36, 402-446.
– 1985b: Kann die moderne Gesellschaft sich auf ökologische Gefährdungen einstellen? Vorträge der Rheinisch-Westfälischen Akademie der Wissenschaften, Geisteswissenschaften G 278, Opladen.
– 1985c: Zum Begriff der sozialen Klasse, in: ders. (Hg.): Soziale Differenzierung. Zur Geschichte einer Idee, Opladen, 119-162.
– 1986: Ökologische Kommunikation, Opladen.
– 1987: Soziologische Aufklärung, Bd. 4, Opladen.
– 1988: Die Wirtschaft der Gesellschaft, Frankfurt/M.
– 1989: Gesellschaftsstruktur und Semantik, Bd. 3, Frankfurt/M.
– 1990: Die Wissenschaft der Gesellschaft, Frankfurt/M.
– /**Habermas, J.** 1971: Theorie der Gesellschaft oder Sozialtechnologie - Was leistet die Systemforschung?, Frankfurt/M.
– /**Schorr, K.-E.** 1979: Reflexionsprobleme im Erziehungssystem, Stuttgart.
Lyotard, F. 1986: Das postmoderne Wissen. Ein Bericht, Graz/Wien.
– 1987: Der Widerstreit, Graz/Wien.
– 1988: Beantwortung der Frage: Was ist postmodern? in: W. Welsch (Hg.): Wege aus der Moderne, Weinheim, 193-203.
– 1988a: Die Moderne redigieren, in: ebenda, 204-214.
Maffesoli, M. 1988: Le temps des tribus. Le déclin de l'individualisme dans les sociétés de masse, Paris.
Mahler, M. S. 1972: Symbiose und Individuation, Stuttgart.
– /**Pine, F./Bergman,** A. 1978: Die psychische Geburt des Menschen, Frankfurt/M.
Malsch, T. 1987: Die Informatisierung des betrieblichen Erfahrungswissens und der ›Imperialismus der instrumentellen Vernunft‹, in: Zeitschrift für Soziologie 16, 77-91.
Manske, F. 1987: Ende oder Wandel des Taylorismus? Von der punktuellen zur systemischen Kontrolle des Produktionsprozesses, in: Soziale Welt 38, 167-180.
Marcuse, H. 1941: Some Sociological Implications of Modern Technology, in: Zeitschrift für Sozialforschung 9, 414-439.

– 1967: Triebstruktur und Gesellschaft, Frankfurt/M.
Marti, U. 1988: Michel Foucault, München.
Marx, K. 1867: Das Kapital, 1. Aufl., Hamburg.
– 1969: Resultate des unmittelbaren Produktionsprozesses, Frankfurt/M.
– 1974: Grundrisse der Kritik der politischen Ökonomie, Berlin (DDR).
– **/Engels, F.:** Werke in zweiundvierzig Bänden, Berlin (DDR) = MEW.
Mause, L. de (Hg.) 1980: Hört ihr die Kinder weinen. Eine psychogenetische Geschichte der Kindheit, Frankfurt/M.
Mayr, O. 1987: Uhrwerk und Waage. Autorität, Freiheit und technische Systeme in der frühen Neuzeit, München.
Megill, A. 1987: The Reception of Foucault by Historians, in: Journal of the History of Ideas 48, 117-141.
Mendner, J. 1975: Technologische Entwicklung und Arbeitsprozeß, Frankfurt/M.
Mennell, S. 1989: Norbert Elias. Civilization and the Human Self-Image, Oxford/New York.
Mitscherlich, A. 1968: Auf dem Weg zur vaterlosen Gesellschaft, München.
Mittelstaedt, P. 1972: Philosophische Probleme der modernen Physik, Mannheim.
Mönnich, A. 1982: The ›tonalpohualli‹ of Codex Tudela and the Four Quarters of the World, in: Lateinamerikastudien Bd. 10, München, 97-110.
Mörchen, H. 1981: Adorno und Heidegger: Untersuchung einer philosophischen Kommunikationsverweigerung, Stuttgart.
Moras, J. 1930: Ursprung und Entwicklung des Begriffs Zivilisation in Frankreich (1756-1830), Hamburg.
Muchembled, R. 1990: Die Erfindung des modernen Menschen. Gefühlsdifferenzierung und kollektive Verhaltensweisen im Zeitalter des Absolutismus, Reinbek.
Müller, R. W: 1977: Geld und Geist. Zur Entstehungsgeschichte von Identitätsbewußtsein und Rationalität seit der Antike, Frankfurt/New York.
Münkler, H. 1982: Machiavelli. Die Begründung des politischen Denkens der Neuzeit aus der Krise der Republik Florenz, Frankfurt/M.
Münster, C. 1946: Meinungen über Technik, in: Frankfurter Hefte 1, 92-95.
Nietzsche, F. 1966: Werke in drei Bänden, hrsg. von K. Schlechta, München.
Oetzel, K.-D. 1978: Wertabstraktion und Erfahrung. Über das Problem einer historisch-materialistischen Erkenntniskritik, Frankfurt/New York.
Ortmann, G. 1984: Der zwingende Blick. Personalinformationssysteme – Architektur der Disziplin, Frankfurt/New York.
Otto, R. 1947: Das Heilige, 26.-28. Aufl., München.
Panofsky, E. 1964: Die Perspektive als ›symbolische Form‹, in: ders.: Aufsätze zu Grundfragen der Kunstwissenschaft, Berlin, 99-167.
Perrow, Ch. 1989: Normale Katastrophen. Die unvermeidbaren Risiken der Großtechnik, Frankfurt/New York.
Piaget, J. 1972: Psychologie der Intelligenz, Olten/Freiburg.
– **/Inhelder, B.** 1975: Die Entwicklung des räumlichen Denkens beim Kinde. Gesammelte Werke Bd. 6, Stuttgart.
– 1977: Die Bildung des Zeitbegriffs beim Kinde, Frankfurt/M.
Pollock, F. 1941: Is National Socialism a New Order? in: Zeitschrift für Sozialforschung 9, 440-455.
Poster, M. 1984: Foucault, Marxism and History. Mode of Production versus Mode of Information, Cambridge.
Postman, N. 1983: Das Verschwinden der Kindheit, Frankfurt/M.

Raeff, M. 1983: The Well-Ordered Police State. Social and Institutional Change through Law in the Germanies and Russia, 1600-1800, New Haven.
Rassem, M. 1983: Bemerkungen zur ›Sozialdisziplinierung‹ im frühmodernen Staat, in: Zeitschrift für Politik 30, 217-238.
Richter, A. H. 1982: A Thematic Approach to the Works of F. G. Jünger, Bern etc.
Richter H. E. 1990: Der Gotteskomplex. Die Geburt und die Krise des Glaubens an die Allmacht des Menschen, Reinbek.
Rifkin, J. 1989: Entropie. Ein neues Weltbild, Frankfurt/Berlin.
Rigauer, B. 1982: Sportsoziologie, Reinbek.
Rinderspacher, J. P. 1985: Gesellschaft ohne Zeit, Frankfurt/New York.
Ritsert, J. 1987: Braucht die Soziologie noch den Begriff der Klasse?, in: Leviathan 15, 4-38.
Rombach, H. 1965: Substanz, System, Struktur. Die Ontologie des Funktionalismus und der philosophische Hintergrund der modernen Wissenschaft, 2 Bde., Bd. 1, Freiburg/München.
Rosemann, H. 1986: Computer: Faszination bei Kindern und Jugendlichen, Frankfurt/M.
Rosenbaum, H. 1982: Formen der Familie, Frankfurt/M.
Roth, G. 1987: Die Entwicklung kognitiver Selbstreferentialität im menschlichen Gehirn, in: Baecker u.a., 394-422.
Roth, M. S. 1988: Review Essay (Foucault), in: History and Theory 27, 70-80.
Rutschky, K. (Hg.) 1977: Schwarze Pädagogik, Frankfurt/Berlin/Wien.
Sachße, C./Tennstedt, F. (Hg.) 1986: Soziale Sicherheit und soziale Disziplinierung, Frankfurt/M.
Santley, R. S./Killion, Th. W./Lycett, M. T. 1986: On the Maya Collapse, in: Journal of Anthropological Research 42, 123-159.
Schenda, R. 1981: Alphabetisierung und Literarisierungsprozesse in Westeuropa im 18. und 19.Jahrhundert, in: U. Hermann (Hg.): Das ›Pädagogische Jahrhundert‹, Weinheim, 154-168.
Schimank, U. 1985: Funktionale Differenzierung und reflexiver Subjektivismus, in: Soziale Welt 36, 447-462.
— 1986: Technik, Subjektivität und Kontrolle in formalen Organisationen — eine Theorieperspektive, in: R. Seltz u.a. (Hg.): Organisation als soziales System, Berlin, 71-92.
Schlesier, R. 1984: Humaniora. Eine Kolumne, in: Merkur 429, 817-823.
Schluchter, W. 1972: Aspekte bürokratischer Herrschaft, München.
Schmiede, R. 1980: Rationalisierung und reelle Subsumtion, in: Leviathan 8, 472-497.
— 1983: Abstrakte Arbeit und Automation, in: Leviathan 11, 55-78.
— /**Greiff, B.** v. 1985: Industriesoziologie als positive Geschichtsphilosophie? in: Leviathan 13, 291-306.
Schmitt, C. 1979: Der Begriff des Politischen, Berlin.
— 1979a: Die geistesgeschichtliche Lage des heutigen Parlamentarismus, Berlin.
Scholz, F. 1982: Freiheit als Indifferenz. Alteuropäische Probleme mit der Systemtheorie Niklas Luhmanns, Frankfurt/M.
Schröter, M. 1985: Wo zwei zusammenkommen in rechter Ehe, Frankfurt/M.
— 1990: Scham im Zivilisationsprozeß. Zur Diskussion mit H. P. Duerr, in: H. Korte (Hg.): Gesellschaftliche Prozesse und individuelle Praxis, Frankfurt/M., 42-85.

Schütze, C. 1989: Das Grundgesetz vom Niedergang. Arbeit ruiniert die Welt, München/Wien.
Schulze, W. 1987: Gerhard Oestreichs Begriff ›Sozialdisziplinierung‹ in der Frühen Neuzeit, in: Zeitschrift für historische Forschung 14, 265-302.
Sennett, R. 1983: Verfall und Ende des öffentlichen Lebens. Die Tyrannei der Intimität, Frankfurt/M.
Seubold, G. 1986: Heideggers Analyse der neuzeitlichen Technik, Freiburg.
Simmel, G. 1919: Rembrandt. Ein kunstphilosophischer Versuch, Leipzig.
– 1958: Philosophie des Geldes, Berlin.
Sloterdijk, P. 1989: Eurotaoismus. Zur Kritik der politischen Kinetik, Frankfurt/M.
Sohn-Rethel, A. 1972: Geistige und körperliche Arbeit, 2. Aufl., Frankfurt/M.
– 1973: Ökonomie und Klassenstruktur des deutschen Faschismus, Frankfurt/M.
– 1974: Die Formcharaktere der zweiten Natur, in: G. Bezzel u.a. (Hg.): Das Unvermögen der Realität, Berlin, 185-207.
– 1976: Das Geld, die bare Münze des Apriori, in: P. Mattick/A. Sohn-Rethel/H. G. Haasis: Beiträge zur Kritik des Geldes, Frankfurt/M., 35-117.
– 1978: Warenform und Denkform, Frankfurt/M.
– **/Greiff, B. v./Breuer, S.** 1986: Differenzen im Paradigmakern der Kritischen Theorie (II), in: Leviathan 14, 308-320.
Sombart, W. 1915: Händler und Helden, München/Leipzig.
– 1923: Der Bourgeois, 3. Aufl., München/Leipzig.
Spencer, H.: Die Principien der Sociologie, 4 Bde., Stuttgart 1877ff.
Spengler, O. 1931: Der Mensch und die Technik, München.
– 1973: Der Untergang des Abendlandes, München.
Spittler, G. 1980: Abstraktes Wissen als Herrschaftsbasis, in: Kölner Zeitschrift für Soziologie und Sozialpsychologie 32, 574-604.
Spitz, R. A. 1967: Vom Säugling zum Kleinkind, Stuttgart.
Stone, L. 1979: The Family, Sex and Marriage in England 1500-1800, Harmondsworth.
Streich, J. 1989: Global 1990. Zwischenbilanz der Umweltstudie ›Global 2000‹, Hamburg.
Stürner, O. 1947: Von der Perfektion der Technik zur technischen Kultur, in: Pandora 7, 56-67.
Taylor, Ch. 1984: Foucault on Freedom and Truth, in: Political Theory 12, 154-183.
Treiber, H./Steinert, H. 1980: Die Fabrikation des zuverlässigen Menschen, München.
Turkle, S. 1984: Die Wunschmaschine. Vom Entstehen der Computerkultur, Reinbek.
Turner, B. S. 1987: The Rationalization of the Body: Reflections on Modernity and Discipline, in: Lash/Whimster, 222-241.
Vattimo, G. 1990: Das Ende der Moderne, Stuttgart.
Virilio, P. 1978: Fahren, Fahren, Fahren, Berlin.
– 1979: Der Urfall (Accidens originale), in: Tumult 1, 77-88.
– 1980: Geschwindigkeit und Politik, Berlin.
– 1984: Der reine Krieg (Gespräche mit S. Lotringer), Berlin.
– 1984a: L'espace critique, Paris.
– 1984b: L'horizon négatif, Paris.
– 1986: Ästhetik des Verschwindens, Berlin.

– 1986a: Krieg und Kino. Logistik der Wahrnehmung, München/Wien.
– 1987: Der Augenblick der beschleunigten Zeit, in: D. Kamper/C. Wulf (Hg.): Die sterbende Zeit, Darmstadt/Neuwied, 249-258.
– 1988: La machine de vision, Paris.
Vowinckel, G. 1983: Von politischen Köpfen und schönen Seelen, München.
– 1985: Über den Prozeß der Ent-Zivilisierung, in: Soziologische Revue 8, 9-15.
Weber, M. 1973: Gesammelte Aufsätze zur Wissenschaftslehre, Tübingen.
Weisbrod, B. 1986: ›Visiting‹ and ›Social Control‹. Statistische Gesellschaften und Stadtmissionen im Viktorianischen England, in: Sachße/Tennstedt, 181-208.
Weizenbaum, J. 1981: Über Computer, Prognosen und Sprache, in: B. v. Greiff (Hg.): Das Orwellsche Jahrzehnt und die Zukunft der Wissenschaft, Opladen, 20-25.
Welsch, W. 1988: Unsere postmoderne Moderne, Weinheim .
White, S. 1986: Foucault's Challenge to Critical Theory, in: American Political Science Review 80, 419-432.
Willke, H. 1987: Entzauberung des Staates. Grundlinien einer systemtheoretischen Argumentation, in: Jahrbuch zur Staats- und Verwaltungswissenschaft 1, Baden-Baden, 285-308.
Wilson, J. Q. 1984: Amerikanische Kultur und Verbrechen, in: Der Monat 293, 14-46.
Windelband, W. 1900: Geschichte der Philosophie, 2. Aufl., Tübingen/Leipzig.
– 1924: Das Heilige, in: ders.: Präludien, Bd. 2, 9. Aufl., Tübingen, 295-332.
Winkel, R. 1988: Der gestörte Unterricht, 4. Aufl., Bochum.
Wolf, R. 1987: Zur Antiquiertheit des Rechts in der Risikogesellschaft, in: Leviathan 15, 357-391.
– 1988: ›Herrschaft kraft Wissen‹ in der Risikogesellschaft, in: Soziale Welt 39, 164-187.
Wolff, C. 1747: Vernünftige Gedancken von Gott, der Welt und der Seele des Menschen, Halle.
Wouters, C. 1979: Informalisierung und der Prozeß der Zivilisation, in: Gleichmann u.a., 279-298.
– 1986: Informalisierung und Formalisierung der Geschlechterbeziehungen in den Niederlanden, in: Kölner Zeitschrift für Soziologie und Sozialpsychologie 38, 510-528.
Wuntsch, M. v. 1988: Determinanten und Spielräume der Industriearbeit. Die industriesoziologische Diskussion des Verhältnisses von Technik, Ökonomie und Arbeitsorganisation, Frankfurt/New York.
Ziehe, T. 1975: Pubertät und Narzißmus, Frankfurt/M.
– 1983: ›Ich bin heute wohl wieder unmotiviert‹ - Von der Gratisproduktion der Kultur und der unsichtbaren Arbeit des Lehrers, in: Westermanns Pädagogische Beiträge 35, 316-325.
Zilsel, E. 1976: Die sozialen Ursprünge der neuzeitlichen Wissenschaft, Frankfurt/M.
Zuidema, R. T. 1964: The Ceque System of Cuzco, Leiden.
– 1977: The Inca Calendar, in: A. F. Aveni (Hg.): Native American Astronomy, Austin/London, 219-259.

Nachweise

Über die Peripetien der Zivilisation. Eine Auseinandersetzung mit Norbert Elias, in: H. König (Hg.): Politische Psychologie heute, Opladen 1988, 411-433.
Foucaults Theorie der Disziplinargesellschaft. Eine Zwischenbilanz, in: Leviathan Bd. 15, 1987, 319-337.
Adorno, Luhmann: Konvergenzen und Divergenzen von kritischer Theorie und Systemtheorie, in: Leviathan Bd. 15, 1987, 91-125.
Der Nihilismus der Geschwindigkeit. Zum Werk Paul Virilios, in: Leviathan Bd. 16, 1988, 309-330.
Technik und Wissenschaft als Hierophanie, in: Merkur Bd. 44, 1990, 198-206.

Der Beitrag zu Friedrich Georg Jünger wird hier zum ersten Mal veröffentlicht. Alle übrigen Beiträge wurden für die Buchpublikation überarbeitet und erheblich erweitert.

Stefan Breuer lehrt Soziologie an der Hochschule für Wirtschaft und Politik in Hamburg. Er ist Autor zahlreicher Aufsätze zu neueren Gesellschaftstheorien und zur historischen Soziologie.
Buchpublikationen u. a.: *Sozialgeschichte des Naturrechts* (1983), *Imperien der Alten Welt* (1987), *Der archaische Staat* (1990), *Max Webers Herrschaftssoziologie* (1991).